대한독립군 총사령관

홍범도 평전

봉오동·청산리 대첩
100주년(2020)

대한독립군 총사령관

홍범도 평전

김삼웅 지음

일러두기

1. 본문에 인용한 홍범도 장군 관련 사료는 발표 당시의 표기를 그대로 두는 것을 원칙으로 한다.
2. 책·잡지·관보·신문·자료집은 『』로, 작품·논문·성명서·선언문·포고문·강령 등은 「」로 표시했다.
3. 중국 인명이나 지명은 신해혁명을 기준으로 그 이전은 한자 독음, 그 이후는 중국어 발음으로 표기하는 것을 원칙으로 하되, 한자 독음대로 적은 경우도 있다.

차 례

홍범도 장군 진혼사

항일투쟁의 명장 홍범도

무장투쟁의 독보적 존재 여천汝千 홍범도(洪範圖, 1868~1943) 장군은 역사교과서에서 청산리대첩의 영웅 정도로만 소개될 뿐 일반에는 여전히 생소한 독립운동가이다.

고등교육을 받은 사람치고 그의 이름 석 자를 모르는 사람이 드물겠지만, 그의 활동과 인생에 대해 어느 정도라도 알고 있는 사람 또한 흔치 않을 것이다. 역시 '존재는 낯익지만 실체는 낯선 인물' 중의 하나이다.

우리 역사에서 '장군'은 양가적兩價的인 인식을 갖게 한다. 이순신·강감찬·을지문덕 등 호국의 장군상과, 박정희·정일권·백선엽 등 만군·일군 출신의 반민족 장군상, 그리고 전두환·노태우·정호용 등 반민주 정치군인 장군상 때문이다.

여기에 홍범도·김좌진·김홍일 등 항일 독립운동의 장군들에 관해서는 대부분 잘 모르는 편이다.

홍범도는 일본군이 스스로 '하늘을 나는 장군(飛將軍)'이라 부를 정도로 신출귀몰한 유격 전술로 일본군을 격파하여 명성을 날렸다. 당시 평안도 지방에서는 '축지법을 구사하는 홍범도 장군'이라는 '전설'이 나돌 만큼 민중의 영웅으로 추앙되었다.

홍범도는 일제의 총포화약류 단속법을 거부하면서 최초로 산포수 의병부대를 조직해 활동했다. 그사이 일제의 야만적인 고문으로 부인을 잃고, 장남은 전사했다. 조선 독립은 무장투쟁으로만 쟁취할 수 있다는 신념으로 독립군의 모체인 포수단을 창설하는 등 독립운동 전 과정을 통해 무장투쟁으로 일관한 독립운동가가 홍범도 장군이다.

그에게 척살의 대상은 왜적뿐만이 아니었다. 민족을 배반한 일진회 회원과 친일파도 가차 없이 처단하여 민족의 의기를 살리고자 했다.

1907년경부터 홍범도가 이끄는 의병부대가 일본군을 연속해 섬멸하면서 평안도 지역 주민들은 이를 크게 찬양하여 다음과 같은 노래를 지어 불렀다. 이 노래는 평안도뿐 아니라 함경도 지방에까지 민요로 널리 알려졌다.

홍 대장 가는 길에는 일월이 명랑한데
왜적 군대 가는 길에는 눈과 비가 내린다
에헹야 에헹야 에헹야 에헹야
왜적 군대 막 쓰러진다

오연발 탄환에는 군불이 들고
화승대 구심에는 내굴이 돈다
에헹야 에헹야 에헹야 에헹야
왜적 군대 막 쓰러진다

홍범도 대장님은 동산리에서
왜적 순사 열한 놈 몰살시켰소

에헹야 에헹야 에헹야 에헹야
왜적 군대 막 쓰러진다

왜적 놈이 게다짝을 물에 버리고
동래부산 넘어가는 날은 언제나 될까
에헹야 에헹야 에헹야 에헹야
왜적 군대 막 쓰러진다

"후손이 출세하면 조상의 키를 키운다."는 속언이 전한다. 속언이 지닌 비논리성에도 불구하고 이 말엔 현실성이 담겨 있다. 친일파나 독재자 후손들이 출세하여 선대의 죄상을 숨기는 대신 화려한 기념관을 짓고, 어용 지식인들을 동원하여 전기를 펴내거나 장학제를 실시하는 일이 잦다. 친일, 친독재의 대가로 자식들을 교육하고, 그 자손들이 출세하여 수많은 추종 세력을 거느리면서 조상의 선양사업을 하는 것이다.

반대의 경우는 너무 초라하다. 의병·독립운동을 하거나 통일·민주화운동을 하다가 희생되면, 당연히 후손이 영락零落하고 그들의 존재는 역사책에 이름 석 자나, 그마저도 아니면 무명전사로 사라지고 만다. 소수의 예외가 있긴 하나 대부분이 이 경우에 속한다.

보수적 학자들이 발행해 온 『한국사 시민강좌』는 제47호의 특집(2010년 발행)으로 '대표적 독립운동가 12인'을 선정하고, 이들의 행적을 정리했다. 여기에 등재된 인물은 이동휘·이승만·김구·안창호·김규식·박용만·조만식·여운형·조소앙·이청천·김두봉·김원봉이다. 하필 12인으로 한정한 것도 의문이거니와 "허다한 조선 의병운동자들 가운데 갑오의병운동으로부터 빨치산운동까지 계속적 지도적 역할을 담당한 유일한 의병대장"이자 일본군이 '하늘을 나는 홍범도'라 부를 정도였던 공포의 명장 홍범도와, 삼한갑족의 6형제가 전 재산을 털어 3천5백 명의 독립군을 양성한 우당 이회영 등이 빠진 데는 얼른 이해가 가지 않는다.

일개 무크의 독립운동가 선정을 두고 탓하자는 것은 아니지만, 그럼에도 홍범도와 같은 무장투쟁의 영웅을 제외하는 역사 인식에는 문제가 남는다. 『한국사 시민강좌』와는 달리 진보적 역사계간지인 『역사비평』은 1993년 봄호(계간 20호)에서 '통일조국의 사표 : 남북이 모두 높이 평가하는 인물'을 기획하면서 정약용·전봉준·홍범도·신채호를 꼽았다. '정약용-봉건사회 해체기의 개혁사상가, 전봉준-반제 반봉건 투쟁의 민중지도자, 홍범도-초기 항일 무장투쟁의 명장, 신채호-투쟁 속에 살다간 민족주의자'라는 타이틀을 각각 달았다.

남북에서 '통일조국의 사표'로 존경받는 인물 중의 한 사람인 홍범도는 그의 치열한 항일투쟁에도 불구하고 남한에서 소홀히 취급받는 몇 가지 이유가 있다. 우선 독립운동 연구가 지역적으로 편중되어 있고, 남한에 그를 기릴 만한 후손이 없으며, 불행하게도 홍범도가 1937년 스탈린의 한인강제이주정책으로 연해주에서 중앙아시아 카자흐스탄으로 밀려가서 1943년 10월 25일 75세를 일기로 그곳에서 서거했기 때문이다.

구소련이 붕괴되는 1980년대 말까지 카자흐스탄은 '철의 장막'에 가려지고, 홍범도의 소식도 차단되었다. 또한 항일 독립전쟁을 전개할 때 그의 활동 영역이 중국의 북간도와 러시아 연해주 지역 위주였고, 이르쿠츠크 등에서 러시아 측과 협력하여 항일전을 벌인 일, 한때 레닌과 만나서 권총을 선물로 받고 볼셰비키에 입당한 일 등을 이유로 하여 단세포적인 역사학자들에게서 '좌파 독립운동가'로 몰리기도 했다.

'홍범도 배제'에 추가해야 될 이유는 또 있는 것 같다. 학자들 사이에 그가 머슴 출신이어서 학문적으로 연구할 대상이 못 된다는 인식이 깔려 있는 것이 아닌가 싶다. 또한 '저명한 조선 빨치산 대장'이라는 칭호 때문에 기피의 대상이 된 것이 아닌가 하는 생각도 든다. 당원이나 동지, 당파 등을 의미하는 프랑스어 'parti'가 어원인 빨치산partisan은 비정규직 유격대를 칭하는 용어로, 군사적으로는 비정규전에 종사하는 게릴라와 비슷한 개념이다. 일제강점기 항일 독립운동가들 중에는 중국 동북 지역과 러시아 해삼위(블라디보스토크) 지역에서 주로 빨치산 투쟁으로 일제와 싸운 이들이 있다. 홍범도는 빨치산의 주역이었다.

해방 뒤 6.25전쟁을 전후하여 지리산 일대에서 전개된 공산주의 계열의 빨치산 활동으로 '빨치산'이란 호칭 자체가 터부시되고, 금기어로 착종되었다. '연상 효과'는 항일전의 빨치산 대장 홍범도 장군에게까지 들씌워졌다. 이 같은 연유와 배경으로 항일 무장투쟁에서 첫손가락에 꼽히는 그의 공적이 상당 부분 묻히거나, 다른 독립운동가에게 전공을 빼앗기게 되었다.

천만 리 이역 땅에 묻힌 장군의 유해

홍범도는 머슴 출신의 독립운동가였다. 조선 봉건시대의 노비에 가까운 머슴은 백정·무당·광대·악공·양수척·재인 등과 더불어 7천七賤 계급에 속하는 천민 계층이었다. 물론 동학혁명 당시 폐정개혁안 12개조 중 '노비문서 소각', 갑신정변 때의 14개조 개혁요강 중 '문벌 폐지와 인민 평등', 갑오경장 때의 '문벌과 양반·상놈의 계급제 타파' 등으로 적어도 명시적으로는 천민 계급의 신분제가 크게 흔들렸다.

그러나 '머슴'은 형태를 바꾸어서 여전히 존속했다. 일정한 급여를 받고

종신제가 아니며 입출이 보장됨으로써, 기존 노비와는 다소 차이가 있는 것이 머슴이다. '옛 노예제의 최후의 유물'로서 '금일의 임금노동자는 물론 봉건적 소작농, 반농노와도 범주적으로 엄밀히 구별되지 않으면 안 되는 신분'이 머슴이다.

조선 말기에 "머슴의 숫자는 통계상에 전연 표시되어 있지 않지만 아마 30만을 초과할 것이라고 추정된다."고 할 만큼 적지 않았다. 조실부모한 홍범도는 9세부터 15세까지 이웃 마을 지주 집에서 꼴머슴살이를 했다. '꼴머슴'이란 소를 먹이거나 사료용으로 꼴을 베어 오는 역할을 하는 소년 머슴을 일컫지만, 각종 농삿일과 가사에 종사하기도 했다.

한말 초기 의병(장)에는 지방 유생들이 많았으나, 중기 이후와 일제강점기 독립운동가는 평민 출신이 대부분이었다. 조선 중기 이래 300여 년을 집권해 오면서 결국 나라를 망친 노론 계열은 독립운동에 거의 참여하지 않았다. 뿐만 아니라 일제로부터 작위를 받은 76명 중 당파를 알 수 있는 64명을 보면, 북인 2명, 소론 2명을 제외한 나머지 56명이 노론 출신이었다. 이들은 일제에 협력하면서 고위직에 올라 재산을 모으고 자식들을 교육하면서 오늘까지 부귀영화를 세습하기에 이르렀다.

일제 패망 뒤에는 영어를 무기 삼아 미군정으로부터 적산을 차지하고, 이승만·박정희·전두환·노태우·김영삼·이명박·박근혜에 이르는 기간 동안 면면한 보수권력의 적자로서 이 땅의 기득 세력의 중심이 되었다. 이명박에 이어 박근혜 전 정부의 각료와 청와대 인사에서 나타나듯이 한국 보수 세력의 타락, 탈세, 병역 기피, 부동산 투기, 논문 표절 등 가지각색의 부패상은 그들의 세계에서는 필수과목이 된 지 오래다. 나아가 어용학자들이 근현대사를 왜곡하면서 친일파와 군사독재자를 미화하고 독립운동가들을 폄훼하는 것은 헌법정신을 모독하고 역사 정의와 사회정의에 도전하는 행위다. 식민지근대화론과 개발독재론이 일란성쌍둥이임을 보여 준다.

의병전쟁과 독립투쟁에 몸을 던진 사람들은 대부분 왕조나 사회로부터 혜택은커녕 차별과 수탈을 강요당했던 계층이었다. 우당 이회영 일가와 석주 이상용 일가처럼 삼한갑족의 기득권층이 없었던 바 아니지만, 이들은 지극히 예외적이었을 뿐이다. 유사 이래 기득권 세력의 반국가·반민족의 행태는 옛날이나 지금이 크게 다르지 않아 보인다.

홍범도 장군은 자신도 머슴이었지만 아버지도 머슴이었다. 국가로부터 혜택은커녕 태생과 성장 과정에서 온갖 핍박을 받아 왔다. 그런데도 누대를 두고 특권을 누려 온 자들이 거침없이 조국을 배신할 때 그는 누구의 지시나 부름도 없이 스스로 의병이 되었다.

간도와 극동 러시아의 춥고 험준한 산악지대를 넘나들면서 빨치산 대장으로서 일본군을 토벌하고, 독립군 부대를 조직하여 국치 이래 최초로 국내진입작전을 펴서 일제를 공포에 몰아넣었다. 봉오동전투와 청산리대첩은 그의 주도로 성공할 수 있었다. 일제강점기 '3대 대첩' 중의 2대 대첩이 홍범도가 아니면 쉽지 않았을 전투였다.

내년은 대한독립군이 최초의 전승을 거둔 봉오동전투 및 만주 독립군 연합부대가 신화를 만든 청산리대첩 100주년이다. 하지만 그의 유해는 광복 74주년이 되는 지금까지 이역만리 카자흐스탄에서 메아리조차 없는 망향가 속에 묻혀 있다. 일제가 가장 겁냈던 의병장, 국권 상실기 3대 대첩 중의 봉오동·청산리 대첩의 영웅, 부하들과 주민들이 가장 아끼고 따르던 대한의용군 사령관, 비록 대한제국 무관학교를 거친 정통 무관 출신이 아닌 산포수 출신의 의병장이지만, 누구보다 우수한 지략과 민첩한 전술로 일제와 싸웠던 빨치산 대장은 일제강점 기간의 두 배가 다 되어 가는 세월 동안 '유해 귀환'이 논의되지 않는 '망각의 독립운동가'가 되었다.

일본군 장교 출신들과 쿠데타 군인 출신들의 화려한 현창사업과 비교할 때 이것은 역사와 국민의 도리가 아닌 것 같다. 역사정신과 민족정기, 사회정의에 배치되는 현상이다. 홍범도 장군이 평양 출신이어서 북한과의 연고권이 얽힌다면 이 참에 남북이 공동으로 유해귀환운동을 전개하는 것도 남북 관계를 풀어 가는 데 의미 있는 행사가 되지 않을까 싶다.

거듭 말하거니와, 봉오동·청산리 대첩 100주년을 1년 앞둔 오늘에 이르러 홍범도 장군의 유해를 언제까지 이역만리에 방치할 것인가? 이는 이 글을 쓰는 이유이기도 하다.

여러 가지로 불비한 이 책은 2013년 『빨치산 대장 홍범도 평전』이라는 제목으로 출간되었다. 그해 10월 하순, 여천 홍범도장군기념사업회의 주선으로 카자흐스탄 크질오르다에 있는 장군의 묘소에 이 책을 헌정했다. 나는 장군의 초라한 묘소 앞에서 국민의 소임을 다하지 못했다는 자책감에서 울컥하는 심경을 가누기 어려웠다.

이번에 다시 몇 가지 자료와 사진을 추가 보완하고 제호를 바꾸어 개정증보판을 출간하게 되었다. 이 책이 다시 빛을 볼 수 있게 힘써 주신 사단법인 여천 홍범도기념사업회 황원섭 부이사장께 감사드린다. 출판시장이 지극히 어려운 시기에 오로지 '바른 역사 배우기'의 정신으로 책을 펴내는 레드우드 지킴이 이선애 대표께도 감사드린다.

개정판을 내면서
김삼웅

"우리들 독립의군의 일단一團은 일의 성·불성을 논하지 않고 오직 죽음이 있을 뿐입니다.
나는 최후의 한 사람까지 소지素志 관철에 분투함으로써 한족 독립을 최후까지
힘을 다하여 외쳐, 죽은 후에야 그쳐야 한다는 것을 항상 부하에게 훈시하고 있습니다."

-홍범도, 봉오동전투에서 승리한 뒤 주민 환영식에서

1부

청산리의 영웅,
홍범도

1장

출생에서 성장까지

머슴의 아들로 태어나다

하늘은 가끔 예기치 못한 조화를 부린다. 이를 운명이라고도 하고 우연이라고도 부른다. 유신론자들은 신의 섭리라 하고, 무신론자들은 우연으로 치부하는 일들이 가끔은 나타나곤 한다.

1868년, 바로 이해 일본에서는 메이지유신明治維新이 단행되어 근대국가의 기틀을 마련하면서 조선 침략의 기원이 싹튼다. 그리고 같은 해 조선 땅 평양에서는 일제에 맞서 평생토록 간고한 삶을 살아야 하는 한 건장한 사내아이가 태어났다. 홍범도다. 19세기 말 '창'과 '방패'처럼 일본과 조선이 양립하는 모순의 시대는 한 인간의 삶을 송두리째 바꿔 버렸다. 메이지유신으로 탄생한 조선 침략의 '정한론征韓論'이 아니었다면 홍범도는 농사짓고 산포수 노릇을 하면서 이 땅의 이웃들과 더불어 평범하게 살다갔을 터였다.

이해 8월 27일(양력으로는 10월 2일), 평안도 평양의 외성外城 서문 안에 있는 문열사 앞에서 가난한 농부의 아들로 태어난 홍범도. 그의 아버지는 홍윤식洪允植이고, 본관은 남양南陽, 어머니의 이름은 물론 선대와 조상은 거의 알려지지 않는다. 당시 하층계급에는 일반적인 일이다.

홍범도가 태어난 해를 전후하여 조선에서는 여러 가지 범상치 않은 일들이 일어났다. 2년 전인 1866년 1월 이른바 병인박해가 시작되어 천주교 신자 수천 명과 프랑스인 베르뇌 주교를 비롯한 9명의 선교사를 처형하고 천주교 서적을 불태웠다. 7월에는 미국 상선 제너럴셔먼호가 대동강을 따라 평양 가까이까지 침입했다가 평안 감사 박규수의 지휘 아래 관군에 의해 불태워졌다. 9월에는 북경 주재 프랑스 공사 벨로네가 병인박해 당시 프랑스 선교사들의 처형 소식을 듣고, 극동함대 사령관 로즈로 하여금 군함 7척과 병력 600명으로 강화도를 점령케 했다. 이른바 병인양요다. 같은 해 12월에는 경흥·운성 등지에 러시아인들이 침입하자 경흥부사가 이들을 물리치고, 1868년 4월에는 충청도 덕산에 있는 흥선대원군의 아버지 무덤이 미국인 젠킨스, 독일인 오페르트 등에 의해 도굴되는 사건이 일어났다. 이들은 조상의 무덤을 중요하게 여기는 조선 풍습을 이용하여 남연군의 관을 훔쳐 대원군에게 통상 압력을 가하려고 했다. 이해 8월에는 정덕기가 『정감록』을 이용하여 난을 일으키려다 잡혀서 처형당했다.

메이지유신에 성공한 일본은 1869년 2월 일왕을 황제로 칭하는 등 오만불손한 국서를 조선 조정에 보내왔고, 정부는 이를 거부했다. 전라도 광양(5월)과 경상도 고성(8월)에서 민란이 일어나고, 1870년 5월에는 일본 주재 독일 공사 브란트가 일본 관리와 함께 군함을 타고 부산에 와서 통상을 요구했다. 그리고 1871년 5월에는 청나라 주재 미국 공사 로Low와 아시아함대 사령관 로저스가 5척의 함대를 이끌고 조선을 침략했다. 신미양요는 조선에 엄청난 충격을 주었다.

바야흐로 '은둔의 땅' 조선에서는 내우외환이 겹치고, 제국주의 열강이 다투어서 '통상'을 이유로 이 땅을 넘보기 시작했다. 서양 문물을 재빨리 받아들인 일본은 내부 통일과 체제 정비를 마치고, '조선 정벌'이라는 임진·정유 왜란 이래의 꿈을 이루고자 조선을 흘기기 시작했다.

이와 같은 내외의 풍운 속에서 태어난 홍범도는 출생부터 불운이 따랐다. 세상에 태어난 지 7일 만에 어머니가 출산 후유증으로 세상을 떴다. 구소련 측의 자료에 따르면 홍범도의 아버지도 머슴이어서 형편이 말이 아니었을 터이고, 홍범도의 어머니는 출산 후 제대로 먹지도 못해 사망했던 것 같다. 평민도 아닌 머슴 출신의 아들 홍범도의 어린 시절에 대한 기록은 아무것도 남아 있는 것이 없다.

뒷날 홍범도의 명성과 함께 평안도 지역에서는 의혈남아 홍경래와 혈연적 연계 가능성이 논의되기도 했다. 홍범도의 고조부가 홍경래와 그리 멀지 않은 친척으로 평안도 용강군에서 같이 살았다는 것이다. 하지만 이에 대한 아무런 신빙 자료를 찾기 어려워, 주민들의 '영웅설화'의 한 조각이 아닌가 싶다.

홍경래는 홍범도보다 88년 전에 태어나 서북 지방의 차별과 여러 가지 사회적 모순에 불만을 품고 반란을 일으켰다가 1812년 전투 중에 전사한, 조선 후기 대표적 민중항쟁의 지도자였다. 홍범도가 성장하면서 홍경래의 영웅담을 듣고 자랐겠지만 혈연관계는 확인되지 않는다.

현재 홍범도의 가문 내력을 정밀하게 추근推勳할 수는 없으나 홍범도의 본관이 남양이라는 사실은 대체로 알려져 있다. 홍씨는 조선시대에 10대 벌열閥閱의 하나인 명문 씨족으로 유명한데, 특히 남양 홍씨는 홍씨 인구의 대다수를 차지하고 있다. 남양은 현 경기도 수원과 화성 일대의 옛 지명으로 과거에는 당성唐城·당은唐恩으로 불리기도 했고 고려시대에는 남양부, 조선시대에는 남양군으로 행정구역이 변경되기도 했다.[1]

홍범도가 태어난 평양은 4천 년의 역사를 지닌 고도다. 단군왕검이 도읍지로 정한 이래 기자조선, 위만조선, 낙랑, 고구려 등의 도읍지가 되었다. 특히 고려시대에는 묘청 등이 민족자주의 상징으로 서경천도를 시도하고, 조선 고종 3년에 제너럴셔먼호 사건이 발생한 데 이어, 1894년에는 청일전쟁의 격전지가 되었던 곳이다.

중국 교포 복정섭·황현걸·김파 3인이 한길사에서 발행한 월간 『사회와 사상』(1988년 11월호)에 쓴 「실록 홍범도 장군(상)」에는 '홍범도 가족명단'이라 하여 홍범도의 아버지 홍재영으로부터 장남 홍범도와 차남 홍종국의 가족관계가 자세히 기록되어 있다. 이 기록에 따르면 홍범도의 아들 5명과 딸 2명, 손자녀 23명의 이름을 밝히고 그의 동생도 아들 5명, 딸 2명을 낳은 것으로 나타난다.

『사회와 사상』은 11월호에 이어 12월호와 1989년 3월호에 걸쳐 총 74쪽에 이르는 '홍범도 장군 실록'을 연재했다. 연재되는 동안 국내 언론에서도 크게 관심을 갖고 일부 신문은 기사화하기도 했다.

그런데 홍범도 연구가인 작가 송우혜는 「최근의 홍범도 연구, 오류·허

1) 장세윤, 『홍범도 생애와 독립전쟁』, 독립기념관, 1997

점 많다」는 글에서 "이 기록은 홍범도의 개인 전기로서는 그 독자적인 가치를 거의 인정할 수 없는 기록"[2]이라고 규정했다. 예컨대 이 실록에는 "그(홍범도-필자)는 1938년 중앙아시아에서 간도로 되돌아와 1943년 위대한 한 생애를 마친다."는 등 사실과 부합되지 않는 내용이 즐비하다. 청산리대첩과 관련해서도 오류투성이다.

여기서는 독립운동가로서 몇 차례 홍범도를 만나고 카자흐스탄에서도 접촉한 적이 있으며, 그의 서거 뒤 1951년 묘소 수리위원으로 참여하면서 고인 친구들의 위탁으로 집필한 이인섭의 『홍범도 일기』와 구소련의 한인 작가 김세일이 『레닌기치』에 연재한 장편소설 「홍범도」(국내 번역)를 비롯한 『레닌기치』에 실린 여러 편의 자료, 오랫동안 홍범도 연구에 심혈을 기울여 온 장세윤(동북아역사재단) 박사와 안병률(한국외국어대 사학과) 교수, 송우혜 작가, 박민영(독립기념관) 박사 등의 연구 성과를 중심으로 구성하기로 한다.

장세윤은 홍범도의 생애를 크게 5단계[3]로 구분했다.

제1기 - 어린 시절 및 청장년기 : 출생부터 1907년 11월 본격적 의병 활동의 개시 직전까지

제2기 - 국내에서의 의병부대 조직과 항일 무장투쟁 시기 : 1907년 11월부터 이듬해 11월 초 만주로 망명하기 직전까지

제3기 - 만주·연해주 지방에서의 재기 도모 시기 : 1908년 11월 초부터 1919년 8월 간도로 진입하기까지의 재기 준비 시기

2) 송우혜, 「최근의 홍범도 연구, 오류·허점 많다」, 『역사연구』 제3호(계간), 214쪽, 1988
3) 장세윤, 앞의 책, 4쪽

제4기 – 간도 지방에서의 국내진입작전 및 독립전쟁 전개 시기 : 1919년 8월부터 1921년 1월 러시아의 연해주 지방으로 건너가기 직전까지

제5기 – 연해주·중앙아시아에서의 만년 : 1921년 1월부터 1943년 10월 임종시까지, 연해주·중앙아시아 지방에서의 노년기

○ 조실부모, 젖동냥으로 자라 머슴이 되다

출생 후 7일 만에 어머니를 여읜 홍범도는 9세 때에 아버지마저 잃었다. 아버지의 사망은 머슴살이의 힘겨운 노동이 원인이었던 것 같다. 홍범도는 15세까지는 숙부 집에 의탁하여 자랐다. 숙부 집도 가난하기는 마찬가지였다. 어려운 여건에서도 몸집이 크고 힘이 세진 소년은 이웃 마을 지주 집의 꼴머슴으로 들어가 일하며 생계를 유지했다. 『홍범도 일기』에 나타난 본인의 '육성'이다. 힘겨운 소년 시절의 이야기다.

> 모친은 7일 만에 죽고 아버지 품에서 여러 분네 유즙을 얻어먹고 자라 초 9세에 아버지 세상을 떠나시니 남의 집으로 다니며 머슴살이로 고생하면서 15세가 되므로 내 나이 두 살을 돋우고 평양 중국의 보단으로 호병정 설할 때 우영 제일 대대에서 코코수로 4년을 있다가 사연을 치고 도망하여 황해도 수안 종이뜨는 지막에 와서 종이뜨기를 배워 3년을 뜨다가 그때는 어느 때인고 하니 병술·정해쯤 되었다. 그때 고려나라 동학이 불일 듯할 때다.[4)]

다음은 이인섭의 『정치역사소설-홍범도 장군』에 나오는 홍범도 유년의 기록이다.

> 홍범도의 유년 시대 고통은 보통 다른 사람들 생애보다 특이하였다. 그는 세상에 태어난 지 7일 만에 모친을 잃고서, 아버지 품에 안기어서 이 집 저 집, 이 동네 저 동네에 있는 여러 어린이 어머니를 찾아다니면서 한 모금씩 얻어먹은 유즙과 아버지가 끓여 먹이는 '암죽'으로써 어린 생명을 보전하느라고 강보에 쌓여서부터 생을 위하여 쓰라린 분투를 하게 되었다. 또는 9세까지 홀아비 살림을 근근히 하는 아버지와 같이 성장하던 시기에 당시 봉건사회 평양 성내에서 그가 당하던 천대와 괄시를 받을 때마다 자기와 같이 가난하고 천대받는 집 아이들과 같이 작당을 하여서 양반집 아이들과 편싸움을 하던 그의 회상담은 어려서부터 계급적으로 당하는 압제를 반항하면서 자신을 단련시키고 한 토막의 계급투쟁에서 자라는 당시 빈천자 후손들 정치투쟁이었다.[5)]

머슴살이를 하면서, 홍범도는 주인집 식구를 비롯하여 이웃들의 학대와 천시를 겪게 되고, 아직 어린 나이에 조숙한 소년으로 자랐다. 자라나면서 지주와 소작의 관계, 양반과 상놈의 차이에 눈뜨게 되고, 부모가 없고 재산이 없어서 머슴살이를 하지 않을 수 없는 처지를 비관하는 때도 많았다. 같은 연배의 머슴이나 상놈들과 어울려 신세타령도 하고, 돌팔매질이나 씨름을 하면서 몸을 단련했다.

4) 이인섭, 「조선인민의 전설적 영웅 홍범도 장군을 추억하면서」, 『홍범도 일기』, 1쪽, 고려신문사, 2004

5) 이인섭 수기, 『정치역사소설 홍범도 장군』, 「망명자의 수기」 제1편, 1951~1959

한편 평양 변두리에서 한 소년이 힘겨운 성장을 하는 사이 시대 상황은 엄청난 속도로 변화되고 있었다. 1876년 2월 조선이 외국과 맺은 최초의 근대적 조약인 동시에 불평등조약인 강화도조약이 체결되고, 1881년 4월 정부는 5군영에서 뽑은 무관 80명으로 별기군을 설치하면서 일본군 공병 소위 호리모토 레이조를 교관으로 초빙하여 일본식 군복과 일본 총을 사용케 했다.

1882년 6월에 임오군란이 일어났다. 신식 군대인 별기군이 급료와 보급에서 좋은 대우를 받은 데 비해 하층민 출신의 고용 군인인 구식 군졸들은 13개월 동안 봉급미를 받지 못했다. 그러던 차에 겨우 한 달치의 급료를 받게 되었으나, 그것마저 선혜청의 농간으로 말 수가 턱없이 부족한 데다 모래가 반 넘게 섞여 있었다. 격분한 구식 군졸들이 선혜청 당상관 민겸호의 집으로 몰려가 저택을 파괴하고 폭동을 일으켰다. 군인들은 이어서 별기군으로 쳐들어가 일본인 교련관 호리모토를 죽이고, 민중들과 합세하여 일본공사관에 불을 질렀다. 이 일로 일본 순사 등 13명이 살해되었다.

하나부사 요리모토 공사 등 일본 공관원들은 모두 인천을 통해 본국으로 도망치고, 수습에 나섰던 대원군이 청국에 납치되는가 하면, 일본은 조선 정부에 주모자 처벌과 손해배상을 내용으로 하는 제물포조약을 강요했다. 이 군변은 청나라와 일본의 조선에 대한 영향력을 확대해 주는 결과를 낳았다.

임오군란을 다소 길게 소개한 것은 이 무렵에 홍범도가 나이 두 살을 올려 평양 감영에 입대했기 때문이다. 임오군란 후 정부의 군제는 청군의 지도를 받아 크게 개편되었다. 평양 감영도 친군서영親軍西營으로 명칭이 바뀌었다.

홍범도가 만 15세가 되던 1883년, 위와 같은 사정에 따라 평양의 감영에서는 병정을 모집하여 새로운 군대를 조직하려 했다. 이 소식을 전해 들은 홍범도는 자기가 비록 나이 어리고 무식하지만 군대에 들어갈 수는 없을까 하고 궁리하게 되었다. 주인이 시키는 대로 해야 하고 자질구레한 잔일을 하는 머슴보다는 군인이 되어 스스로의 앞길을 열어 나가는 편이 더 나을 것 같았다. 이번에 뽑은 병정은 의무병이 아니고 지원병이므로 자기같이 의지할 곳 없는 사람들에게는 안성맞춤이 아닌가? 군인이 되면 아주 잘살지는 못하더라도 그럭저럭 남에게 아쉬운 부탁을 하지 않고서도 살 수 있을 것으로 생각되었다.[6)]

∘ 군대 지원하여 3년 동안 나팔수 생활

홍범도가 나이까지 속여 가면서 군대에 지원한 것은 애국심이나 희생정신에서가 아니라 시쳇말로 순전히 '생계형'이었다. 아무려면 머슴 생활을 하는 것보다는 나으리라고 판단했던 것 같다. 그런데 이것이 그로 하여금 평생 동안 의병, 독립군, 빨치산 대장이 되어 무인의 길을 걷는 단초가 될 줄은 그 자신도 아마 몰랐을 것이다.

> 1883년경이었다. 그는 당시 평양에서 조선 군대를 조직한다는 소식을 듣고서 그곳을 급히 찾아가서 군인이 되려고 하였다. 그러나 그것도 수월치

6) 장세윤, 앞의 책, 19쪽

않았다. 당시 봉건적 조선에서 조정에서부터 시골까지 휩싸고 도는 괴변인 매관매직, 즉 돈을 받고서 벼슬을 팔고, 돈을 주고서 벼슬을 사는 악습은 심지어 군대를 조직하는 데도 마찬가지였다.

고급 장교들은 양반의 자식이 아니면 돈 많은 놈들에게만 차례지었고, 기타 소대장 중대장까지도 좌향, 우향하며 군인들을 가르쳐 주기는 고사하고, 자기가 알지 못하여도 돈만 있으면 그만이었다.

돈 있는 놈, 세도 있는 놈들만이 행세하는 시대에는 돈 없이 하천하다고 칭하는 보통 군중들은 군인살이를 하기에도 힘이 들었다. 그것은 당시 의무병이 아니고 공용병이었기 때문이다. 그중에도 그는 나이 아직 군인살이를 할 연령이 아니되어서 도저히 할 수 없었다.

그러던 중 군대에서 나팔수를 요구하는데 그것을 하자는 사람이 없어 군사 당국에서는 누구든지 소원하는 자를 받는다는 소식을 그가 듣게 되었다. 그는 자기 나이를 17세라고 속이고서 '코코수'가 되었다.[7]

조선 말기 삼정三政의 문란은 극에 이르렀다. 국가 재정의 3대 요소인 전정田政, 군정軍政, 환곡還穀의 재정 행정을 둘러싼 정치 부패는 국가 기강을 뒤흔들고 백성들의 고혈을 뽑았다. 군정의 경우 장정이 직접 군역을 치르는 대신 군포軍布를 대던 것을 악용하여, 아이를 어른으로 바꾸어서 세금을 물리고, 죽은 사람에게도 세금을 물리는가 하면, 양반·아전·관노는 병력이 면제되고 만만한 백성들의 자제만 끌어갔다. 그나마 돈을 주면 면제받았다.

홍범도는 임오군란 이듬해(1883년) 평양 감영의 우영 제1대 소속의 나

7) 이인섭, 『홍범도 일기』, 6쪽

팔수로 근무하게 되었다. 어쨌든 남의 집 머슴살이에서 군인이 된 것이다. 그것도 군인들이 행군이라도 할라치면 맨 앞에서 나팔을 불어 대열을 인도하는 역할이었다.

얼마 뒤부터는 사격술을 배우고 제식훈련도 받았다. 홍범도는 열성을 다하여 사격술에서 발군의 실력을 내보였다. 천부적인 재능이 있었는 데다 열성을 바쳐 노력한 성과라 할 것이다. 당시 조정에서는 평양에 있는 병력 일부를 차출하여 임오군란 이후 혼란해진 서울의 치안과 관청의 경비를 맡도록 했다. 인물과 체력이 좋고 사격술도 우수한 홍범도는 당연한 수순으로 선발되어 서울에서 파견근무를 하게 되었다.

난생처음 보는 서울은 평양에 비할 바가 아니었다. 사람도 많았고 외국인도 심심치 않게 보였다. 각종 신기한 물건이 한껏 호기심을 불러일으켰다. 그 무렵 영국이 러시아의 남방 진출을 막는다는 구실로 거문도를 점령하고(1885년 3월), 청나라의 원세개(袁世凱, 위안스카이)가 주차조선총리교섭통상사의駐箚朝鮮總理交涉通商事宜로 부임했다(10월). 원세개는 고종 폐위 음모 등 사실상 조선 총독과 같이 군림하면서 조선 내정에 간섭했다.

1896년 1월 정부는 노비세습제를 폐지하고 매매를 금지하여 사실상의 노비제가 혁파되었다. 하지만 여전히 지역적으로는 노비가 존재하고, 새로운 형태의 머슴제가 더욱 강화되었다.

홍범도는 서울에서 근무하는 동안 농민들이 수세收稅 문제 등으로 일으킨 소요를 진압하라는 명령에 따라 현지에 출동하였다. 1883년부터는 5월에 경상도 동래를 비롯하여 1884년 12월 함경도 안변·덕원 등지에서 민란이 일어났다. 구체적으로 그가 어느 지역의 민란 진압에 참여하였는지는 자료를 찾기 어렵다.

민란 진압뿐만 아니라 농민들의 세금을 징수하는 데도 군인들이 동원되기 일쑤였다. 이에 홍범도는 차츰 자신의 역할에 대해 회의를 갖기 시작했다. "가난한 농민들의 세금을 징수하는 일에도 동원되었으므로 병사들은 어떤 의미에서 국민들의 재산과 생명을 보호하는 사람들이 아니라 오히려 반대로 그들을 억누르고 탄압하는 역할을 하는 집단이었다. 범도는 자기의 생계를 유지하기 위해 직업군인이 되기는 하였지만 이와 같은 모순된 현실을 목격하고 군대 생활에 점차 회의를 느끼게 되었다.[8]

∘ 부패 상관 폭행하고 군문을 뛰쳐나오다

군대 내부에는 부패와 차별이 심하고 걸핏하면 구타가 자행되었다. 상급 군교들의 부패상은 도를 넘었고, 하급 병졸들과의 차별이 극심했다. 나라를 지키고 백성을 보호한다는 군인 본연의 임무는 어디에서도 찾기 어려웠다. 그러던 중에 '어떤 사건'이 발생하면서 홍범도는 4년간 복무하던 군을 떠나게 되었다. 이 사건의 실체는 연구자들이나 기록에 따라 차이가 있다. 먼저 『홍범도 일기』를 살펴보자.

그는 4년 동안에 걸친 긴 세월을 평양 진위대에서 '나팔수'로 있으면서 당시 장교 놈들에게서 잔인무도한 학대를 당할 때마다 군대 안에서도 돈 없고, 권리 없는 하등병들은 '군인 생활인 것이 아니라 지옥 생활'이라는 것

8) 장세윤, 앞의 책, 21쪽

을 절실히 체험하였다.

하루는 그가 외출 허가를 얻어 가지고서 평양 기생네 방에 가서 놀고 있었다. 그러던 중 가증하고 포악하기로 소문난 자기 부대 장교 한 놈이 들어와서, "하등 병정으로 기생방에 와서 놀 권리가 없으니 빨리 군대로 가라."고 호령을 하였다. 홍범도는 "이곳은 기생방이고 진위대가 아닌 것이니 당신이 빨리 남이 노는 좌석에서 귀찮게 행세를 말고서 갈 데로 가라."고 투명하게 대답하였다.

그 장교 놈은 하등병이 상급 장교를 괄시한다고 격분되어서 '군법 시행을 한다'고 야단이었다. 그리고 빨리 걸으라고 호통하였다.

범도(홍범도)는 좀 무엇을 생각하더니 "그러면 같이 갑시다." 하고 일어서고, 장교 놈도 뒤를 따라 밖으로 나아갔다.

이튿날 아침에 전주 골목에서는 그 악독하던 장교 죽은 사체가 나타났고 진위대에서는 '코코수'가 없어졌다고 하였다.

홍범도는 가증한 장교 놈을 평양성 내 전주 골목에서 단매에 쳐서 살해하고, 그날 밤으로 변복하고 군복을 벗어 대동강에다 던지고 청산리를 지나서 종적을 감추었다.[9)]

이에 비해 장세윤의 기록에는 차이가 있다.

그러던 어느 때에 범도는 같은 부대 소속의 부패한 군교와 시비가 붙은 끝에 그 사람을 구타하고 말았다. 그는 이제 더 이상 군대 생활을 할 수 없었다. 병영에 돌아가면 중형으로 처벌받을 게 너무나 확실했기 때문이다.

9) 이인섭, 『홍범도 일기』, 7쪽

그래서 범도는 도망치지 않을 수 없었다. 약 4년간에 걸친 군인 노릇은 쉽지 않았지만 그래도 갈 곳 없는 그에게는 제법 할 만한 직업이었고 유일한 생계수단이었다. 그러나 그 사건으로 인하여 범도는 안정된 직업이자 호구지책이었던 병졸 생활을 청산하게 되었다.[10)]

홍범도가 4년여 근무하던 군인 생활을 끝내게 된 것이 부패한 장교의 '살해'인지, '중형을 처벌받을' 정도의 폭행이었는지는 확인할 길이 없다. '하극상' 사건으로 대한제국의 군인 생활에 종지부를 찍게 된 것만은 확실하다. 4년여 군인 생활은 고통의 연속이었지만 이후 산포수와 의병 활동, 빨치산 대장을 하는 데 큰 도움이 되었다. 백발백중의 사격술, 각종 전술과 기량이 이때 익힌 것이다.

홍범도의 사격술에 관한 일화는 북한·연변·해삼위·중앙아시아 등 한인 사회에 널리 전해진다. 재미있는 일화가 있다.

신기神技에 가까운 사격술에 관한 일화가 있다. 북간도의 어느 마을 사람들이 그의 '백발백중'을 한번 보고 싶어 했다. 그러자 그는 약 30미터 떨어진 말뚝 위에 빈 병을 주둥이를 앞으로 해서 눕혀 놓았다. 술이 얼큰하게 달아오른 홍범도는 한 손으로 러시아제 연발총을 들어 어깨에 붙이자마자 발사했다. '탕~' 총알이 병의 주둥이로 들어가 바닥을 꿰뚫었다. "한 번 더" 하고 사람들이 외쳤다. 그러자 한 번 더 쐈다. 이번에도 그대로였다. 틀림없는 백발백중이었다.

1941년 6월 일본의 동맹국 독일이 소련을 침범한 독·소 전쟁이 발발하

10) 장세윤, 앞의 책, 22쪽

자 당시 73세 노령이던 그는 당국을 찾아가 전선에 보내 달라고 요청하였다. 그러나 거부당하였다. 그러자 자신의 힘과 유연성을 보여 주기 위해 사병들이 훈련을 받고 있는 사격장에 자신의 능력을 의심하는 사람들을 불러모았다. 그는 25미터나 떨어진 거리에서 5코페이카짜리 작은 동전을 명중시키는 솜씨를 발휘하여 주위를 놀라게 하였다.[11]

홍범도의 백발백중의 사격술과 기민한 유격 전술은 뒷날 의병전쟁에서 그 진가를 발휘하게 되고, 그는 일제가 '하늘을 나는 장군'이라 부를 정도로 명성을 떨쳤다.

° 제지공장 3년, 주인의 폭압에 다시 탈출

군문을 떠난 홍범도는 갈 길이 막막했다. 나이는 어언 19세, 머슴살이와 군인 활동으로 체격이 단련되고 신체도 훤칠하게 성장했다. 하지만 갈 곳이 없었다. 평양의 숙부 집이 생각났으나 그 집 역시 가난한 형편이어서, 다 큰 자기가 의탁하기에는 염치가 없는 일이었다. 자존심도 허락하지 않았다.

같이 병영 생활을 하던 친구의 말이 떠올랐다. 황해도 수안군에 종이 만드는 제지소가 있는데 각지에서 많은 사람들이 몰려와 노동을 한다는 것이었다. 정처 없이 수안으로 발길을 옮겼다. 군대에서 쫓는 사람이 있

11) 장세윤, 『봉오동·청산리 전투의 영웅 홍범도』, 14 ~ 15쪽, 역사공간, 2007

을까 하여 큰길을 피해 샛길로, 기다리는 사람도 반기는 사람도 없는 미지의 땅을 찾아 발길을 재촉했다.

황해도 동북부에 위치한 수안군은 동쪽은 곡산군, 서쪽은 서흥군과 평안남도 중화군, 남쪽은 신계군, 북쪽은 평안남도 강동군과 성천군에 접한다. 군의 중앙에 언진산을 주봉으로 하는 언진산맥이 동서 방향으로 뻗어 있으며, 가덕산, 오봉산, 천자산, 중봉산, 감박산, 대청산, 요동산 등이 잇달아 있어서 군을 남북으로 구분한다. 이곳에는 금광도 여러 곳 있어서 각지에서 노동자들이 몰려왔다.

군의 중서부에 위치한 대오면 근방에서는 예부터 닥나무를 이용하여 한지漢紙를 제조해 왔다. 정부에 한지를 공납하는 한지 제지소에서 유래했다고 한다. 홍범도는 친구로부터 들은 얘기를 생각하면서 여러 날을 걸어서 마침내 수안군 천곡의 총령 아래에 있는 제지소에 이르렀다. 일거리가 없으면 광부 노릇이라도 할 요량이었으나, 다행히 일자리가 있었다. 해서 1888년경부터 이곳에서 인부로 일하게 되었다.

처음에는 기술자들을 도와 허드렛일을 도맡아 하였다. 이웃 대오면에서 나는 닥나무를 옮겨 오는 일이라든지 기술을 필요로 하지 않고 힘이 많이 소요되는 작업, 즉 닥나무를 잘게 부수는 일이나 재지 원료를 물에 씻는 일 등을 주로 하였던 것이다. 닥나무로 종이를 만드는 작업은 손이 많이 가고 잔일이 많은 고된 과정이었다. 그러나 어려서부터 온갖 잔일로 단련된 범도에게는 참고 견딜 만한 것이었으며 나무를 재료로 하여 새하얀 종이를 만들 수 있다는 사실이 대단히 신기하고도 재미있는 일이기도 하였다. 그래서 그는 열심히 일하였고 그 결과 몇 달이 지나자 종이 만드는 기술을 어느 정도 익히게 되었다. 당시 숙련된 제지 기술자는 하루에 약

500장 정도의 분량을 만들 수 있었다. 범도는 그렇게까지 잘 하지는 못하였지만 조금 더 열심히 배우면 그 정도는 할 수 있을 것 같았다. 그는 더욱 열심히 일하였다.

호사다마랄까, 홍범도의 사주에는 안주할 운명이 없었던 것 같다. 군에서 도주한 '전과' 때문에 제지소에서 가명을 쓰고 말썽 없이 열심히 일했다. 해서 몇 달 만에 기술을 습득하는 등, 어쩌면 이곳에서 두고두고 안정된 생활을 할 수도 있었을 것이다. 하지만 운명의 끈은 결코 그의 안주를 허하지 않았다.

1년쯤 지나면서 제지소 주인이 별도로 불러 동학에 입도할 것을 권유했다. 1860년 수운 최제우가 제세구민濟世救民의 뜻을 품고, 서학에 반대하면서 창도한 동학은 부패한 사회의 틈 사이로 급속도로 전파되어 황해도 동북부에까지 세력을 뻗치고 있었다.

제지소 주인은 지방 간부로서 이 지역에 동학을 포교하는 역할을 맡고 있어서 홍범도뿐만 아니라 회사 일꾼이나 지역 주민들을 상대로 선교 활동을 했다. 그런데 주인의 언사가 강제적이었다. '하던 짓도 멍석 깔아 주면 안 한다'는 것이 사람의 심리라고, 주인의 강제성은 반항심이 강한 홍범도를 설득하기는커녕 반발심만 키웠다.

또한 주인은 동학의 기본 교리인 '인시천人是天'의 원리나, 사회개혁사상인 양반사회의 계급 질서를 부정하는 신분·적서 제도의 철폐 등에는 관심을 보이지 않고, 알아듣기 어려운 동학의 주문을 읊조리기만 하는 등 설득력 없는 선교로 일관했다.

출생 신분으로나 현재의 처지로 보나 동학은 홍범도를 매료하기에 충분한 요소를 갖고 있었다. 비슷한 신분 출신이었던 백범 김구가 동학의 소년 접주였던 것은 널리 알려진 사실이다. 하지만 주인의 강요와 홍범도가 군대에 있을 때 주입되었던 선입관은 홍범도로 하여금 동학을 거부하게 만들었고 주인과의 불화를 야기했다. 당시 군대에서는 동학을 서학(천주교)과 마찬가지로 사교邪教라 하여 탄압했던 것이다. 최제우는 홍범도가 태어나기 2년 전에 대구에서 사도난정邪道亂正의 죄목으로 처형되었다.

주인의 강박이 날이 갈수록 심해지면서 급여를 여러 달째 주지 않았다. 심지어 동학을 믿으면 밀린 급여를 주겠다는 조건까지 걸고 나왔다. 홍범도는 밀린 7개월분의 급여를 달라고 요구했으나, 주인은 폭언으로 이를 무시하면서 오히려 폭력으로 쫓아내려고 했다. 홍범도는 더 이상 참지 못하고 주인을 넘어뜨리는 폭력을 행사하기에 이르렀다.

3년 동안 상머슴처럼 열심히 종이 만들기에 정력을 쏟아 왔던 일이 한순간에 물거품이 되고 말았다. 어지간하면 참고 견디고자 했으나 주인의 태도는 날이 갈수록 포악해지고 밀린 급여를 주지 않기 위해 온갖 패악을 동원했다. 『홍범도 일기』에서는 홍범도가 "주인 3형제를 도끼로 찍어 죽이고 그날 밤으로 도망하여 산으로 은신하였다."고 했으나 이에 대한 자료나 근거는 희박하다.

두 번씩이나 폭력을 행사하면서 군문과 직장을 떠나게 된 홍범도에게는 기질적으로 불의를 보면 참지 못하는 의분심이 강했다. 비록 체계적인 교육은 받지 않았으나, 하층민의 생활을 해오면서도 세상의 옳고 그름에 대한 판단력을 갖추었다. 산포수 활동이나 의병, 빨치산 투쟁 과정에서도 정직과 공정성을 추구한 덕분에 따르는 사람이 많았고, 출중한 독립운동가의 반열에 오를 수 있었다.

2장

파란곡절의 젊은 시절, 의병투쟁 시작

◦ 금강산 신계사에서 비승비속의 생활

홍범도는 22세 때인 1890년, 강원도 금강산 신계사神溪寺에 들어가 곡절 끝에 지담止潭 스님의 상좌上佐가 되어 팔자에도 없는 승려 생활을 하게 되었다. 사실 만해 한용운도 21세 때인 1899년 가출하여 백담사 김연곡 사에게서 득도하고 이후 평생 승려가 되어 독립운동과 문필에 전념했다. 단재 신채호 역시 44세 때인 1922년 망명지에서 생활고를 이기지 못해 1년여 동안 베이징 근처 관음사에 의탁하면서 『조선상고사』 등을 집필했다. 말하자면 '생계형' 승려들이었다.

제지소를 뛰쳐나온 홍범도는 주인을 해쳤기 때문에 신변의 안전을 위해 강원도 쪽으로 몸을 피했다. 경기도 이천을 거쳐 평강, 철원, 김화, 회양 등의 산골 마을을 지나면서 떠돌이 생활을 했다. 가급적 한적한 산골 마을을 택해 농삿일이나 화전을 도와 생계를 유지하고, 더러는 마을 입구에서 쫓겨나기도 하면서 여러 달 만에 신계사에 도착할 수 있었다. 불심이 있었던 것이 아니라 몸을 은신하고자 택한 산문의 길이었다. 하지만 인연이란 무거운 것이어서, 절에 있는 동안 홍범도는 깊이 있는 사색을 하게 되고 젊은 비구니를 만날 수 있었다.

신라 법흥왕 때 보운조사普雲祖師가 창건했다는 신계사는 김유신, 김유신의 부인, 묘청 등이 중건하고 1920년대 효봉 스님이 입문 수도한 사찰로도 널리 알려진다. 홍범도는 신계사의 지담 스님에게 오갈 데 없는 사정을 말하고 상좌가 되는 데 허락을 받았다. 말이 좋아 상좌이지 절간의 잡일을 맡아 하는 행자行者였다. 찬밥 더운 밥 가릴 처지가 되지 못한 홍범도에게 신계사는 은신과 함께 정신을 수양할 수 있는 안정된 거처가 되었다.

겨우 한글을 깨우치고 있는 홍범도에게 한문투성이의 불교 경전이나 스님들의 설교는 이해하기 어려운 것이었으나, 좋은 경관과 더불어 경건한 사찰의 분위기는 이제까지 거칠게만 살아온 그에게 모처럼 평온한 안식처가 되었다. 또 지담 스님의 법문과 설법을 열심히 들으며 마음의 평정을 찾아갔다. 이 시기에 그는 간단한 한글 편지를 쓸 수 있었고, 스님의 기초적인 설법도 어느 정도 이해하게 되었다.

비승비속非僧非俗의 처지에서 입산한 지 1년여가 지난 어느 날 우연히 인근 사찰의 여승을 만났다. 단양 이씨(이옥구 여사)라는 젊은 비구니였다. 부근에 비구니들이 수도하는 작은 사찰이 있었던 것이다.

두 젊은이는 자신들의 신분도 잊은 채 자주 만나게 되고, 그러다 보니 자연스럽게 연정을 품게 되었다. 그리고 마침내 승려로서 넘어서는 안 되는 선을 넘기에 이르렀다. 처녀의 배가 불러오면서 1892년의 어느 날 둘

| 신계사 |
홍범도는 금강산 신계사에서 비승비속 생활을 하던 중 인근 사찰에서 이옥구 여사를 만났다.
ⓒ서울역사박물관

은 절을 떠났다. 처녀의 고향인 북청으로 가서 농사를 지으며 조용히 살자는 약조를 했다.

2년여 신계사의 생활은 홍범도의 정신과 사상 형성에 적잖은 영향을 주었다. 스님과 신도들로부터 임진왜란 당시 이순신 장군을 비롯하여 서산대사와 사명당 등 선사들의 구국항쟁에 관한 이야기를 들으며 역사의식에 눈이 뜨이고, 국가의 현실에 대해서도 관심을 갖기에 이르렀다.

> 홍범도의 생애에서 이 무렵은 그의 앞날에 자못 중대한 의미를 갖는 시기였다고 볼 수 있으리라. 왜냐하면 아마도 그는 금강산 신계사에서의 은둔과 수도를 통하여 이순신이나 서산대사, 사명당과 같은 뛰어난 인물들의 훌륭한 행적과 임진왜란 당시의 대일항전에 관하여 일상적으로 전해 들

으면서 반일 감정이 누적되었고, 의병의 전통이 우리나라에는 면면히 이어져 내려왔다는 사실을 머릿속 깊이 새겼을 것이기 때문이다.

절에서의 상좌 생활은 고달픈 것이었고 별로 깊이 있는 사상이나 학문에 접해 보지 못했던 그였기에 불교철학을 잘 이해할 수는 없었을 것이다. 하지만 그동안의 경험으로 미루어 추측건대 이 세상을 살아가려면 당장 눈앞에 보이는 조그만 이익에 급급하며 감정적인 (행동보다는) 통찰력과 장기적 전망에 입각한 올바른 실천력을 갖추는 것이 중요하다는 것을 깨닫게 되었을 것이다.[1]

° 비구니와 함께 신계사를 떠나다

산중에서 눈이 맞은 홍범도와 처녀는 변복을 하고 절을 나와 북청 방향으로 발길을 재촉했다. 처녀의 고향으로 가서 혼례를 올리고 농사를 지으면서 살고 싶었다. 그런데 양덕, 맹산, 영흥, 은덕을 거쳐 원산 근처에 이르렀을 때 '불의의 사고'를 당하고 말았다.

머리를 깎은 두 남녀 청년들이 당시-단지 머리를 깎은 사람은 중이고 평민들은 모두 다 머리를 기르고, 남자는 상투를 틀고 살고 여자는 머리를 얹고서 사는 천지-조선에서 머리를 깎고서 중의 세상인 산간을 떠나서 머리를 깎지 않는 평민들이 사는 사회에서는 살 수 없었고, 산간 중들 사는

1) 정세윤, 『홍범도 생애와 독립전쟁』 33쪽, 독립기념관, 1997

사회에 가서 살자면 당시 조선 중들은 남승이나 여승이 단지 정남·정녀로 늙어 죽어야 되는 사회에서 젊은 청년 남녀 중들이 연애 생활을 한다는 것은 꿈에도 생각조차 못 하던 시기였다.

그런데 평민이 아닌 단양 이씨인 여승은 잉태 중이어서 출산할 시기는 와서 장삼에 싸인 배는 남산을 가리웠고, 가슴에 불숙하게 불어나는 젖가슴에서는 유즙이 나서 장삼 가슴이 얼룩덜룩 자주 괴롭게 되었다.

그들은 삼수, 갑산에 가서 머리를 기르고서 산간으로 다니면서 포수 노릇을 하고, 산간에서 살려고 작정하였다. 그러나 시기는 벌써 늦었다.

그들은 작정하였던 바 삼수, 갑산에 가서 단란한 가정생활을 하려던 계획에 도달하지 못하고서 당시 원산 건달패·불량자들한테 그들 가운데 중 하나는 여자가 남복하고서 다니는 중이 아니라 협잡꾼이라는 것으로 발로되었다.[2)]

이 사건으로 홍범도와 처녀는 헤어지고 말았다. 건달패들은 홍범도를 때려눕히고 처녀를 끌고 갔다. 홍범도가 정신을 차리고 보니 여자는 사라지고 없었다. 불량배들에게 끌려간 것이다. 그러나 임신 사실이 드러나면서 풀려난 여자는 고생 끝에 북청 고향으로 돌아갔고, 곧 아들을 낳아 아비 없는 유복자를 키우며 살았다. 홍범도에게 그 여자는 난생처음으로 느끼게 된 애틋한 인간적인 사랑이었다. 처녀의 행방을 찾아 사방으로 헤매었으나 찾을 길이 없었다.

홍범도는 다시 오갈 데 없는 신세가 되었다. 사랑하는 여인과도 불의의 봉변으로 헤어지고, 그렇다고 야반도주한 신계사로 돌아갈 수도 없었다.

2) 이인섭, 『홍범도 일기』, 12쪽

> 범도는 또 정처 없는 발길을 옮겨야 했다. 그러다가 신계사에서 멀지 않은 강원도 회양군의 먹패장골이라는 곳이 문득 떠올랐다. 이곳은 금강산에서 그리 멀지 않은 깊은 산골이었는데 신계사에 있을 때 가끔 이야기를 듣던 고을이었다. 범도는 이곳의 깊숙한 골짜기에서 거의 세상과는 발길을 끊고 약 3년간 머무르면서 남의 땅을 빌어 농사를 짓기도 하고 군대 있을 때 익혔던 사격 솜씨를 발휘하여 사냥을 하기도 했다. 또 한편으로는 조용히 참선하여 수양도 하였다. 그리하여 절에 있을 때 깎았던 머리는 다시 자라서 상투를 틀어 올릴 수 있었으며 수염도 제법 자라서 완연한 성인으로서 손색이 없는 어엿한 청년의 풍채를 보이게 되었다.[3)]

홍범도가 강원도 회양의 산골에서 은거 생활을 하고 있을 때 조선에서는 여기저기에서 민란이 일어나고 동학교가 급격히 번창하여 상남 지방을 휩쓸었다. 동학은 교세가 확장되면서 정부의 탄압을 불러와 재산을 빼앗기거나 체포되는 사람이 늘어났다. 많은 동학교가 족보에서 제명되고 마을에서 따돌림을 당했다. 이에 동학 내부에서는 교조신원敎祖伸寃 운동과 포교의 자유를 얻기 위한 움직임이 거세게 전개되었다.

이런 과정에서 일부 지역에서는 동학교도들이 패악을 저지르고 악덕 지주들과 싸움판이 벌어지기도 했다. 1892년 11월 1일 동학교도 수천 명이 운집한 삼례집회에 이어 1893년 2월 11일에는 역시 동학교도 다수가 서울 광화문에서 복합상소伏閤上疏를 올리는 행사가 거행되었다. 과거를 보려는 유생으로 가장한 교도들은 경복궁 밖에서 사흘 동안 국왕에게 교조신원과 신교자유를 요구하는 복합상소를 올렸다.

3) 장세윤, 앞의 책, 35~36쪽

복합상소가 많은 사람의 관심을 끌자 정부는 이들에게 해산하면 요구를 들어주겠다고 회유했다. 그러나 막상 상소단이 해산하자 주모자에 대한 체포령을 내리는 동시에 동학에 대해 더욱 강력한 금지를 명령했다. 정부에 속았다고 판단한 교도들은 1893년 3월 11일 충청도 보은에서 2만여 명이 참여하는 보은집회를 강행했다. 집회에서는 교조신원과 포교 자유를 뛰어넘어 '일본과 서양을 물리친다(斥倭斥洋)'는 기치를 내걸었다. 종교집회에서 정치집회로 성격이 바뀌고 있었던 것이다. 같은 시기에 전라도 금구에서는 전봉준의 지도 아래 1만여 명이 모여 별도의 집회를 열고 탐관오리와 외세 축출을 결의했다.

1894년 1월 10일 마침내 '보국안민', '척왜척양'의 기치를 내걸고 동학농민전쟁이 발발했다. 동학군은 고부 관아를 점령한 데 이어 이씨 왕가의 본관인 전주를 점령하고, 「폐정개혁 12개조」를 공포하면서, 서울 진격을 목표로 삼았다. 이어 태인, 금구, 부안, 고창 등지의 관청을 차례로 공격하고 황토현에서는 몇 천 명의 관군을 격퇴하는 전과를 올렸다.

조정이 청나라에 지원을 요청하여 청나라 군대가 출병하게 되고, 일본이 천진조약(1885년)을 근거로 조선에 출병하면서 동학혁명은 동학농민전쟁이 되었다. 초기에 욱일승천하던 동학군은 우금치전투에서 근대적인 훈련과 장비를 갖춘 일본군에게 대패하면서 전세가 기울었다. 동학군은 전라도로 후퇴하여 재기를 꽤했으나, 11월 순창에서 전봉준이 피체되면서 전쟁은 패배로 마무리되었다.

1년간에 걸친 동학농민전쟁은 30~40만 명의 희생자를 낸 채 끝나고 말았지만, 반봉건·반외세를 표방하며 일어난 동학혁명은 대내적으로는 백성들의 근대적인 인식 변화를 이끌었고, 대외적으로는 청·일 양군의 출병과 청일전쟁의 직접적인 계기가 되었다.

조정은 소 잃고 외양간 고치기 식으로 뒤늦게나마 갑오개혁을 통해 국정 개혁에 나섰다. 하지만 일본군은 쉽게 철수하지 않았다. 오히려 내정간섭을 시작하고, 1895년 8월 20일 명성 황후를 시해하기에 이르렀다. 같은 해 11월 15일 단행된 단발령은 민심을 들끓게 하고, 명성 황후 시해와 단발령의 배후가 일본이라는 사실이 알려지면서 민심이 폭발하여 을미의병이 일어났다. 의병들은 일본 수비대와 거류민, 개화정치를 강제하던 관찰사 등을 공격하여 반일 감정을 가진 민중들의 폭넓은 지지를 받았다.

° 동지 만나 일본군 소부대 섬멸

홍범도가 살고 있는 먹패장골에도 국내 각지에서 벌어진 여러 가지 소식이 들렸다. 워낙 산중이라 엄청난 소식이라도 한참 뒤에야 전해졌다. 그는 한때 동학에 관해 대단히 부정적으로 생각했으나 동학교도들이 부패관리의 척결과 신분 타파를 목표로 하여 동학농민전쟁을 일으키고, 관군과 일본군에 의해 수십만 명이 참살당했다는 소식에는 분노를 억누르기 어려웠다.

시국은 바야흐로 '용자勇者는 칼을 빼고, 지자知者는 책을 덮어야 할' 때가 되고 있었다. 앞을 못 보는 사람이 시계는 볼 수 없어 시간 가는 줄 아는 것처럼, 홍범도는 비록 산중의 몸이라 정확한 시국의 흐름이나 사태의 진행은 알기 어려웠지만, 오가는 소식과 풍문으로 나라 안팎의 사정은 어느 정도 헤아릴 수 있었다. 세상에 태어나서 이웃 산모들의 눈치 젖을 얻어먹고 자라고, 군대와 제지공장, 신계사의 상좌 생활에 이르기까지 모두 눈칫밥을 먹으며 살아온 세월이었다. 그래서 이제는 사람들과 세상을 바라보고, 눈치를 살필 수 있게 된 것이었다.

먹패장골에서 3년을 지내면서 그는 만 27세가 되었다. 훤칠한 키에 날렵해진 신체를 지닌, 이제 아무것도 두려울 것이 없는 헌헌장부로 성장했다. 시국은 장부를 부르고 있었고, 그에게는 3년 전에 헤어진 여인 외에는 달리 가족도 피붙이도 없었다.

홍범도가 먹패장골의 은거 생활을 마치고 세상 밖으로 나오는 1895년 9월 18일쯤(양력 11월 4일경), 장안사에서 회양읍과 철원 방면으로 넘어오는 길목의 단발령 고개에서 쉬고 있을 때였다. 우연히 한 청년을 만났다. 이는 그의 생애를 송두리째 바꾸는 '사건'의 실마리가 되었다.

> 1895년(을미년) 9월 18일에 그는 장안사로 넘어가는 길 정상에 혼자 우두커니 앉아서 금강산 만물초萬物肖를 구경하고 있었는데, 그곳은 바로 조선왕(신라 경순왕-필자)의 아들이 금강산 경치를 얼마나 사랑하였던지 머리를 깎고서 중이 되었다 하여서, 단발령이라고 이름하는 곳이었다. 그 얼마나 조선 자연 경치를 자랑하는 일대 표증인가 말이다.
> 그는 혼자서 자기가 지담 선생한테서 서산대사가 임진왜란 때에 금강산에서 떠나서 평양에 당도하여 승군을 모집하여 가지고서, 적군에게서 평양을 해방시키던 말씀 듣던 것을 곰곰 생각하고 있었다.
> 그러다가 어떤 청년이 어디선가 말없이 나타나더니 자기 곁에 다가와 앉으면서 "아! 무엇을 그와 같이 상상하십니까?" 하고 말을 건네는 것이었다. 그는 황해도 서흥생 장인 김수협이라는 용사였다. 홍범도는 요행으로 천만뜻밖에 만난 그와 지금 자기가 혼자서 생각하던 사실을 일장설화하였다. 그리고 국가가 이와 같이 불운에 처해 있고, 왜놈들이 우리나라 인민

들을 되는 대로 학살하는 이때에 어찌 조선의 인민으로 나서 속수무책으로 가만히 앉아 구경만 하다 죽기를 고대하겠는가 하고 말하였다.
김수협은 별말 없이 나 역시 당신 같은 사람으로 큰일을 공모할 동포를 만나지 못하여서 사방으로 다니던 중이노라고 하여, 그들은 같이 '의병운동'을 시작할 것을 결정하였다.[4)]

홍범도는 자신이 의병운동에 나서게 된 시점을 9월 18일 단발령에서 김수협을 만나 의기투합한 것이 계기가 되었음을 밝히고 있다. 하지만 의병운동은 의기만으로 되는 일이 아니었다. 군사가 있어야 하고 무기는 필수 장비였다. 두 청년은 아무런 무기도 없었다.

두 사람은 일단 도회지로 나가서 일본군이 차고 다니는 무기를 빼앗고, 벌써 일본군의 앞잡이 노릇을 하는 부자들의 재물을 털어서 군자금으로 쓰기로 작정했다. 홍범도는 군인이었기에 무기에 관해서는 어느 정도 알고 있었다.

일본군은 동학혁명군을 학살할 때 '무라타村田'식 소총으로 무장하고 있었다. 동학농민군이 죽창이나 화승총으로 무장한 데 비해 일본군은 스나이더Snider 소총과 무라타 소총 등 현대식 병기로 무장했다. 양측의 화력은 대중 잡아 250대 1 수준으로 평가되었다.

영국에서 개발되어 수입한 스나이더 소총은 일본이 메이지 정부의 찬반 세력 간에 벌어진 내전(1868년) 때에 사용되었으며, 1874년 대만(타이완) 침략 때에도 사용한 신형 무기였다. 이 소총은 영국제 엔필드 소총을 개량하여 만든 것으로 후발식 단발 소총이었다. 임진왜란 당시 왜군이 사

4) 이인섭, 『홍범도 일기』, 13쪽

용했던 조총과는 비교되지 않는 가공할 성능의 소총이었다.

스나이더 소총이 영국산이라면 무라타 소총은 일본이 직접 개발한 병기다. 메이지 정부는 일본 열도를 통일한 다음 각 번藩이 보유하고 있던 모든 병기류를 중앙정부에 이관토록 하는 한편, 1878년부터 본격적인 소총 개발에 착수했다.

2년여의 제작 및 시험 기간을 거쳐 무라타 쓰네요시(村田經芳, 1838~1921)가 소총 개발에 성공하고, 그의 이름을 따서 무라타 소총이라 이름 지었다. 이 소총은 1882년부터 일본군에 보급되고, 실전에 사용한 것은 동학농민전쟁과 청일전쟁 때였다. 소수의 병력으로 동학농민군을 대량 학살하는 데는 이 병기가 결정적인 역할을 했다.[5)]

홍범도와 김수협은 이와 같은 일본 병기의 속사정에 대해 알 리 없었지만 왜군들이 들고 다니는 소총이 괴력을 발휘한다는 소문은 익히 들었다. 하여 어떻게 해서든지 이 무기를 절취하는 것이 시급하다고 판단했다.

두 사람이 장터에 나가니 마침 일본군 200여 명이 하나같이 무라타 소총으로 무장하고 행군하고 있었다. 비무장한 두 사람이 이들을 당해낼 재간이 없었다. 궁리 끝에 지형지물을 이용하는 방안을 마련했다. 그리고 어렵사리 낡은 화승총도 준비했다. 두 사람은 일본군이 지나가는 길목으로 강원도와 함경도의 연결 관문인 철령鐵嶺 고개를 찾아내고 여기에 매복했다. 그러나 두 명이 화승총으로 200명을 상대하기는 만용일 뿐이었다.

이들을 그냥 보내고 난 다음 날, 천재일우의 기회가 찾아왔다. 일본군 10여 명이 다시 이 고갯길로 들어온 것이다. 두 사람은 지형지물을 이용하여 화승총으로 무라타 소총 부대를 향해 집중사격을 퍼부었다. 화승총

5) 박맹수, 「동학농민전쟁기 일본군의 무기」, 『한국근현대사 연구』 제17집, 260쪽, 한울, 2001

은 임진왜란 때 일본을 거쳐 우리나라에 들어온 병기로 노끈에 불을 붙여 탄환을 발사하는데, 비 올 때나 습기가 많을 때는 별로 성능이 좋지 않았고 조준하기가 어려웠다. 또 발사 간격이 커서 근접 사용이 쉽지 않은 단점도 있었다. 그럼에도 두 사람은 화승총으로 일본군 10여 명을 섬멸하는 솜씨를 보였다.

> 그야말로 천재일우의 좋은 기회였다. 범도와 김수협은 날랜 화승 놓는 솜씨로 화승총을 발사하여 순식간에 그들을 거의 궤멸시키고 말았다. 일본군은 이들을 향하여 총을 쏘아 댔으나 안전하게 엄폐된 고지의 요새에서 사격하는 정확한 사격 솜씨를 이기지 못하였다. 이 전투가 바로 홍범도가 전개한 최초의 의병전투였다. 아직까지 남한의 학계에서는 1907년 11월의 후치령전투를 홍범도가 처음으로 전개한 의병전투라고 보고 있는데, 앞으로 면밀한 검증을 거친 뒤에 수정되어야 할 것이다.[6]

° 산포수와 농민으로 의병대 조직

홍범도가 의병을 시작할 즈음에 전국 여러 지역에서 동시다발적으로 의병운동이 들불처럼 일어나고 있었다. 춘천의 이소응, 강릉의 민용호, 제천의 유인석·이춘영·안승우, 홍주의 김복한·이설, 남한산성·안성의 김하락, 문경의 이강년, 안동의 김세연·김도화, 영양의 김도현, 진주의 노응규,

6) 장세윤, 앞의 책, 40쪽

금산의 이은찬·허위 등이 앞서거니 뒤서거니 하면서 의병을 조직하여 일본군과 싸웠다. 제1차 의병전쟁이다. 의병전쟁이 본격화하면서 의병은 물론 민간에서도 '창의가倡義歌'가 널리 불리었다.

창의가

대한광무大韓光武 갑오년에 왜적이 침범하여
옛 법을 모두 고쳐 개화하기 시작하여
관제도 모두 고쳐 의복도 모두 고쳐
이리저리 몇 년 만에 인심은 산란하고
이 회會 저 회 무슨 회가 그렇게도 많은지
청년회도 일어나고 동양회도 일어나고
자강회도 일어나고 황국회도 일어나고
교육회도 일어나고 설교회도 일어나고
일진회도 일어났네
보국안민 버려 두고 난국 난민 웬 말이냐
세상이 이러하니 팔도 의병 났네
무슨 일 먼저 할까 난신적자 목을 잘라
왜적 퇴송 연후에 보국안민하여 보세
대소인민 물론하고 동심동력 일어나면
의병 두 자 높은 이름 천하에 내놔 보라
조야가 일심하면 무엇인들 못 할손가!
돌아오라 돌아오라 창의소로 들어오라
만일 만일 오지 않고 왜적에 종사하여
불행히도 죽게 되면 황천에 돌아가서

무슨 면목 가지고서 선왕 선조 뵈올소냐
집에 있는 사람들아! 화포화승 제조하여
의병을 후원하면 쉽사리 성공하리
부탁이요 반심反心 없이 이 진陣 저 진 접대하라[7)]

홍범도는 동지 한 명과 단신으로 의병전에 나서 10여 명의 일본군을 사살하고 다량의 무기와 전리품을 노획했다. 그리고 무엇보다 자신감을 얻게 되었다. 두 사람은 일본군의 추격을 피해 안변군 소재 학포에 머물면서 의병 모집에 착수했다. 여기서 산포수와 농민 출신 44명을 모집하여 의병대를 편성하고, 석왕사로 들어가 본격적인 의병전을 준비했다. 석왕사는 신계사에 있을 때에 스님으로부터 자주 들었던 절이었다. 원산에서 서울로 가는 길목이어서 일본 상인들의 왕래가 잦고, 이들을 보호하려는 일본군이 자주 출몰하고 있다는 정보도 있어서 택한 곳이다. 일찍이 이성계가 무학대사를 만나 고려 정복을 도모했다는 전설이 전하는 유서 깊은 사찰이었다.

홍범도가 조직한 최초의 의병부대는 화승총과 철령전투에서 노획한 무라타 소총으로 무장했다. 산포수 출신은 어느 정도 무기를 다룰 줄 알았지만, 농군들은 까막눈이었다. 홍범도는 이들에게 총기 다루는 법과 사격술을 가르치면서 기회를 엿보고 있었다. 그러던 중 한때 충주성을 점령하는 등 기세를 올렸던 제천 출신의 명망 높은 학자 의병장 유인석 부대가 인근에서 의병을 모집한다는 소식을 듣게 되었다. 홍범도는 유인석을 만나 그의 인품을 보고 곧 합류했다. 소규모의 병력으로는 강력한 일본군

7) 기좌 창의 장행군소 창의가(畿左昌義將行軍所昌義歌)

과 대적하기가 쉽지 않았던 것도 합류 이유였다.
그러나 몇 차례 치른 전투의 결과는 별로 신통치 않았다.

> 그 절에서 지내면서 의병들을 더 모집하다가 당시 철원 보개산에 근거를 두고서 공작하던 유인석 의병부대를 만나 그들과 합하여서 큰 의병부대가 되었다.
> 그 후에 자주 진행되는 전투에서 좋은 전공을 가져오지 못하였다. 의병대들은 조직한 지 오래지 아니하였고, 또한 조련도 잘 받지 못한 군인들은 자주 침입하는 일본 군대와 끊임없는 전투를 하게 되었다.
> 그런 중에도 수효상으로 초월한 정식 일본 군벌들과의 전투는 참으로 곤란하였다. 안변 등지에서 세 차례나 걸쳐 진행된 전투는 모두 의병들에게 좋지 못한 결과를 가져왔다.
> 처음 만났던 김수협 동지는 마지막 전투에서 영웅적으로 조국을 옹호하다가 전사하였다. 그리고 유인석 군인들은 산지사방으로 도망하여 종적을 감췄다.[8]

의병들의 정신력은 강했으나 실전에서는 취약할 수밖에 없었다. 대부분이 농기구를 들고 농사나 화전을 일구며 살던 사람들이 현대 무기로 무장한 일본 정규군과의 싸움에서 상대가 되긴 어려웠다.
몇 차례에 걸친 전투에서 아까운 최초의 동지 김수협까지 잃게 된 홍범도는 크게 실망했으나, 의병전쟁은 이제 시작에 불과했다. 이때에 유인석을 처음 만났던 홍범도는 몇 해 뒤에 연해주 크라스키노에서 다시 만나게

8) 이인섭, 『홍범도 일기』, 14쪽

된다.

홍범도가 초기 의병전에 투신하여 일본군과 힘겨운 싸움을 하고 있을 즈음 청일전쟁이 발발하여 조선 반도는 또 한 번 전쟁터가 되고 있었다. 강화도조약으로 조선의 문호를 연 일본은 1894년 김옥균·박영효 등 개화파를 후원하여 갑신정변을 일으켰으나 실패하여 오히려 청나라 종주권을 강화해 주는 결과를 빚었다. 이후 청·일 두 나라는 조선 지배권을 둘러싸고 날카로운 대립을 보이다가, 1894년 조선에서 동학혁명이 일어나자 그 진압을 구실로 조선에 출병함으로써 마침내 그해 8월 청나라를 상대로 전쟁을 일으켰다.

근대적인 군대를 갖춘 일본군은 풍도豊島 앞바다의 해전과 성환成歡의 육전에서 청나라 군을 격파함으로써 승기를 잡게 되고, 여세를 몰아 10월에는 청의 영토를 침공, 여순(뤼순)에서 학살 사건을 일으키는 한편 위해위威海衛 군항에서 청나라 북양함대를 격멸하는 등 연전연승을 거두었다.

일본은 청일전쟁을 진행하면서 조선을 전진기지로 삼아 인력과 토지를 징발하고, 매국 단체 일진회 회원들을 일본군의 군수물자 수송 병력과 밀정으로 동원했다. 이에 맞서 각지에서 봉기한 의병부대는 일본군과 싸우는 한편 일진회 회원들도 토멸했다.

유인석 의병부대에 합류했다가 연패한 뒤 홍범도는 다시 홀로 되었다. 쫓는 일본군과 밀정의 눈길을 피해 황해도 영풍 지방으로 은신했다. 우선 몸을 숨겼다가 차차 재기하려는 심산이었다.

청일전쟁에서 승리한 일본군은 더욱 기세등등하여 조선의 산야를 누비면서 항일 의병을 섬멸하고자 이 잡듯이 뒤졌다. 홍범도의 명성이 조금씩 알려지고 있던 터라 일본군은 그의 행방을 뒤쫓았다. 홍범도는 가명을 쓰고 금광의 인부로 들어갔다. 그러나 은신 생활도 오래가지 못했다.

또 혼자 된 홍범도는 그곳을 떠나서 황해도 영풍군 널귀라는 곳에 있는 금점판에 와서 금점꾼(금광에서 일하는 사람-필자)으로 가장하고 은신하였다. 그곳에 있던 동학군 놈들이 왜놈들에게 고발하여 그곳을 포위하고서 수색하는 중에 금점꾼들이 둘러싸고 피신시켜서 요행 그곳에서 빠져나왔다.

밤중에 도주하여 감춰 뒀던 무장을 걷어 가지고 막발령이라는 영마루에 도착하니 마침 태양이 영마루에 둥실 떴다. 더 가지 못하고 풀숲에 숨어서 숨을 죽이고 있는데, 그를 잡으러 금점에 갔던 왜놈 세 놈이 그곳에 나타나서 사방을 유심히 살피고 있었다. 그놈들은 원산을 향하여 가려던 길이었다. 마침 조용한 곳에서 만나서 그놈들이 먼저 손을 쓰기 전에 홍범도가 손을 쓰게 되었다.[9]

일본군 3명을 처단한 홍범도는 밤길을 걸어 함경남도 덕원의 무달사라는 사찰에 이르렀다. 여기서 며칠 쉬는 동안 덕원읍의 정성준이라는 자가 일본군 정탐이란 사실을 알고 이 자를 처단했다. 정성준은 거액의 일본 돈을 갖고 있었다. 홍범도는 이 돈이 밀정의 대가라고 판단, 군자금으로 압수하여 의병들의 필수품을 구입하는 데 요긴하게 썼다.

그리고 산포수와 의병 출신 10여 명을 규합하여 소규모 의병부대를 편성, 평안남도 양덕으로 들어갔다. 이름을 숨기고 때로는 금광의 인부 노릇도 하고 활빈당과 비슷한 의병 활동을 하면서 은거했다. 본격적인 의병전쟁을 하기 위해서는 용맹한 군사훈련과 전술·전략이 필요하다는 판단에서 이 기회를 치열한 준비 기간으로 삼았다.

9) 같은 책

홍범도가 평안남도와 황해도 접경 지역에서 외롭게 의병투쟁을 하고 있을 즈음, 조선은 열강의 이권 침탈로 만신창이가 되어 갔다. 1876년 개항 이후부터 시작된 열강의 이권 침탈은 무력을 앞세운 불평등조약으로 조선은 관세협정권, 외국화폐통용권, 내지통상권, 연안해운권을 비롯한 상권과 경제주권을 침탈당했다. 정부 대신들이 외세의 앞잡이가 되어 국가의 소중한 자산을 외국에 넘겨주는 사례도 적지 않았다.

특히 전국의 주요 금광채굴권이 속속 외국인에게 넘어갔다. 충남 직산 금광채굴권은 일본, 평북 운산 금광채굴권은 미국, 함북 경원·종성 금광채굴권은 러시아, 평남 은산 금광채굴권은 영국, 평북 창성 금광채굴권은 프랑스, 강원도 금성 당현 금광채굴권은 독일에 각각 넘어갔다. 이 밖에도 경부철도부설권, 연해어업권, 인삼독점수출권, 경인철도부설권, 압록강 유역·울릉도 산림채벌권 등이 송두리째 외국인 손에 넘겨졌다.

단양 이씨와 해후, 아들과의 상봉

불경佛經에서는 인간의 질긴 인연을 두고, 초원에 3천 마리의 어미 소 중에서 그 새끼가 제 어미를 찾는 것에 비유한다. 홍범도와 단양 이씨의 해후가 그러했다. 홍범도는 1897년의 어느 날 함경남도 북청의 산골 마을에서 단양 이씨를 찾게 되었다. 금강산 신계사에서 처음 만나 몸을 섞고 불량배들에게 붙잡혀서 헤어진 이후 어느 하루도 잊어 본 적이 없었던 여인이었다.

홍범도는 단양 이씨의 고향이 북청이라는 것을 생각하면서 무작정 길을 나섰다. 그동안 삼수, 갑산 지역에서는 '범 잡는 포수 홍범도'라는 소문이 자자할 만큼 널리 알려졌던 터였다. 또 잡은 고기를 산골 사람들에게 인심 좋게 나눠 주고, 농작물을 해치는 산짐승을 잡아 달라는 주민들의 부탁을 들어 처치해 주곤 했다. 해서 주민들의 인심을 얻게 되고, 이들과 자주 어울렸다. 주민들은 홍범도가 가는 곳이면 서로 자기 집으로 초대했다. 어느 마을에서의 일이다.

> 북청 삼거리 근방에 살며 포수 노릇 하는 이문협이는 말하기를 자기네 동네에 단양 이씨 늙은 부처가 사는데, 그 집에는 아들은 없고 단지 무남독녀 외딸 하나가 있는데 과연 얌전한 여자이고, 착실하기 그지없는데 단지 허물되는 것은 그 여자는 청상과부인데 아들 하나가 있다는 것이고, 누가 개가하라고 말하면 그 여자는 말하기를 "자기는 이미 남편이 있었는데, 몇 해 전 원산서 불한당을 만나서 자기 남편은 아마 불한당에게 잡혀가서 죽은 듯하니, 자기는 유복자로 나온 아들을 데리고서 정절을 하겠다."는 것이라고 말하였다.[10]

홍범도가 들었을 때 어김없는 단양 이씨였다. 한달음에 달려가 그녀와 해후하고, 그사이에 양순이라는 이름으로 6~7세의 소년이 된 아들을 만났다. 원산서 불량배에게 끌려간 이 씨는 그날 저녁부터 배를 앓기 시작하여 3일 만에 아들을 낳았다고 한다. 그리고 강보에 싸인 아들을 안고 문전걸식하며 고향으로 돌아와 친정에서 살고 있었다. 어려서 여승이 된 것은 "중이 아니되면 부모가 장수하지 못하고 자기는 범한테 물려 죽는다."

10) 이인섭, 『홍범도 일기』, 16쪽

는 무당과 여승의 권면에 속아서 중이 되었다는 사연을 듣게 되었다.

꿈에도 그리던 여인을 만나게 되고 아들까지 얻게 된 홍범도는 모처럼 행복한 나날을 보낼 수 있었다. 농사꾼 장인, 장모를 모시면서 농사를 짓고 틈틈이 사냥을 하면서 오붓한 가정을 꾸렸다. 그의 생애에서 이 7~8년이 가장 안정되고 행복했던 시기가 아니었을까 싶다.

> 홍범도는 이 씨와 결혼하여 가정을 꾸리고 이 씨가 살고 있던 처가에서 살게 되었다. 처가는 북청군 안산사(安山社, 1914년 풍산군 안산면으로 개칭) 노은리 안필골에 있었다. 그곳은 북청에서 갑산 쪽으로 넘어가는 주요 길목인 후치령 바로 아래였다. 노은리 옆에는 높이 1천527미터의 송동산이 있어서 그야말로 첩첩산중이었다. 범도는 처음 주로 농사일을 하면서 틈틈이 총을 들고 사냥에 나섰다. 범도가 사는 북청 등 관북 지방은 함흥과 영흥 등의 일부 평야지대와 해안 연변의 작은 들을 제외하고는 거의 대부분이 높고 척박한 산악지대로 되어 있어 농사만 지어서는 먹고살기가 어려웠기 때문이다.[11)]

홍범도가 북청에서 충실한 가장 노릇을 하고 있을 때, 일제는 조선을 병탄하고자 더욱 치밀하게 공략하고 있었다. 1902년 1월 영일동맹을 체결하여 청나라에서 영국의 이익과 한국에서 일본의 이익을 서로 옹호하기로 약조하고, 1904년 2월 일본 함대가 여순항에 주둔 중인 러시아 함대를 기습공격하여 러일전쟁이 발발했다.

이해 2월 9일에는 일본군이 서울에 진주한 상황에서 한일의정서가 강

11) 장세윤, 앞의 책, 54쪽

제로 체결되었다. 일본군의 조선 내 전략 요충지 수용과 군사상의 편의 제공을 약속하는 내용이었다. 이 조약을 빌미로 일제는 조선의 광대한 전략 요충지의 토지를 군용지로 수용했으며, 각종 철도부설권도 군용 명목으로 가로챘다.

또 이 조약을 근거로 체결된 한일협약은 일본이 추천한 재정·외교 고문의 동의 없이는 외국과 재정, 외교상의 일을 처리할 수 없도록 하여 대한제국의 재정·외교권을 빼앗았다. 재정·외교권 이외의 정부 각부에도 고문을 두도록 강요하여 한국의 내정 전반에 일본이 간섭하는 이른바 '고문정치'가 시작되었다.

3장 산포수 의병장, 관북 지역 일본군 소탕전

∘ 산포수 의병부대 대장으로 뽑히다

한국 의병사 또는 한국 독립운동사에는 '산포수山砲手 의병義兵부대'라는 조직이 여럿 있었다. 1907년 국채보상운동 당시 사회의 최하류 계층에 속했던 기생들이 애국부인회를 만들어 의연금을 출연했듯이, 비슷한 시기에 최하층의 산포수들도 자발적으로 산포수 의병부대를 조직하여 일제와 싸웠다.

관북 지방의 험준한 산악지대에서 식량이 부족하여 산짐승을 잡으며 생계를 유지하던 산포수들이 일제의 침략에 맞서 의병부대를 조직하고 조국 독립을 위하여 처절하게 싸웠던 것이다. 그 가운데 대표적인 인물이 홍범도다.

일제는 1907년 7월 헤이그 밀사 파견을 트집 잡아 고종을 강제로 폐위시키고 한일신협약을 맺게 한 데 이어서 1908년 9월에는 '총포화약류 단속법'을 공포했다. 한 해 전부터 전국 각지에서 항일 의병이 거세게 봉기하자 이를 막기 위한 조처의 일환이었다.

일제의 이 조처는 우리 의병투쟁에 결정적인 타격을 주고, 홍범도가 본격적인 산포수 의병부대를 조직하는 계기가 되었다. 우선 '총포화약류 단속법'의 내용을 살펴보자.

1. 화약은 모두 소기燒棄하며 만약 소기할 수 없을 때에는 물속에 투기하여 후일 건져서 건조시키더라도 사용할 수 없게 할 것.
2. 탄환(완전한 탄피)은 전 항에 준하여 처리할 것.
3. 총포류는 병기로 사용하지 못하게 처치하기 위하여 변형 절단 등 적당한 방법을 집행할 것. 단, 미술품 또는 역사적 자료가 될 가치가 있는 것은 이를 군부에 송부할 것.
4. 궁弓·시矢·도刀·창류는 소기할 것.
5. 고대 갑주류甲冑類는 군부에 송부할 것.
6. 변형 또는 소기한 금속 본질은 신분이 확실한 자에게 매각할 것.
7. 군위郡衛에서 이전에 모치募置한 것으로서 포군이 사용한 병기도 역시 전 항에 의하여 정리할 것.[1]

일제는 한국을 병탄하는 과정에 '총포화약류' 일체를 압수하여 한국인들이 산짐승 한 마리도 잡을 수 없도록 했다. 군대 해산에 이은 한국인의

1) 박성수, 「1907~1910년간의 의병전쟁에 대하여」, 『한국사연구』1, 111쪽, 1968

완전한 '무장해제'였다. 이 조처로 "11월 말까지 약 2개월에 걸쳐 전국에서 민간인 소유 무기의 압수 소동이 벌어졌으며, 자료에 의하면 이때 도합 9만 9천747점의 무기와 36만 4천377근의 화약 및 탄약류가 압수되었다고 한다."[2)]

일제는 뒷날 태평양전쟁을 시작하면서 백금·금·은·비녀·가락지·동·진유·유기그릇·철·광물·고철물에 이르기까지 조선의 모든 광물자원을 '공출'의 명목으로 빼앗고, 서울에서는 조선인 상류 가정의 여성들을 모아 '애국금차회愛國金叉會'라는 것을 조직하여 금비녀와 돌반지 등까지 헌납하게 했다.

총포화약류 단속법은 관북 지역의 산포수들에게도 어김없이 적용되었다. 사냥이 생업인 산포수들에게 총포를 빼앗는 것은 곧 생업의 포기를 의미했다. 산포수들은 격렬하게 저항했다.

> 산포수 의병의 연원지인 북청군 관내의 안평과 안산에 거주하던 산포수 주민들에게 사냥총은 곧 생계수단이었다. 그러므로 '총포화약류 단속법'이 발포된 직후 북청 주재 일제 군경이 이 지역 산포수들의 총기를 압류하려 하자, 산포수들은 이 조치에 대해 강력히 반발하고 그대로 의병으로 전신하게 되었던 것이다.[3)]

당시 홍범도는 산포수 활동을 하면서 산포수들과 지역 주민들로부터 신망을 얻고 있었다. 북청·삼수·갑산·장진 등 산악지에는 호랑이·곰·멧돼지·표범 등 맹수가 많이 서식하고 있어서 산포수들은 혼자 수렵을 하

2) 같은 글
3) 박민영, 『대한제국기 의병연구』, 159쪽, 한울, 1998

지 않고 몇 명씩 협동하여 사냥에 나섰다. 홍범도가 살고 있던 북청군 안산사(안산, 社는 면 단위)에도 직업 포수들의 포연대捕捐隊가 조직되고, 홍범도도 여기에 가입했다.

포연대는 함경남도 당국의 승인을 받은 합법 조직이었다. 포연대와 같은 사냥꾼들의 조합은 그들의 권익을 보호하기 위해 포수들 스스로가 조직한 측면도 있으나 동시에 이러한 조합의 결성에는 유사시에 포수들을 전투병으로 동원하기 위한 봉건정부의 의도가 크게 반영되어 있었다. 그렇기 때문에 지방 관헌들은 이 조직을 합법적으로 인정하였으며 유사시에는 포수들을 징발하였던 것이다. 사냥꾼들의 계 형식의 협동조합 내지 이익 단체의 성격을 띠는 이와 같은 조직은 사냥꾼들이 많은 평안도 강계, 함경도 삼수, 갑산 등에 많이 결성되어 있었다.[4)]

홍범도는 탁월한 사냥 솜씨와 백발백중의 사격술 그리고 사냥 성과물에 대한 공정한 분배, 지방 관리들에게 바치는 포획물의 적정선 유지 등으로 동료들의 신망을 얻었다. 얼마 후에는 안산사 포연대 대장으로 뽑혔다.

그동안 삼수에서 다시 함북의 풍산군으로 옮긴 홍범도는 사냥으로 함경도 일대에 이름이 알려져서 크게 각광을 받게 되었고, 그 자신도 사냥꾼의 생리를 잘 이해하였으므로 사냥꾼들의 지지를 받아 포수단의 책임자로 선정되었다. 사냥꾼 조직의 책임자로서 포수단의 권익을 옹호해야 했던 홍범도에게 가장 큰 문제는 포수단에 부과되는 세금을 인하하는 일이

4) 장세윤, 『홍범도 생애와 독립전쟁』, 56쪽, 독립기념관, 1997

| 산포수 의병장 홍범도 |

었다.

이 문제로 인해 홍범도는 관리들과 대립하게 되었는데, 관리들은 홍범도를 위협하기도 하고 한편으로 회유하여 높은 자리를 약속하기도 하였다. 그러나 그는 절대로 타협하지 않았으며, 노력과 투쟁으로 그가 목적한 세금 인하에 성공하였다.[5]

5) 「소련에서 보는 홍범도」, 『구주신문』, 33호, 1985년

일본군과 일진회원 가차 없이 처단

산포수들은 애써 사냥하여 얻은 값나가는 호랑이 가죽이나 사향·녹용 등을 지방 관리들에게 빼앗기는 경우가 많았다. 홍범도는 그동안 군대와 외지 생활에서 쌓은 언변과 논리로써 관리들과 상대하여 포수들의 이익을 지켜 냈다.

당시 산포수들을 수탈하는 무리가 또 있었다. 통감부의 뒷배를 믿고 날뛰기 시작한 일진회 회원들이 산간오지까지 조직되어 사냥 노획물을 빼앗아 갔다. 심지어 일선 관리들 중에도 일진회에 가입하여 백성들을 등쳐먹는 무리들이 생기기 시작했다. 산포수들은 지방 관리와 일진회원들에게 이중으로 시달림을 당했다. 산포수 의병부대가 본격 활동하면서 가장 먼저 일진회원들을 처단한 것은 이 같은 배경에서였다.

홍범도와 산포수들은 일제가 지방 관리들과 일진회원들을 동원하여 총포화약류를 압류하고 나서자 이를 완강하게 거부했다. 홍범도는 자신을 따르는 산포수들에게 총을 제출하지 말 것을 종용하고, 포수들은 이에 따랐다. 북청 지역의 모든 포계에서는 총을 당국에 제출했으나 안산과 안평 지역의 포수들만 거부했다. 홍범도가 관여한 포계였다.

산포수들에게서 총을 빼앗으려는 일제의 흉계는 산포수 집단의 저항을 불러일으키는 계기가 되었다. 산포수들의 첫 거의擧義는 1907년 11월 15일에 있었다. 안산·안평 지역 포계가 중심이 된 이 의병부대는 1~7분대까지 총 68명이 참여하고, 의병장인 도독都督에는 임창근, 홍범도는 제1분대 소속이었다. 1분대장은 차도선이고 홍범도는 부독副督, 즉 부분대장으로 활약했다. "주목되는 내용은 제1분대가 지휘부이며, 여기서 차도선과 홍범도가 동급으로서 '부독'이라는 사실이다. 분대장은 선임자로 차도선이 맡았지만, 홍범도 역시 그와 동등한 지휘권을 가졌음을 알 수 있다."[6]

홍범도는 산포수 의병부대를 실질적으로 이끌게 되었다. 군대 경력과 오랜 포수 생활, 산세나 지리에 밝은 유격 전술은 적을 무찌르는 데 크게 주효했다. 홍범도 의병부대와 일본 수비대·경찰과 최초의 접전은 11월 15일 후치령厚峙嶺에서 벌어졌다. "홍범도 의병부대는 일제의 수비대와 경찰을 괴멸했으며, 여기서 적의 수비대와 통역도 체포되었다. 이어 홍범도 의병부대는 갑산에서 혜산진으로 우편마차를 호위하던 일본군 북청 수비대를 공격하여 이를 섬멸하는 큰 전과를 올리기도 했다."[7]

이 시기 산포수 의병부대의 책임자는 차도선이었다. "차도선은 적어도 1908년 3월 무렵까지는 관북 산포수 의병 전체를 인솔하던 총대장에 있었다고 보여진다."[8]

일제의 기밀정보 자료에는 차도선 도대장都大將, 홍범도 부대장副大將으로 나타난다. 차도선에 관해서는 산포수였다는 점 외에는 구체적으로 알려진 바가 없다.

> 차도선과 그의 측근이었던 태양욱이 그들 휘하의 의병과 함께 1908년 3월 일제의 계략에 의해 '귀순'한 이후부터는 홍범도가 전권을 가지고 의병부대를 인솔하였다.
>
> 차도선과 홍범도는 두 인물의 상호관계를 명확하게 규정하기는 어려우나 주종의 상하관계가 아닌, 오히려 각기 독자적인 조직 계통을 가지고 있던 수평관계로 이해할 수 있을 것 같다. 1908년 3월의 대규모 '귀순' 때에

6) 박민영, 앞의 책, 164쪽
7) 「소련에서 보는 홍범도」, 『구주신문』, 33호, 1985년
8) 박민영, 앞의 책, 167쪽

도 항일전을 계속하였던 점이나, 뒷날 이들이 북상도강을 단행할 때 차도선이 혜산 부근의 압록강 대안, 백두산 서남방의 무송현으로 북상하였는데 비해 홍범도는 북간도를 지나 연해주로 이동함으로써 망명 지역과 활동을 상호 달리하였던 점 등은 역시 이와 같은 사실에 기인하는 현상으로 보이기 때문이다.[9]

산포수 의병부대를 지휘하게 된 홍범도는 일본 수비대를 기습공격하여 큰 타격을 입혔다. "1907년 12월 15일 갑산과 북청 간 도로에서 있었던 군용화물호위병에 대한 습격과 24일에 후치령에서 이루어진 북청 수비대의 궁부宮部부대에 대한 기습공격 등을 들 수 있다. 그 후에도 홍범도 의병부대는 계속 일본군의 출동, 이동 때에 유격전을 전개하여 그들에게 공격을 가하였다.[10]

1907년 10월 일제는 「한국주차헌병에 관한 건」을 공포하여 일본 헌병의 경찰권을 강화하고 병력을 증가하는 한편, 일진회를 조종하여 의병에 대항하고 각지에 자위단을 파견하는 등 매국적 활동에 광분했다. 12월에는 국내의 의병부대 '13도창의군'이 연합하여 이듬해 초 서울 진공작전을 개시했으나 일본군의 선제공격으로 패배했다.

홍범도는 300~350명 정도의 의병을 이끌고 산세와 지리에 밝은 이점으로 유격전을 통해 일본군을 연파했다. 일제는 이에 대응하기 위해 북청 수비대의 군사력을 강화하는 한편 동북 수비대 관구 사령관이 주축이 되어 육군 50연대 제3대대장 미키三木 소좌를 이른바 '토벌대 지휘관'으로

9) 같은 책, 168쪽

10) 「일본군을 괴롭힌 게릴라」, 『한국의 인간상』 6. 여기서는 박영석, 『재만한인 독립운동사 연구』, 229쪽, 일조각, 1988

임명하여 대대적인 의병 공격에 나섰다.

> 홍범도 의병부대는 이렇게 조직된 토벌대를 중평장仲坪場으로 유인, 토벌대는 드디어 1907년 12월 31일 중평장에 도착하여 홍범도 의병부대를 공격하기 시작하였다. 그러나 홍범도 의병부대 일부는 토벌대와 싸우면서, 한편으로는 후퇴하는 척하여 그들은 삼수三水 방면으로 유인하였다. 삼수의 산악지대는 전략·전술상 유리한 천연적 요새로, 여기에는 미리 차도선의 의병부대가 매복되어 있었던 것이다. 중평장에서의 후퇴가 함정이라는 것을 깨닫지 못하고 승리감에 취해 있던 일본군은 결국 유인작전에 끌려 삼수에까지 이르렀고, 여기서 홍·차 의병부대의 기습을 받아 큰 피해를 입고는 혜산진으로 도주하였다.[11]

산포수들로 구성된 홍범도 의병부대는 산간 지형에 익숙하고 강인한 체력과 민활한 기동성을 갖추고 있었다. 그러나 이들이 가진 무기는 대부분 화승총이었다. 화승총은 사정거리가 20여 보 안팎에 그치고, 그나마 4명이 1조를 이루어 사격을 해야 하는 어려움이 따랐다. 간혹 일제 군경으로부터 노획한 일제 무라타 소총 등도 갖추었지만, 수량은 많지 않았다. "홍범도가 독립군 시절 줄곧 착용하였던 장총도 후치령전투에서 일본군으로부터 노획한 전리품이었다."[12]

일본의 북청 수비대는 인근의 신포 수비대로부터 고성능 기관포 4문과 증원군을 지원받고도 홍범도의 포수 의병부대를 진압하지 못했다. 의병

11) 박영석, 앞의 책, 229쪽

12) 박민영, 앞의 책, 127쪽, 재인용, 조선총독부경무국 편, 『폭도에 관한 편책編冊』, (이하 『편책』 표기), 국사편찬위원회 편, 『한국독립운동사-자료』(이하 『자료』)

부대는 후치령 일대를 누비면서 파죽지세로 일본군을 공격해 섬멸했다. 일제의 군 감옥을 탈출하여 다시 의병전쟁에 참여한 차도선과 홍범도의 의병부대는 일본군 증원 병력이 속속 후치령 부근으로 집결하자 그 예봉을 피하여 내륙 산악지대로 이동했다. 여기서 악질적인 일진회원 10여 명을 처단하고, 지역 산포수들을 참여시켜 전력을 강화하면서 기회를 노렸다. 그리고 일본군이 장악한 갑산읍을 불시에 공격했다.

> 산포수 의병은 1908년 1월 10일 갑산읍을 기습하였다. 갑산 수비대의 일본군 다수가 삼수 방면으로 출동 중인 틈을 타 기습작전을 벌였던 것이다. 이때 수비대에는 판정坂井 상등병 이하 9명이 있었으며, 연접한 주재소의 당직 순사 1명도 수비대로 가 합류하였다. 산포수 의병은 압도적인 다수로 수비대를 포위하고 집중사격을 가하였다. 수비대 건물에 웅거해 간간이 응사하던 일본군은 의병의 집중 공격으로 퇴로 자체가 봉쇄되어 있었다. 수비대 병력을 봉쇄시켜 놓은 다음, 일단의 의병은 우편전신취급소를 습격, 전선을 차단하고 우편소 건물을 소각시켜 버렸다. 소장 이하 13명의 직원이 근무하던 우편소에는 이때 9명이 출근해 있었다. 이들은 부근 가옥으로 은신하거나 주재소로 피신함으로써 간신히 전멸을 피할 수 있었다.[13)]

홍범도의 의병부대는 "수비대, 주재소, 우편취급소 등 일제의 침략 기관들을 차례로 공격한 뒤 오후 3시경 신속하게 갑산에서 퇴각했다. 갑산 승전 역시 삼수 점령 때와 마찬가지로 산포수 의병이 탁월한 기동력을 바

13) 박민영, 앞의 책, 192~193쪽, 재인용

탕으로 일제 군경의 '추격'을 차단한 뒤 기습작전을 통해 거둔 완벽한 승리였다."[14] 홍범도는 '일기'에 이날의 전투에서 일본군 109명을 사살하고 38명을 부상입히는 등 엄청난 전과를 거둔 것으로 기술했다.

산포수 부대는 일제의 앞잡이 노릇을 하는 지역의 일진회 회원들도 닥치는 대로 척살했다. "갑산전투에서 대승을 거둔 의병의 한 부대 60여 명은 1908년 1월 12일 갑산군 상남사로 이동해 그곳 일진회원 48명을 처단하고 가구, 의류, 식량 등을 압류 처분했다."[15]

이후 홍범도와 차도선이 지휘하는 의병부대는 한동안 삼수군 중평장과 갑산군 일대에 머물면서 적의 동향을 살피다가 1908년 2~3월 장진 방면으로 이동했다. 이때 일본군이 병력을 증원받아 의병부대의 진압 작전을 시도한다는 정보를 입수한 홍범도는 다시 갑산을 공격했다.

> 홍범도는 갑산을 다시 공격하기 위해 200여 명의 휘하 의병을 인솔하고 갑산읍 북방 20여 리 지점의 갑산사(社) 세동으로 진출, 이곳에 임시 주둔해 있었다. 이때 갑산으로부터 입강(入江, 이리에-필자) 소위 이하 일본군 26명과 순사 4명 등 군경 합동의 '토벌대'가 파견되자, 의병은 2월 23일 세동에서 이들과 조우하여 격전을 벌였다. 유리한 고지를 선점한 의병은 견고한 엄폐물에 몸을 숨기고 일제 군경을 향하여 맹렬한 사격을 가하였다. 아침 6시 30분부터 시작된 전투는 오전 11시 무렵까지 4시간 반 동안 계속되었다. 일제 군경은 지형상 불리한 위치에 있었을 뿐만 아니라 탄약이 고갈되는 등 점차 전황이 불리해지자 끝내 후퇴하지 않을 수 없었다.[16]

14) 같은 책, 193쪽
15) 같은 책, 193~194쪽
16) 같은 책, 194~195쪽, 재인용

일제, 가족 인질 삼아 회유작전 벌이다

일제는 여러 차례나 전투에서 많은 피해를 입었지만 상부에 제대로 실상을 보고하지 않았다. 문책이 두려웠던 것이다. 이번 전투에서도 자신들의 피해는 줄이고, 의병의 숫자는 늘리는 수법으로 왜곡 보고했다. 그래서 일제의 각종 기록에는 수치의 오류가 적지 않다.

일제는 의병에 대한 진압에서 연패하고 희생자가 많아지자 전략을 바꾸었다. 의병의 귀순·회유 공작을 시도한 것이다. 의병들의 가족을 인질로 삼아 회유하거나 지방 관리 또는 금품을 내걸고 귀순을 종용했다. 사실 의병들 역시 장기간의 전투와 이동으로 체력의 소모는 물론 식량과 의복, 무기가 열악하여 사기가 저하되고 있었다. 일제가 이런 점을 노린 것이다. 차도선이 한때 귀순했다가 탈출하여 의병 대열에 재투신한 것은 이 같은 정황에서였다.

일제는 홍범도의 부인을 납치하여 남편의 귀순을 종용했다. 하지만 성과를 거두지 못했다. 『홍범도 일기』에 나타난 부인에 관한 기록이다.

> 실끝 같은 목숨이 없어지면 그뿐이어든 계집 글자로 영웅호걸이 곧이듣지 않는다. 너희 놈들이 나와 말하지 말고 너희 맘대로 할 것이지 나만이 산다고 무수히 욕질한즉 저 악한 놈들이 발가락 두 사이에다 심지에 불 달아 끼우고 반죽음시켜도 종내 항복치 않았다.[17]

일제는 홍범도의 부인에게 온갖 고문을 가해도 말을 듣지 않자 이번에

17) 이인섭, 『홍범도 일기』, 6쪽

는 아들을 이용했다.

> 홍범도의 아들 양순이가 일제의 사주를 받아 위조한 귀순 청원 편지를 가지고 그의 부친 대장소大將所를 찾아갔을 때, 분노한 홍범도는 다음과 같이 꾸짖으며 그 아들을 저격하였다고 한다. "이놈이 그것(편지-필자)을 가지고 나 있는 대장소 문 밖에 나온즉, 내가 총을 들고 '이놈아, 네가 전날에는 내 자식이었지마는 네가 일본 감옥에서 삼사 삭을 갇혀 있더니 그놈의 말을 듣고 나에게 해를 주고자 하는 놈이다. 너부터 쏴 죽여야 하겠다.' 하고 쏜 후 부관이 나가 본즉 귀방울이 맞아 떨어지고 죽기는 면하였다고 합니다."
> 이러한 대목은 그 사실 여부를 떠나 홍범도가 품었던 강력한 항일의지의 일단을 여실히 입증해 주고 있다. 그 뒤 양순이 역시 의병대에 투신해 부친 홍범도를 따라 항일전에 동참하여 중대장으로 활약하던 중 1908년 6월 16일 정평 '바배기'전투에서 전사하였다고 한다.(『홍범도 일기』, 10쪽) 또한 그의 작은 아들 용환이는 1908년 홍범도가 연해주로 망명할 때 데리고 갔으며 이때 12살이었다고 한다.(『홍범도 일기』, 11쪽)[18]

일제는 홍범도를 검거 또는 회유하기 위해 1908년 4월 30일 이전에 이미 부인과 아들을 체포하여 억류하고 있었음이 그들의 내부 자료에 밝혀져 있다. 의병 진압에 나섰던 일본군 제13사단 참모부는 1908년 5월 12일자로 통감부 경무국으로 「북부 수비관구 내 폭도 토벌경황 제83호」라는 문서를 보냈다. 이 문서 안에 함경남도 북청 수비구 사령관 야마모

18) 박민영, 앞의 책, 199~200쪽, 주 127, 재인용

土山本 대좌가 1908년 4월 30일자로 관내의 제3순사대 대장 임재덕에게 내렸던 다음과 같은 '명령'이 보고되어 있다.

명령

1. 홍범도가 인솔하는 폭도의 일단은 목하 갑산 북방 근거리의 지地 또 일부는 삼수 부근에 출몰하고 있다.
2. 귀관은 부대를 인솔하고 5월 1일 북청 출발, 갑산 부근에 지至하여 적당한 지점에 위치하여 폭도 귀순 권유에 노력할 것이다.
3. 목하 구류 중인 차도선의 일군一群 김기학·김좌붕 및 홍범도의 처자 등은 귀순 권유의 수단으로 필요에 응하여 수의隨意 사용할 것을 허용한다. 단 도망하지 않는 확증이 없는 한 피등彼等을 함부로 석방하면 안 된다.[19]

홍범도의 유격전법에 연패한 일본군은 그의 가족을 통한 회유가 어렵게 되자 그의 '귀순'을 위해 여러 가지 공작을 전개했다.

당황한 일군은 더욱 병력을 증강하는 한편 북청 수비관구 관하에 있는 제3순사대장 임재덕에게 경시 김원흥 이하 10명을 배속시켜 홍범도 귀순 공작에 나서게 되었다.

2개 반으로 편성된 귀순공작반 가운데 제1반이 홍범도 부대를 향하여 5월 1일 출발하였다. 4일에는 창평 서방 12킬로미터 지점인 도하리에 홍범도 부대가 있다는 정보를 입수하고 그곳으로 찾아왔다. 이때 홍범도는

19) 국사편찬위원회, 「폭도토벌경황 제83호」, 『한국독립운동사』 자료 II 의병편IV, 174~175쪽

500명의 의병을 거느리고 있었다.

이를 미리 알고 있던 홍범도는 경시 김원흥 이하 전원을 사로잡아 처단한 후 제2반으로 파견되어 온 5명도 전원 사로잡아 처단해 버렸다.

홍범도에 대한 귀순 공작이 실패로 돌아가자 보다 많은 병력을 증강하여 광적인 대작전을 벌여 왔다.[20)]

산포수 의병부대가 일진회원들을 토살하면서 부른 노래가 일반에 널리 유행되었다. '일진회가'였다.

일진회가

회야 회야 일진회야
삼춘화류 좋다더니
사절 명절 다 지났다
오색 잡놈 모여들어
육조 앞을 지나가니
칠국 거지 너 아니야
팔자도 기박하나
구구히 사잤드니
10월 치성 가련하다
모자 벗어 코에 걸고
천리 원주 네가 할제
상투 생각 너 안 나더냐

20) 김의환, 『의병운동사』, 176쪽, 박영사, 1976

부인은 옥사, 아들 양순은 전사

관북 지역 산포수 의병의 총수로 자리 잡게 된 홍범도는 개마고원을 주요 무대로 삼아 북청·갑산·산수·장진 일대를 넘나들며 일본군과 싸웠다. 1908년 중반기 무렵 그의 휘하에는 400~600명의 의병이 활동하고 있었다. 험준한 산악지대여서 대부대의 이동과 게릴라식 전투가 어려울 때에는 부대를 반으로 나누어 원기풍·최학선 등에게 이들을 지도하게 했다. 이 무렵 장진 일대에서 활동하던 송상봉 의병장이 40여 명의 의병을 이끌고 홍범도 휘하로 합류하여 한때 움츠렸던 의병들의 사기가 다시 진작되었다.

홍범도는 또 함흥 부근의 천보산千佛山에서 540여 명의 의병을 이끌고 항일전을 전개하고 있던 노희태 의병과 회동하여 연합전선을 구축했다. 일제 군경의 탄압이 강화되면서 이루어진 연합전선이었다. 이때 측근에게 2천 원을 주어 노령 크라스키노에서 의병전을 하고 있는 이범윤에게 보내 탄약을 구입해 오도록 했다.

홍범도는 1908년 6월 12일 정평의 한대골에서 노희태 의병부대와 합동작전으로 함흥 수비대와 격전을 벌였다. 이날 전투에서 적 수십 명을 살상하는 전과를 올렸으나 의병도 6명이 전사했다. 그중에는 홍범도의 장남 양순이도 있었다. 홍양순은 의병부대 중대장으로 적과 싸우다가 전사했다. 일본군에 인질로 잡혔다가 탈출, 다시 의병이 되어 싸우다가 전사한 것이다.

> 6월 16일(양력) 홍범도 의진에서 막하 중대장으로 활동하던 아들 양순은 의병 20여 명을 데리고 정평의 바배기라는 곳에서 적과 치열한 접전을

벌이게 되었다. 적은 영홍경찰서 분서 순사와 일본군 수비대 연합의 10명 내지 20여 명이었다. 의병들은 분전하였다. 이때 양순은 중대장답게 싸우느라고 앞장서서 의병들을 독려하다가 불행히도 적의 유탄에 맞아 전사하고 말았다. 이 싸움에서 다른 의병 한 사람도 전사하였다.[21)]

5월 중순경 갑산감옥에서 부인이 옥사하고, 이번에는 아들을 잃었다. 하지만 홍범도는 의병대장으로서 사적인 슬픔에 빠져 있을 수는 없었다. 오히려 의병들을 격려하면서 다시 의병부대를 이끌었다.

의병전이 장기화되고 일제의 추적이 강화되면서 의병 내부에서 불만이 터져 나왔다. 그럴 때면 홍범도는 임진왜란 때의 의병들 이야기를 하면서 부하들을 설득했다. 당시 의병들이 아니었으면 나라가 일본에 넘어갔을 것임을 설명하면서 분발을 당부했다. 1908년 11월 탄약 구입 차 중국으로 갔던 변해룡이 일본군에 검거된 뒤에 진술한 공술서에서 저간의 사정을 살피게 한다.

당시 같은 의병진에 있던 원선택이 홍범도에게 원망하여 말하길 "최초에 의병을 일으킨 것은 자네가 아닌가? 그런데 아무런 방침 계책도 없이 다만 가련한 인민을 모아 아무 이익도 없고 쓸데없이 다수 동지를 사상시킬 뿐으로 점차 우리의 세력은 실추하고 이에 반해 일병日兵은 점점 강세를 더하니 이제야말로 살아서 거처가 없고 죽어서 묻힐 곳이 없다. 차라리 일찌감치 전대全隊를 해산하여 개인의 생계를 꾀하는 수밖에 길이 없을 것이라." 운운하니, 범도가 말하기를 "옛날 임진의 변에서도 의병이란 것이

21) 장세윤, 『홍범도 생애와 독립전쟁』, 119쪽

일어났기 때문에 드디어 사직을 보전할 수 있었다. 금일의 사정은 우리 세력이 날로 불리한 것 같으나 앞서 정일환·임재춘 등을 보내어 청지(清池, 청국)에서 탄약 보급의 길을 강구하고 있으며 또 다른 동지도 서로 만날 사람도 있을 것이므로 얼마 안 가 이들 사람과 삼수에서 회합하여 뒤의 계획을 정하고 장래의 방침을 정할 것이다." 운운하고 출발하였다.[22)]

홍범도는 국내에서의 의병전이 한계에 이르렀음을 느끼고 국경을 넘기로 작정했다. 장기전을 위한 결단이었다.

집요하게 계속되는 일제 군경의 탄압과 부단한 행군 및 연전으로 인한 피로로 전력이 극도로 소모된 상태였기 때문에 국내에서는 더 이상 항일전을 수행하기 어려운 실정이었다. 그러므로 산포수 의병의 북상 도강은 의병의 휴식과 전력의 재충전을 위하여, 나아가 새로운 항전 방향을 모색하기 위해서도 부득이하게 선택할 수밖에 없었던 여정으로 자연스럽게 이해할 수 있을 것이다.[23)]

° 초기 산포수 의병의 혁혁한 전과

홍범도의 의병전은 봉오동·청산리 대첩에만 초점이 맞춰지면서 초기 국내에서 전개한 산포수 의병 활동은 소홀히 취급되는 경향이 있다. 앞에서

22) 장세윤, 같은 책, 111쪽, 재인용
23) 박민영, 앞의 책, 209쪽

대략으로 소개했지만, 1895년(27세)부터 1908년(40세)까지 13년간의 치열한 항일전은 누구도 해내기 어려운 투쟁이었다. 이 과정에서 그는 일제 주구의 고문으로 아내를 잃었고, 큰아들까지 전사했다. 어느덧 27세의 청년이 40세의 장년에 이르렀다.

그는 명실상부한 관북 지역 산포수 의병의 지도자가 되어 국경을 넘었다. 특히 그가 치른 1907~1908년 2년간의 전투는 우리 의병전사史에서 괄목할 전과를 얻었다.

장세윤 박사가 정리한 '연보'를 토대로 홍범도가 참가한 초기 의병전의 실황을 살펴보자.

1904년 9월 8일(음력)	러일전쟁 시기, 함흥 등지에서 항일전 참가
1905~1907년	북청 안산사 포계의 사냥꾼 협동조합 가입, 이후 포계 지도자로 추대
1907년 11월 15일	북평 안평사 엄방동에서 산포수 70여 명으로 의병부대 조직, 항일투쟁
11월 22일	후치령에서 일본군 공격, 일본군 2명, 순사 1명 사살, 화승총 73자루 회수, 같은 날 우편마차 호위병 2명 등 사살
11월 25일	후치령에서 일군 70여 명과 전투, 30여 명 사살, 의병도 5명 전사
12월 15일	북청 장향리에서 일본군 습격, 2명 살상, 무기 등 노획
12월 29일	삼수성 점령, 무기 다량 노획, 일제 주구 삼수부사

	등 처형, 삼수주재소 소각
12월 31일	일본군 삼수성 공격을 격퇴, 의병 14명 사상
1908년 1월 10일	함남 정평 의병과 합세하여 갑산읍 공격, 일본군 수비대와 경찰관주재소 공격, 다수 일인 처단, 우체국청사 소각
1월 12일	갑산군 상남사에서 악질 일진회원 등 48명 처단
1월 23일	일진회원 출신 촌장 등 일진회원 다수 응징
2월 12일	혜산진경찰서 습격, 순사 등 처단
2월 21일	갑산군 읍사 세동에서 일본 군경 합동 토벌대와 교전, 패퇴시키고 일본군 다수 살상, 소총 3정 노획
3월 20일	부인과 두 아들이 일제의 사주를 받은 제3순사대에 의해 홍범도의 귀순 공작 인질로 피체
5월2일	함경남도와 평안북도 사이의 구름물령에서 일군 32명 사살, 소총 등 30정 노획
5월 4일	갑산 도하리에서 '귀순'을 권유하러 온 일제의 주구 김원홍 등 처단
5월 중순	아내 이 씨 일제 주구의 고문으로 옥중 사망
5월 28일	갑산군 쾌탁리에서 일본 기병대 16명 사살, 말 다섯 필 노획
6월 2일	장진 두꺼비 바윗골에서 일본군 16명 사살, 의병 5명 전사
6월 6일	함흥 초리장의 악질 부호 박 면장 집 기습, 다량의 일화 압수
6월 10일	북청 통쾌장골에서 적 30여 명 사살, 군수품 노획

6월 12일	노희재 의병부대와 연합, 함흥 수비대 섬멸적 타격
6월 중순	갑산 강평에서 적 3명 사살, 의병 8명 전사
6월 말	장진 연화산에서 의병회의 소집, 전사 의병 가족 지원, 의병부대 분산
7월 초	장진 달아치 금광 습격, 일병 6명 처단, 군자금으로 금괴 다수 노획
7월 6일	안중근이 이끄는 의병부대와 함경북도 경흥에서 연합작전 시도했으나 일군의 방해로 무산
7월 21일	북청에서 함흥 수비대와 격전, 적 16명 사살, 소총 등 노획
9월 20일	함흥 북방 천평리에서 함흥 수비대 장교 등 13명 퇴치
10월 중순	당천에서 우포헌병분견소 공격
11월 2일	더 이상 항전이 어렵게 되자 40여 명 의병을 이끌고 중국 통화(通化, 통화)로 이동[24]

홍범도 의병부대가 봉기 이후 1907년 11월부터 1년여 동안 일본군과 벌인 전투는 60여 회에 이른다. 주요 전투는 다음과 같다.

후치령전투, 장항리전투, 중평장전투, 삼수성전투, 갑산읍점령전투, 운승리전투, 목단촌전투, 세곡전투, 농리전투, 교별리전투, 고거리전투, 오족리전투, 삼수외곽전투, 구령전투, 담암전투, 신세동전투, 금창전투, 상

24) 장세윤, 앞의 책, 234~239쪽, 발췌

남사전투, 화하동전투, 양화장전투, 동덕산전투, 신성리전투, 영동전투.[25]

홍범도의 치밀한 유격전으로 일군은 수십 차례에 걸쳐 치명적인 타격을 입었다. 일제는 때로는 우세한 병력과 우수한 화력을 동원하여 섬멸작전을 폈지만 성공하지 못하자 귀순 공작을 전개했다. 그것도 뜻을 이루지 못하면서 부인과 아들을 인질로 삼아 투항을 기도했으나 홍범도는 민족적 대의 앞에서 작은 이익에 굴하지 않는 태도를 보였다.

홍범도의 유격전은 당시 세계 최강에 속한다는 일본에게 '하늘을 나는 홍범도'라는 공포와 신화를 안겨 주고, 우리 의병과 지역 주민들에게는 희망과 용기를 불어넣었다. 그 대신 가장으로서 부인과 큰아들 양순이를 항일전의 제물로 바쳐야 하는 아픔을 겪었다.

홍범도 의병부대를 연구한 신용하 교수는 홍범도 의병부대가 다른 의병부대들과 근본적으로는 동일한 성격을 갖고 있지만, 정밀하게 보면 몇 가지 구별되는 특징이 있다면서 이를 다섯 가지로 정리했다.

> 첫째, 의병부대가 주로 포수들로 구성되었다는 사실은 산악의 유격전에서는 정규군보다 더 유리하고 높은 전투력을 가질 수 있다는 것이 남한 지방 의병부대의 병사가 주로 군사훈련을 받지 못한 농민들로 구성되었던 사실과 다른 특징이다.
>
> 둘째, 기동력이 매우 빨라 빠른 행군, 비호같은 공격과 재빠른 철수를 자유자재로 하였다. 이것은 유격전에는 매우 유리한 조건이었다. 항일전투에서 동에 번쩍 서에 번쩍하여 일본 정규군이 도저히 따를 수가 없었다.
>
> 셋째, 의병장과 의병이 모두 양인 신분(평민)으로 구성된 평민 의병부대였

25) 신용하, 『의병과 독립군의 무장독립운동』, 184쪽, 지식산업사, 2003

다. 함경도 지방은 조선왕조 시대에도 신분계급의 분해와 대립이 첨예하지 않은 지역이었다. 홍범도 의병부대가 동질적인 양인(평민)으로 구성되었다는 사실은 의병장과 병사 사이에 그리고 병사들 내부에 더욱 공고한 통합과 단결과 융합을 가져오게 하였다.

넷째, '막강한 실질적 전투력'을 가진 의병부대였다. 다른 지역의 전투력이 약한 의병부대는 기습전을 할 때는 승리하고 조우전을 할 때는 패전하는 것이 일반적 현상이었지만, 홍범도 부대는 기습전과 조우전에서 모두 승리했으며 능동적인 대규모 공격전과 매복전을 자유자재로 감행하여 일본군에 심대한 타격을 주었다.

다섯째, 지방 백성들과 밀착하고 백성들의 절대적인 지지와 지원을 받았다. 자진해서 주식을 제공할 뿐 아니라 일본군의 동태까지 정찰해 가면서 적극 지원하였다.[26]

홍범도가 국경지대에서 힘겨운 의병전을 계속하고 있을 때 일제는 한국 병탄의 야욕을 채우고자 최후의 발악을 하고 있었다. 1909년 7월 6일 일본 내각회의는 「한국합병 실행에 관한 건」을 비밀리에 의결하여 병탄을 공식화하고, 7월에는 기유각서를 강제하여 대한제국의 사법과 감옥 사무를 빼앗았다.

이어서 9월 초부터 감행된 이른바 '남한대토벌작전'을 통해 의병전이 가장 활발한 전라도를 먼저 진압해 나섰다. 일제는 이 작전에 2천200명의 군대를 파견하고 현지 경찰과 각지의 밀정들을 총동원하여 수색작전을 벌였다. 작전은 마을 외각에 포위망을 치고 마을의 성인 남자들을 모

26) 신용하, 앞의 책, 발췌, 188~190쪽

두 소집하여 명부와 비교·조사했다. 또한 마을 내부를 샅샅이 뒤지고 조금이라도 의심이 가면 무차별하게 살해했으며, '의병의 소굴'이라는 이유로 산간 마을 전체를 불태우기도 했다.

매천 황현은 이 같은 광경을 다음과 같이 기록했다.

> 사방을 그물 치듯 해놓고 마을을 집집마다 뒤져서 조금이라도 의심스러우면 즉시 죽였다. 이에 이르러 길에는 다니는 사람이 없고 또 이웃과도 통하지 않았다. 의병들은 흩어져 달아났으나 숨을 곳이 없어 돌격하여 싸우다가 죽고 혹은 도망치다가 칼에 맞아 죽었다. 차차 쫓기어 강진·해남 땅에 몰리니 죽은 자가 수천 명에 달하였다.[27]

일제의 의병 학살은 전국적인 현상이었다. 당시 충북 제천에서 의병전을 취재한 영국인 기자 매켄지는 이러한 일본의 잔학상을 목격하고 "온전한 벽도, 대들보도, 그릇도 하나 없을 정도로 완전히 파괴되어 지도상에서 사라졌다."고 보도했다.

1909년 10월 26일 의병장 안중근이 조선 침략의 원흉 이토 히로부미를 하얼빈역에서 처단함으로써 전반적인 의병운동 및 국민에게 큰 희망과 용기를 주었다. 조정의 부일附日 세력과 사회 각계 인사들이 이토 추모회를 성대하게 개최하여 다시 의병들의 분노를 사고, 일제는 이토 처단을 빌미로 대한제국의 병탄을 강박하기에 이르렀다.

일제는 1910년 6월 24일 대한제국의 경찰권 위탁 각서를 받아 내어 경찰권까지 박탈하고 이후 일본 헌병이 한국의 치안을 담당했다. 6월 30

27) 황현, 『매천야록』, 국사편찬위 편, 504쪽

| 1912년 하바롭스크에서 45세의 홍범도 |

일에는 경찰관서 관제를 공포, 헌병경찰제를 실시했다. 그리하여 일본 군대, 경찰, 헌병이 한국의 치안 질서를 장악하게 되었다.

8월 22일 일제는 한국 병탄조약을 강제하고 29일 이를 공표함으로써 한국을 속국으로 만들었다. 병탄조약을 강압하면서 한국을 식민지화하고 초대 조선 총독이 된 데라우치 마사타케는 8월 30일 저녁 남산 총독 관저에서 "고바야가와, 가토, 고니시가 세상에 있다면 오늘 밤의 달을 어떻게 보았을까?"라며 한껏 거드름을 피웠다. 데라우치가 거명한 3인은 임진왜란 때 일본 침략군의 선봉장들이었다. 데라우치는 조선을 병탄한 후 총독에 취임하자마자 318년 전 왜장들의 서울 침략을 상기한 것이다. 그들은 곧 한양(서울)에서 쫓겨갔지만 자신은 '완벽'하게 조선을 점령하게 되었다

는 오만과 자만의 표출이었다.[28]

종이 한 장으로 그것도 백성의 뜻이 아닌 지배자 몇 명이 참여한 매국 문건으로 2천만 민중, 3천 리 강토, 4천 년 역사가 일제에 넘어가는 것은 아니었다. 반만년을 자주독립 국가로 유지해 온 민족이 비록 한때의 쇠운과 무력에 의해, 일시로 짓밟히기는 할지언정 역사와 민족을 송두리째 빼앗길 수는 없는 일이었다.

국내에서 쫓긴 의병들은 국경을 넘어 만주와 러시아 해삼위 등지로 흩어졌다. 이회영 6형제와 이상룡 일가 등 애국지사들이 만주로 망명하여 신흥무관학교를 세우는 등 항일 독립운동이 국내외에서 다양하게 전개되었다.

28) 김삼웅, 『을사늑약 1905, 끝나지 않은 백년』, 360~361쪽, 시대의창, 2005

4장 간도와 블라디보스토크 오가며 펼친 항일전

한민족의 고토, 간도로 이동

홍범도는 40여 명의 의병부대를 이끌고 압록강을 건넜다. 중국 통화를 거쳐 길림에 이른 것은 1908년 11월 10일경이다. 여기서 열두 살짜리 둘째 아들 용환과 러시아어 통역 담당 김창옥, 의병참모 권감찰 등 3명을 제외한 나머지 의병들은 뒷날을 기약하면서 국내로 돌려보냈다.

그동안 생사고락을 같이해 온 동지들을 돌려보내는 심경은 비통했지만 상황이 어려워서 어쩔 수 없는 형편이었다. 무엇보다 의병들의 피로가 누적되어 있었고 무기 탄약이 떨어져 전투를 계속하기에 어려움이 따랐다. 그동안 믿을 만한 부하들에게 무기 구입비와 여비를 주어 간도와 연해주에 파견했으나, 더러는 군자금을 탕진하고 빈손으로 돌아오거나 일본군에 피체되기도 했다.

일제는 평안도와 황해도 지역 도처에서 산포수 의병부대의 항일전이 줄기차게 전개되자 북부 수비관구 제13사단의 주도하에 보병 제23·27연대를 동원하여 대대적인 섬멸작전에 나섰다. 홍범도 부대가 주요 타깃이 되었다. 이 같은 여러 가지 상황에서 홍범도는 부하들을 돌려보내고 국경을 넘게 되었다. 일제 군경의 보고서이다.

> 당방면(북청·삼수·갑산·혜산진)의 폭도는 6월부터 7월 말에 걸쳐 제대諸隊의 대토벌과 추적의 결과 사산四散하였고 압수한 총기는 약 600자루, 귀순자 또한 약 300명이 있다. 당시 적괴 홍범도는 약간의 부하와 더불어 겨우 몸으로써 벗어나게 되고, 또한 폭도의 집단을 볼 수 없다. 이래 제대가 간단없이 각촌을 행동하여 인민으로 하여금 거의 송영送迎에 겨를이 없게 하였으므로 드디어는 염권厭倦을 가져오게까지 이르게 하였던 결과 그들도 도저히 폭도로 존재케 할 수 없음을 자각하게 된 것 같다.[1]

간도 지역에는 국치 이전에 이미 많은 항일운동가들이 이주하여 활동하고 있었다. 여기에는 몇 가지 배경이 있었다. 두만강과 압록강을 사이에 두고 한국과 매우 가깝다는 지리적 이점과, 이 지역에는 다수의 한인이 거주하고 있으며, 일제의 압력이 국내보다는 덜할 것이라는 이유 때문이다.

간도는 한민족과는 각별한 역사적 연고가 따른 지역이다. 간도는 원래 읍루·옥저의 옛터이며 고대사에서는 우리 민족의 활동 무대였다. 고구려

1) 『편책編冊』, 「보고서」(1908년 10월 13일), 『자료 12』, 274쪽

와 발해의 영토로서 한민족의 기상이 가장 강하게 발휘될 때 그 중심 무대였던 것이다. 고려가 멸망한 후 여진족이 이 땅을 차지해 살면서 자주 변방을 침범하여 고려 시기에는 윤관이, 조선 시기에는 김종서가 정벌에 나섰다. 세종은 이 지역에 6진을 두었고, 여진족은 조선에 조공을 바쳤다.

17세기 여진족이 청나라를 세우고 대륙을 통치하면서, 1700년부터 자신들의 조상의 발상지인 만주를 보호해야 한다는 이유로 한족漢族의 이주를 엄격하게 금지하는 봉금령封禁令을 실시한 후로는 여진족의 독무대가 되다시피 했다.

그러나 산동 지방의 한족과 조선의 유민들이 많이 잠입하여 대립·분쟁을 일으키자 청나라는 1712년 양국의 불분명한 땅을 조사하기 위해 관리를 보내 국경 실사를 명했다. 조선과 청나라 관리들은 정계비를 세우는 등 영토의 경계를 정했으나, 양국 간에 해석을 둘러싸고 분쟁의 불씨가 붙었다. 청나라의 약세를 틈탄 러시아가 간도를 점령하자 대한제국은 간도에서 포병을 양성하고 조세를 받아들여 간도의 소유권을 관철해 나갔다. 러일전쟁에서 일본이 승리하고 을사늑약이 체결되자 간도 문제는 청·일 사이의 외교문제로 변했다. 일제는 처음 통감부 간도 출장소를 용정촌에 설치하는 등 한국 영토로 인정했으나 곧 새로운 야욕을 나타내기 시작했다.

한국 근대사에서 지칭하는 간도間島, 즉 북간도는 백두산 동북쪽, 두만강 너머의 연길·화룡·왕청의 3현과 흔히 훈춘현을 아울러 가리키나, 넓게는 액목·돈화·동녕·영안 등의 현을 합칭하기도 한다. 현재 중국 속에 한인(조선족) 집단 거주지역인 '연변조선족자치주'는 위의 연길·화룡·왕청·훈춘의 4현에다 백두산 북쪽의 안도와 돈화 두 현을 합하여 이루어진 것이다.

여기에 간도의 연장 개념으로서 서간도란 호칭은 백두산 서남, 압록강 대안의 남만주 지방 한인의 이주·정착 지역을 지칭하게 된 것이고, 이 서간도와 대칭으로 원 간도에 대한 호칭을 서간도와 구별하기 위하여 '북' 혹은 '동' 자를 첨가하여 북간도北間島·북간도北墾島 혹은 동간도東間島·동간도東墾島라 호칭한 것이다. 서간도 중에서 현재 한인 집단 거주 지역은 백두산록의 '장백현'만이 조선족자치현으로 남아 있고 그 밖에는 각 현 산하의 한인(조선족)의 자치향이 여러 곳에 산재한다.[2)]

홍범도가 국경을 넘어 간도 지역으로 활동 무대를 옮긴 직후 일제는 청나라와 이른바 「간도협약(1909년 9월)」을 맺었다. 일제는 남만철도의 부설권을 얻는 대가로 간도를 제멋대로 청나라에 넘겨주는 간도협약을 체결한 것이다. 당시 간도 지역 주민 조사에서 나타난 한국인 수는 8만 2천900명인데 비해 청국인은 2만 7천300명이었다. 간도 지역 한국인 이주민의 70% 이상이 함경북도와 평안북도 출신이었다.

간도 이주 한인들의 출신지를 보면 함경도·평안도의 변경지대가 절대적인 우위를 보이고 있다. 1894년에 실시한 재만 한인 동포의 출신지 조사에서도 조사 대상 인원 6만 5천 명 가운데 함경북도 출신이 3만 2천 명, 평안북도 출신이 1만 4천400명이었고, 1904년에는 7만 8천 명 가운데 함경북도 출신이 3만 2천 명, 평안북도 출신이 2만 3천500명이었다. 통계 숫자로 보더라도 간도에 이주한 한인 가운데 압록강과 두만강 대안의 함경북도, 평안북도 출신이 70% 이상에 달하였음을 알 수 있는 것이다.[3)]

2) 윤병석, 「북간도 한인(조선인) 사회와 명동학교」, 『북간도 지역 한인민족운동』, 42~43쪽, 독립기념관, 2008

의병투쟁, 즉 게릴라 또는 빨치산 투쟁에는 산간 지역 주민들의 협력이 필수적이었다. 활동의 필수품을 이들에게 의존할 수밖에 없었고, 대원 충원도 이들의 참여로 가능하기 때문이다. 따라서 게릴라 또는 의병과 주민은 '물고기와 물'의 관계로 비유되었다.

북상도강北上渡江한 홍범도를 비롯해, 한인 의병부대가 만주 일대에서 뒷날 격렬하게 항일전을 전개할 수 있었던 것은 일찍이 이 지역에 한인 사회가 형성되어 있었기 때문이다. 이들이 근거가 되어 의병부대는 활동을 계속할 수 있었다.

하지만 날이 갈수록 간도 지역의 의병전은 국내와 별반 다르지 않게 변해 갔다. 곳곳에 밀정이 박혀 있고, 흉작으로 곡물의 생산량이 줄거나 혹한기에는 생계가 어려울 때가 많았기 때문이다. 게다가 틈만 나면 일본 진압군이 출동하여 마을을 뒤졌다.

◦ 의병가·독립군가로 사기를 북돋우다

그런 고난 속에서 의병과 독립군의 활동이 치열하게 전개되고 명동학교, 창동학교 등 기독교 계통의 한인 학교뿐만 아니라 한인 교회도 속속 세워졌다. 각급 학교와 교회는 의병, 독립군의 양성소이기도 했다.

이 지역에서는 독립운동 과정에서 민족정신과 항일의식을 고취하기 위해 독립운동 가요가 널리 불렸다. 각종 항일 가요는 의병과 독립군의

3) 임계순, 「1, 만주·노령 동포사회」, 『한국민족독립운동사』 2, 589쪽, 국사편찬위원회, 1987

사기 진작에 크게 기여했다. 몇 가지를 소개한다.

혈성대가

신대한의 애국 청년 끓는 피가 뜨거워

일심으로 분발하여 혈성대를 조직코

조상 나라 붙들기로 굳게 맹약하였네

두려(워) 마라 부모국아 원수 비록 강하리

담력 있고 용맹 있는 혈성대의 청년들

부모국을 지키려고 굳게 파수 섰고나[4)]

독립군가

신대한국 독립군의 백만 용사야

조국의 부르심을 네가 아느냐

삼천리 삼천만의 우리 동포들

건질 이 너와 나로다. 싸워 싸워 싸우러 가자

싸워 싸워 싸우러 가자

독립문의 자유종이 울릴 때까지

싸우러 나아가[5)]

4) 김보희, 「북간도 지역의 독립운동가요」, 『북간도 지역 한인민족운동』, 352쪽, 독립기념관, 2008

5) 같은 책, 357쪽

소년모험행진가

이천만의 백의동포 우리 소년아
국가의 수치를 네가 아느냐
천부의 자유권 차별 없거늘
우리 민족 무삼 죄로 욕을 받는가

나라 사랑하는 자는 적지 않지만
모험 맹진하는 자는 몇이 되느냐
깰지라 소년들아 험한 마당에
잠시라도 지체 말고 달려나가세[6)]

이곳은 우리나라 아니언마는

(독립군이 부른 조선 노래)

이곳은 우리나라 아니언마는
무엇을 바라고 이곳 왔던가
백두에 찬바람은 불어 거칠고
압록강 변상에 은원이 얼어
고국에서 들려오는 피비린 냄새
아깝고 원통하다 우리 동포들
물어보자 동포들아 내 죄뿐이랴
너희 거도 있으려니 함께 나가자[7)]

6) 같은 책, 370쪽
7) 같은 책, 372쪽

승리행진곡

압록 두만 흥안령에 발해의 달에
길이길이 밟았던 그때 그리워
거센 바람 높은 소리 큰 발자취로
거침없이 위아래로 달려가누나

잘-즈은 익힌 힘줄 벌떡거리고
절절 끓는 젊은 피는 넘치려누나
한 밝 외제 비낀 달에 칼을 뽑을제
바위라도 한번 치면 부서지리라

나가라 싸워라 대승리 월계관[8]

∘ 연해주로 이동, 안중근을 만나다

일제의 의병 추적은 잠시도 멈추지 않았다. 경찰·헌병 등 정보기관과 밀정들을 풀어서 뒤를 쫓았다. 다음은 경술국치 이후 일제 정보기관의 기밀문서 내용이다.

혜산진 대안 청국 장백부 관내에 근거를 둔 폭도의 수령은 차도선과 홍범

8) 같은 책, 376쪽

도 등으로서 (중략) 재작년 한국병합 사건이 있자 수천의 동지를 인솔하고 북간도를 경유하여 대안 장백부 지방으로 이동하여 조선 내지內地에 침입하여 거사하리라는 정보가 있어 특히 국경 경비를 엄밀히 하고 일면 그 동향에 주의하고 있으나 특별한 사고 없이 경과하였음. 그 후 홍범도와 차도선은 의연히 대안에 머물며 일가一家를 서대령 지방으로 옮겨 배일사상을 고취하여 동지를 규합하여 재러 유력 배일 선인 등과 기맥을 통하고 자금을 얻어 각 소재지에서 때때로 무술을 연마하고 있음. 그 세력은 천여 명이며 총기는 러시아총·중국총·화승총을 합하여 약 1천여 정을 보유하고 있을 듯함. 더욱이 수십 명의 밀사를 평안남북도, 함경북도 등지로 파견하여 아我의 경비 상황을 탐사하며 기회를 엿보고 있는 상황임.[9)]

홍범도는 1909년 초 연해주로 가서 그곳의 의병부대와 힘을 합쳐 재기하고자 발길을 동북쪽으로 돌렸다.

홍범도 일행 4명은, 유수현 등 북만주 지방을 굶주리며 걸어서 천신만고 끝에 12월 말경 만주 횡도하자橫道河子 한인촌에 도착하였다. 거기에서 6일을 묵은 뒤 일행은 동포들의 도움으로 기차를 타고 1909년 1월 초에 마침내 러시아의 소왕령(우수리스크)에 도착하는 데 성공하였다. 일행은 또 소왕령에서 6일을 머문 뒤 12월 하순 연해주 민족운동의 중심지라고 할 수 있는 블라디보스토크에 도착하게 되었다. 범도 등 일행 4명은 당시 동포들이 해삼위라고 부르던 블라디보스토크에서 한 달간 있으며 그곳의 실정을 파악하려고 노력하였다.

9) 메이지 45년 5월 30일 조선 헌병대 기밀 제730호, 「혜산진 대안 상황에 관한 건」, 『한국독립운동사』 2, 국사편찬위원회, 566쪽, 1968

> 말할 것도 없이 홍범도가 연해주로 건너온 이유는 그곳에서 무기와 탄약을 구해 가지고, 또 연해주 지역의 의병부대와 공동 보조를 취하며 더 나아가 남한 지역의 의병부대와도 연계하여 대대적 의병전쟁을 전개하기 위해서였다.[10)]

하지만 블라디보스토크의 상황 역시 호락호락하지가 않았다. 1908년 7월 안중근 의병이 국내진입작전을 전개하다가 패전하면서 이 지역에서 의병항쟁이 무모한 것으로 간주되고, 이 지역의 유력자 최재형이 경제적 지원을 중단한 상태였다.

안중근은 새로운 출구를 찾아 동지 12인의 피를 모아 서천동맹誓天同盟의 '단지동맹'을 결성하기에 이르렀다. 단지동맹은 의병 재기가 어려운 상황에서 당장 일제와 싸우기보다 장기전에 대비하고자 결성된 것이다. 목적은 어디까지나 의병을 조직하거나 의열투쟁을 전개하려는 것이었다.

그런데 러시아 정부까지 적대적으로 나왔다. 러시아 측은 한인 의병부대의 연락사무소를 수색하여 총기를 압수하고 해산을 명령하는 등 비우호적인 처사를 보였다. 1904~1905년 러일전쟁에서 패한 러시아는 일본의 남만주 진출에 이어, 조선에 대한 독점적 지배권을 묵인하면서 일본 측에 거슬리는 행동을 자제하고 있었다. 한인 의병에 대해 적대적인 데는 이 같은 배경이 있었던 것이다.

홍범도로서는 난감한 일이 아닐 수 없었다. 큰 뜻을 품고 불원천리 길을 헤쳐 왔는데 블라디보스토크의 상황이 간도 지역보다 더 어려워진 것이다. 홍범도는 1909년 2월 초순 이범윤을 찾아갔다. 함께 협력하여 의

10) 장세윤, 『홍범도 생애와 독립전쟁』, 131쪽, 독립기념관, 1997

| 안중근 의사 |
안 의사는 1910년 3월 26일 오전 10시 여순감옥에서 순국했다.

병운동을 재개하려는 뜻이었다. 국내에 있을 때 부하 김충렬에게 군자금 2천 원을 주어 무기를 사오도록 할 만큼 연고가 있었기 때문이다.

이범윤과의 회담은 절망적이었다. 의병전쟁 방법론에서 의견이 갈리고, 지역의 상황론도 제기되었다. 또한 홍범도가 보낸 군자금을 김충렬이 대부분을 탕진하고 전달되지 않아 이범윤이 오해하게 된 것도 회담을 실망스럽게 만든 요인으로 작용한 듯 보인다.

홍범도는 포기하지 않았다. "동의회同義會라는 민족운동 단체의 젊은 동지들과 함께 의병부대를 재조직하여 대규모 국내진입작전을 펴려고 노력했으며 동의회의 모임에 참석해서 국내진입작전의 요령을 역설하기도 했다."[11] 이 무렵 홍범도는 안중근을 만났다.

안중근은 이토 히로부미를 처단하고(1909년 10월 26일) 11월 14일 관동도독부 감옥에서 검찰관 미조부치 다카오의 제12회 신문·취조 때 홍범도에 관해 언급했다.(안응칠은 안중근의 아명이다.)

검찰관 : 그러고는 어디로 갔는가?

안응칠 : 웅기에서 북간도로 갔다.

검찰관 : 그다음에는 어디로 갔는가.

안응칠 : 여기저기 돌아다녔다.

검찰관 : 이범윤의 집에도 갔는가?

안응칠 : 그곳에는 두세 달 동안 있었지만, 그를 만나지는 못했다.

검찰관 : 그동안 최재형·최봉준·이상설·이위종·전명운·이춘삼·유인석·홍범도 그리고 차도선 등을 만난 일은 없는가?

안응칠 : 그곳에서는 홍범도만을 만났다.

검찰관 : 홍범도는 뭘 하는 자인가?

안응칠 : 함경도 의병의 거물이다.[12]

안중근의 10월 26일 의거는 간도는 물론 러시아 지역 의병운동에도 일대 전기를 마련해 주었다. 그동안 침체해 있던 독립운동가들에게 새로운 희망과 용기를 불러일으켰다. 안중근의 거사는 러시아령에서 의병전쟁이 차단된 상태에서 전개된 의열투쟁이었는데, 이것이 의병운동의 새로운 계기가 된 셈이다.

하지만 홍범도의 의병 재기는 여전히 쉽지가 않았다. 여유 있는 동포들이 협조를 하지 않았던 것이다.

11) 같은 책, 132쪽

12) 안중근 공판 기록, 여기서는 이기웅, 『안중근 전쟁 끝나지 않았다』, 재인용, 열화당, 2000

당시 노령(시베리아 일대-필자) 지역에서 기반을 다진 부유층들은 홍범도 부대를 환영하지 않았다. 지도층 가운데 일부 민족 지도자들을 제외하고는 독립운동을 싫어했던 것이다. 왜냐하면 주로 함경도 지방에서 이주한 이들은 봉건적인 조선 정부의 가렴주구에 시달리다 못해 조국을 떠났던 관계로 그들에 있어서는 무엇보다도 경제적인 부의 축적이 목적이었고, 따라서 민족의식 같은 것은 찾아볼 수 없었기 때문이었다. 그러므로 이들 노령 지역의 부유층들은 홍범도 부대가 독립운동을 위한 재정적 지원을 요청하자 달갑게 생각하지 않았다. 이에 홍범도 부대와 노령 지역의 주민들이 서로 대립하는 사태가 발생하였던 것이다.[13]

‘13도의군’과 ‘성명회’에 참여하다

홍범도는 태어나면서부터 역경 속에서 살아왔기에 어떤 역경에도 굴하지 않는 끈기가 있었다. 또 의병전쟁은 멈출 수 없는 대의라는 것을 알기에 불어닥친 역경을 뚫고 나가고자 노력했다. 다행스러운 일은 안중근 의거로 다시 한인 애국청년들의 의기가 솟아 나오기 시작한 것이었다.

범도가 1909년 가을에 연해주 추풍(秋風, 코르사코프카) 허커우河口에 와서 별다른 성과 없이 국내로 돌아가려고 준비하고 있을 때 소왕령에 있던 애국청년 최원세가 홍범도를 찾아왔다. 그 청년은 국내로 귀환을 서두르는

13) 고승재, 『한국이민사 연구』, 52~53쪽, 장문사, 1976

범도에게 기회를 봐서 조금만 더 기다려 달라고 간청하였다. 그는 자기가 돌아다니며 군사자금을 모아 보겠다고 말했다.[14]

얼마 후 최원세는 무려 4천980루불의 자금을 마련하여 홍범도에게 전달했다. 이 자금은 새 의병부대를 조직하고 무장하는 데 충분했다. 그동안 자기를 따르던 청년 30여 명으로 의병부대를 편성한 홍범도는 1910년 4월 중순 간도를 거쳐 함경북도 무산에서 일본군 수비대를 공격했다. 그러나 이 전투에서 실패하고 말았다.

의병들이 대부분 초년병인 데다 숫자가 적어서 적의 완강한 반격을 꺾지 못한 것이다. 첫 패전을 딛고 다시 분발한 홍범도는 그달 하순 갑산의 전투에서는 크게 적을 물리쳤다. 그리고 다량의 무기와 군수물자를 노획했다.

이때 일군 소총 40정, 권총 4정, 신호용 나팔 2개, 수류탄 14발, 군량 세 바리, 탄환 7천 발 등을 전리품으로 빼앗았다. 그 뒤 홍범도 의병부대는 1910년 5월 초순 함경북도 무산과 종성 일대에서 적과 수차례 치열한 접전을 벌였으나 결국은 의병들 다수가 전사하거나 체포되어 지리멸렬 상태로 빠지고 말았다. 마침내 홍범도는 재기의 꿈을 잠시 유보한 채 5월 중순에 백두산 건너편 중국의 안도현과 길림을 거쳐 다시 러시아로 망명하게 되었다.[15]

홍범도는 1910년 3월경 약간의 의병을 이끌고 만주의 장백현 왕개둔汪開屯으로 들어왔다. "이곳에서 안도현 쪽으로 약 20에이커의 토지를 개

14) 장세윤, 『홍범도 생애와 독립전쟁』, 133쪽
15) 같은 책, 134쪽

간하여, 한편으로 농사를 짓고 사냥을 해서 식량과 경비를 조달하면서, 다른 한편으로 군사훈련을 하며 의병 무장투쟁을 준비하는 현대판 둔전병 생활을 하였다."[16]

이 무렵, 이 부근을 방문한 박은식의 기록이다.

> 나는 중국과 노령 사이를 유랑하면서 두루 각처의 동포들을 방문하여 보았다. 그들은 산에서 사슴을 쏘아 잡거나 땔나무를 해서 시장에 팔며, 감자를 심어 양식으로 삼고 엿을 팔아 호구하는 사람이 많았으니, 이들은 모두가 지난날 의병 장령들이었다. 그들은 쓰러져 가는 집에서 굶주림과 추위에 떨면서도 근심하는 빛이 없었고, 오로지 중얼거리는 것은 조국뿐이었고, 잠자리에서도 조국이었다. 술을 마신 후에는 비분강개하여 서로 노래를 부르며 통곡하곤 했다.
>
> 세속의 소위 명예나 공리 따위는 일신을 더럽히는 물건처럼 여겼다. 오직 속에 가득히 끓는 피는 충의와 비분에서 터져 나오는 것으로서 죽은 후에라야 끝날 결심이었으니 어찌 참된 의사義士라 하지 않으랴. 나는 그들을 깊이 존경하고 아낀다.[17]

홍범도가 힘겨운 항일전을 계속하고 있을 즈음, 즉 1910년 3월과 4월 선배 의병장 유인석이 국내의 의병 활동이 어려운 조건에서 때를 기다려 힘과 지智를 기를 것을 바라는 서한을 보내 왔다. 하지만 그는 의병 활동을 멈추지 않았다.

16) 신용하, 『의병과 독립군의 무장독립운동』, 189쪽, 지식산업사, 2003
17) 박은식, 『한국독립운동지혈사』, 『박은식 전서』 상권, 637쪽, 형성출판사, 1987

그대의 의義가 사람들을 감동시켜 각지에서 바람을 일으키고 사람들로 하여금 기氣를 북돋움을 알고 있습니다. 그러나 왜적의 강함은 삼국의 조조와 같을 뿐 아니라 우리 앞에서 제갈량도 없고, 또 오호대장五虎大將도 없습니다. 우리의 홍여천(홍범도-필자)을 비록 5호의 하나라고 할 수 있으나, 아직 나머지 4호가 없으니 적을 가벼이 볼 수 없습니다. 대저 지智로써 싸울망정 힘으로는 싸울 수 없습니다. 힘으로 싸우면 우리의 힘이 저들에 미치지 못합니다. 나는 비록 늙었으나 약간의 소견이 있습니다. 원컨대 우리 여천께서는 깊이 생각을 다하면 다행이겠습니다.[18]

국망 직전인 1910년 6월 연해주에서 국내외 의병을 단일 지휘계통으로 통합할 목적으로 하는 13도의군十三道義軍이 편성되었다. 그동안 국내외에서 활동한 의병부대는 각기 독립된 형태로 조직되어 대일항전을 벌여 왔었다.

연해주의 의병부대는 역시 이범윤과 최재영을 정점으로 하고 있었으나 지역에 따라 각기 분산되기는 마찬가지였다. 그래서 항일 민족진영의 역량을 결집하여 효과적인 대일전을 펴고자 13도의군이 편성된 것이다. 1895년 의병에 투신한 이래 블라디보스토크에 망명한 유인석과 헤이그 특사 파견 당시 정사로 활동하다가 망명한 이상설 그리고 이 지역의 유력자 이범윤 등에 의해 13도의군이 추진되었다.

홍범도 역시 여기에 참여하여 안창호·이진룡·이갑 등과 도총소의원의 직책을 맡았다. 13도의군의 책임자로 이범윤이 창의군 총재가 되고, 유인석이 도총재都總裁가 되어 조직을 이끌었다.

18) 『의암집毅菴集』 권16, 「여홍여천범도與洪汝千範圖」, 현대문 정리

13도의군은 활동 기간이 매우 짧았다. 6월에 편성된 뒤 8월에 국망을 당하고 말았기 때문이다. 하지만 의군 편성의 동기가 대규모 무장 항일전을 통한 국권회복에 있었기 때문에 의군은 편성과 동시에 이를 결행하기 위한 준비 작업에 들어갔다. 이를 위해 의군의 핵심 인물인 유인석과 이상설 두 사람은 연명으로 퇴위한 광무 황제에게 상소를 올렸다. 이 상소에서는 '첫째, 내탕금으로 군자금을 지원할 것, 둘째, 광무 황제가 직접 블라디보스토크로 망명해 독립운동을 영도해 줄 것'을 요청했다. 그러나 13도의군의 이러한 계획은 국내외의 정세나 광무 황제의 유약한 성품으로 미루어 처음부터 실현 가능성은 희박했다.[19)]

홍범도는 블라디보스토크에서 국치의 소식을 전해 들었다. 조국으로부터 어떤 혜택도 받지 못한, 누대로 천한 신분이지만, 자발적으로 27세 때인 1895년부터 의병으로 나서 일제와 싸워 온 지 어언 15년의 세월이 흘렀다. 그사이 아내와 아들을 잃고, 온갖 고초를 겪으며 국권 수호를 위해 진력했다. 그러나 나라는 망하고 자신은 망국노가 되었다. 하지만 망국노의 신분으로 언제까지 통탄이나 하고 앉아 있을 일이 아니었다. 그는 무사였다.

국치 소식을 들은 홍범도는 이상설의 주도로 블라디보스토크에서 설립된 성명회聲明會에 참여하여 일제의 조선 병탄을 성토하고, 반드시 원수를 갚고 국권을 회복할 것을 거듭 다짐했다. 8월 23일 신한촌의 한인학교에 모인 700여 명의 한인들은 병탄조약의 무효를 선언할 한인 단체 성명회를 조직하고, "대한의 국민된 사람은 대한의 광복을 죽기로 맹세하고 성취한다."는 목표를 정했다. 이날 참가자들은 병탄 무효를 선언하고 시

19) 박민영, 「십삼도의군」, 『한국독립운동사사전』 5, 386쪽, 독립기념관, 2004

위를 벌였다.

성명회는 또 열강의 각국 정부에 '병탄 무효'를 선언하는 전문과 「성명회 선언서」를 보내기로 결의하고, 여기에 연해주 현지 한인 사회의 지도자까지 포함된 8천624명의 서명록을 첨가했다. 성명회의 병탄 반대 집회가 열린 당일 밤부터 청년 50여 명이 결사대를 조직하여 일본인 거류지를 습격하자, 당황한 일본 영사는 러시아 경찰에 보호를 요청했다.

한인들의 활동이 나날이 격화되자 일제는 러시아 경찰에 주동자들의 체포를 의뢰하고, 이에 따라 이범윤 등 8명이 체포되어 이르쿠츠크로 유형되었다. 다행히 홍범도와 유인석·이종호 등은 몸을 피하여 화를 면할 수 있었다.

° 권업회 회장단에 선출돼 항일 지도

블라디보스토크의 한인 애국지사들은 1911년 5월 19일 신한촌에서 항일 독립운동 단체 권업회勸業會를 조직했다. 성명회 사건으로 투옥되었다가 석방되거나 몸을 피해 투옥을 면했던 인사들, 그리고 연해주 지역 한인 사회의 대부분 유지들이 참가한 대규모 단체였다.

회명을 '권업'이라 한 것은 일제의 방해 책동을 피하기 위하여 실업 관련 단체로 내세운 것일 뿐, 실제는 한국의 독립을 위한 항일운동 단체였다. 창립총회에서 회장에 최재형, 부회장에 홍범도가 선임되었다. 창립 회원은 간도 지방에서까지 여러 민족운동자가 초청되고 각 지방의 회원 권유위원으로 간부들이 파견되어 회세가 급속히 확장되었다.

권업회는 신채호가 주필로 선임된 기관지 『권업신문勸業新聞』을 발행하여 한인의 권익 옹호와 항일정신을 배양했다. 신문은 권업회의 지부와 분소 사무소가 있는 시베리아 각 회의 한인 마을과 남북 만주, 미주 등지의 한인 사회에 널리 보급되었다. 1913년 10월에는 회원 수가 2천600명, 1914년에는 8천579명에 달할 만큼 세력이 확대되었다.

홍범도는 러시아 지역 한인 사회의 대표적 기관이 된 권업회의 부회장에 선임될 정도로 신망을 받았다. 쟁쟁한 독립운동가들이 활동하고 있는 지역에서 43세의 그가 최재형과 나란히 회장단에 선임된 것은 이제까지의 항일전에서 보인 용맹함과 전과, 자기희생 정신이 독립운동가들로부터 평가되면서 신뢰를 얻은 덕이다.

홍범도는 권업회에 참여하면서 많은 동지들을 만났다. 그리고 이범석(철기 이범석 아님-필자)·유상돈·엄인섭 등 동지 20명과 '21의형제 동맹'을 맺었다. 1911년 11월 15일의 일이다. 25세부터 45세까지 재러 한인 중에서 뜻을 같이하는 동지들은 조국 독립과 정의를 위해 헌신할 것을 하늘에 맹세하고 '의형제'가 되었다. 다음은 「맹세문」이다.

> 때는 신해년 11월 15일, 의형제 21인이 마음을 하나로 하여 형제의 의를 맺는다. 우리들 21인은 모든 지성과 열혈과 정의를 좋아하는 남자로서 이에 결합하여 서약한다. 여기에 바른말로 부끄러움 없음은 여러 신에게도 명백하다. 대저 우리 21형제는 서로 제휴하고 서로 급한 어려움을 구하여, 모두 함께 업신여김을 막고 격한 탁류를 맑게 하며, 퇴폐한 풍속을 바로잡고 완고함을 고치며 약한 것을 바로 세워, 이로써 남의 웃음거리가 되지 않고 죽음에 이르러도 변하지 않는다. 우리는 중용을 지키고 맹세하는 말을 들어 마음의 폐肺에 맹세한다. 천지와 같은 대부모 있어 이에 강림하

여 감동한다. 혹 누설하는 자 있어 신神으로부터 수치를 받는 자 있으면 신이 이를 죽인다.[20]

어느 단체·조직이나 배신자는 있게 마련이어서, 엄인섭이 일제의 밀정이 되어 동지들을 배신했다. 엄인섭은 1907년 안중근·김기룡과 의형제를 맺고 의병운동을 하고, 1909년 4월 이토 히로부미를 처단하기 위한 안중근의 '단지동맹'에도 가담했으며 권업회에서는 홍범도가 부장으로 있는 시찰부(경찰부)의 부원으로 선임되었던 인물이다. 그는 신채호가 주필로 있던 『대양보』의 발행을 방해할 목적으로 인쇄 활자를 절취하고, 1914년 개최된 권업회 총회에서는 의사원 후보 3인 가운데 한 사람으로 선출될 만큼 철저하게 위장하면서 독립운동 진영의 각종 정보를 일제에 넘기는 밀정 노릇을 했다.[21]

홍범도는 권업회의 일을 하면서도 자신의 '본분'을 잊지 않았다. 그것은 무장투쟁이었다. 1911년 3월 중순에는 휘하의 부장 박영신을 선봉장으로 하여 두만강을 건너 함경북도 경원 수비대를 급습케 하여 전과를 올렸다. 또한 1912년에는 의병장 채응언과 장백부長白府에서 회동하고 십장 심석만 등을 비밀리에 국내에 파견하여 일본군의 경비 상황을 조사하도록 했다.[22]

홍범도를 비롯하여 독립운동가들이 블라디보스토크와 간도를 넘나들면서 힘겨운 항일전을 벌이고 있을 때 국내에서는 총독부의 '토지조사사업'(1912년 8월)으로 많은 농민이 토지를 빼앗기고, 서간도에서는 이상룡

20) 장세윤, 앞의 책, 142~143쪽
21) 민족문제연구소, 『친일인명사전 인명편(2)』, 498~499쪽, 2009
22) 『매일신보』, 1912년 4월 27일자

등이 '부민단'(1912년 11월)을 조직했다. 1914년 7월 제1차 세계대전이 일어났다. 일본이 러시아와 한편이 되면서 러시아령의 한인 독립운동가들에게 또 다른 압박이 되었다.

러시아 정부는 1911년에 각지에 산재한 한인들을 블라디보스토크의 신한촌으로 이주시킨 데 이어 1914년 9월에는 일본의 요구로 블라디보스토크의 한인들을 추방하고, 권업회를 비롯하여 모든 한인 독립운동 단체를 강제로 해산시켰다.

블라디보스토크에서도 독립운동이 어렵게 되었다. 이런 속에서도 홍범도는 1912년 가을, 동지들과 함께 '노동회'를 조직하여 회장에 선임되었다. 하지만 러시아 당국의 감시와 제지로 의병 조직은 쉽지 않았다. 해서 "연해주 지방의 철도공사 일을 하며 노임의 일부를 군자금으로 비축하고 있었다."[23)]

홍범도는 철도공사 인부에 이어 여기저기 다니며 노동을 하거나 어장과 금광에서 일을 하면서 군자금을 마련했다. 그의 노동은 생계형과 아울러 '군자금 비축형'이었다.

> 홍범도는 1912~1913년 사이 약 1년 동안 연해주 수이푼의 다아재골에서 농사에 종사하다가 1913년부터 1915년 7월 중순까지는 연해주 북쪽의 니콜라에프스크 어장과 쿠르바트 금광, 비얀코 금광, 얀드리스크 금광 등을 돌아다니며 일하는 한편, 그곳에서 노동하는 한인들을 상대로 군자금을 모집하는 데 총력을 기울였다. 그동안 그는 4천500여 루블을 저축했고 그 자금으로 소총 17정과 탄약을 구입했다.[24)]

23) 장세윤, 앞의 책, 143쪽
24) 같은 책, 143~144쪽

홍범도가 이같이 노동을 하면서 무기를 구입하여 의병전을 재개하려는 시점에 제1차 세계대전이 발발하고 러시아와 일본이 동맹국이 되었다. 한인 의병 지도자들은 큰 타격을 입고 블라디보스토크를 떠날 수밖에 없었다.

∘ 봉밀산에서 둔전병으로 장기전 대비

홍범도는 새로운 의병전쟁 준비의 근거지를 모색하다가 1910년에 잠시 머물렀던 장백현 왕개둔을 생각했다. 그러나 다시 그곳으로 들어가기는 쉽지가 않았다. 대신 권업회가 1914년에 독립운동기지로 설정하고 토지를 매입하여 한인을 집단 이주시켰던 곳이 있었다. 이곳에서 농사를 지으며 군사를 일으키려는 구상이었다.

> 북만 한카호 부근의 봉밀산으로 휘하 의병을 이끌고 들어가 둔전병식의 생활을 통해 독립군을 양성하는 한편 그곳 한인 이주민의 민족주의 교육과 경제력 신장을 도모하고 있었다. 그리하여 그는 봉밀산의 백포자白泡子 한흥동을 중심으로 인근의 '십리와'와 '쾌상별' 등지에서 고등소학교, 소학교 등의 교육기관 설립을 주도하였을 뿐만 아니라, 휘하 의병을 근간으로 하는 둔전병식의 독립군 양성에 주력하여 머지않아 펼쳐질 항일 독립전쟁을 대비하고 있었다. 홍범도는 봉밀산 부근으로 한인 이주가 이루어지는 1914년 무렵에 그곳으로 들어와 북간도로 이동할 때까지, 즉 1919년 3.1운동 직후까지 약 5년 정도 머물렀던 것으로 보인다.[25)]

홍범도와 함께 이곳에서 활동했던 정태는 자신의 회고담에 이 시기 봉밀산의 생활상을 생생하게 증언한다. 약간 긴 내용이지만 귀중한 자료이기에 소개한다.

1900년 조선이 일본 제국주의에 강제 합병이 된 후 조선 애국자들은 탁족할 땅이 없게 되었다. 이런 형편에서 조선 애국자들은 외국에 나가서 토지를 사고 그에 이민을 시키고 청년들을 모집하여 교양함으로써 일본에 복수하려고 하는 자들도 있었다. 이런 경향하에서 중국 길림성 봉밀산을 탐구하여 내었다. 봉밀산은 러시아와 중국의 국경에 있으며 앞에는 홍개호가 가로놓여 있으며 북쪽은 청림靑林이 꽉 들어섰다. 교통은 소왕릉으로 와 목릉현으로 가야 철도가 있다.

조선 애국자들 중에서 안창호의 주선으로 밀산 십리와에 토지 30여 팍지를 구매하고 토지의 주인으로는 김성모를 지적하였으며, 또한 이상설의 주선으로 밀산령감 백포자에 토지 12팍지를 구매하고 토지 주인으로는 김학만으로 지적하였다. 그리고 조선 평안도, 함경도와 노령 연해주에서 조선 빈민들을 이주하였다. 그러나 이주된 인민들은 토지를 개간할 힘도 약할 뿐만 아니라 흉년이 자주 들어 생명도 근근이 유지하여 왔다.

이때 조선 애국자들은 그를 후원할 금전도 없었다. 이러한 형편에 홍범도는 군인을 거느리고 봉밀산으로 들어왔다. 그리해서 홍범도는 군인들을 먹여 살리기도 바쁜데 주민들의 생활에도 걱정하게 되었다. 그리하여 홍범도는 군인들을 농촌건설 사업에 종사하게 하였다.

홍범도는 빈민 300여 호 조선 사람들과 상종하게 되었는데, 그중에는 몽

25) 박민영, 『대한제국기 의병연구』, 221쪽, 한울, 1998

매한 자와 불량자들도 있고 청년 아동들은 공부 못 하고 허송세월하는 것이 그에게 불만을 더욱 일으켰다. 그리하여 지방에 있는 모모한 자들과 토의하였으나, 자기 군인 중에는 교육사업을 지도할 자격이 있는 사람이 없는 딱한 일이 되었다. 이때 마침 이전 교원이며 라자구羅子溝 사관학교 출신인 정태라는 자가 홍범도가 군인을 데리고 봉밀산으로 들어갔다는 소식을 듣고 큰 희망을 품고 홍범도의 뒤를 따라 밀산으로 1916년에 들어갔다. 그러나 희망하던 바와는 딴판이었다. 홍범도는 이 기회를 놓치지 않고 정태를 교육사업에 이용하였다. 그리하여 영남 백포자 한흥동에 소학교를 설립하고 또한 십리와와 쾌상별이에 소학교를 설립하였으며 홍범도는 한흥동 학교에 교장과 교감으로 책임을 맡았고 십리와의 쾌상별이 학교에는 찬성장贊成長으로 사업하였다.

홍범도는 학교 수리와 교구를 장만하는 데와 운동장을 닦는 데 손수 일을 하였다. 학생 모집은 집집이 다니면서 자식들을 학교로 다니라고 권면하면서 우리나라가 망한 것도 인민이 문명하지 못한 탓이며 도로 찾는 것도 문명에 있으니 아동을 학교에 보내라고 하면서 끌어오곤 하였다.

홍범도는 백포자에 사는 의병대원의 집에 유숙하면서 아침이면 일찍 일어나서 제일 어린 학생을 업고 좀 큰 학생은 손목을 끌고 큰 학생들은 앞에 세우고 학교로 갔다. 풍설風雪이 나는 때에는 학교에 와서 학과시간을 끝마치는 것을 기다려 학생들을 데리고 집으로 갔다. 학생들은 홍범도를 친부모와 같이 여겼다.

홍범도는 매월 일요일이면 학교 운동장으로 지방 주민들이 스스로 모여오도록 준비하여 놓았다. 학생들로 하여금 연속 유언체조, 유희 등과 행진법, 철봉과 집장고도 하는 것을 주민들에게 즐겁게 유쾌하게 구경시킨 것이다. 오후에는 운동장에 연설회를 열고 미리 준비하였던 학생 4~5명을 연단에 올려 세웠다. 학생들은 애처로운 말로 애국사상을 고취했다. 어떤 노인과 여자들은 눈물을 흘리기도 했다.

홍범도는 청년들을 사랑했다. '우리 동무회'란 청년 단체를 조직하고 청년들을 그에 입회시키고 야학夜學에와 운동에 의무적으로 참례하게 하였다. 홍범도는 운동하는 것을 매우 즐겼다. 그리하여 단오날에는 대운동회를 소집했다. 1917년 단오에는 조선인 청년 대운동회를 십리와에 소집하였는데, 여기서는 지방 중국 육군도 참가하였다. 운동 과목을 필한 뒤 조선 씨름판을 열었는데 마지막 판가리에 힘장사요, 평양감옥을 부수고 도망친 유상돈과 정벽이 마주섰다. 둘이 서로 승부를 결단하지 못하고 군중의 외치는 소리에 중단하였다.

1918년 단오일에는 쾌상별이에서 조선 청년 대운동회를 소집하였다. 운동 과목을 필한 뒤 군중의 요구에 의하여 학교 지도부의 장기를 구경하려고 하였다. 정태는 집장고도를 세 키 높이로 뛰고 홍범도는 사팔제비(두 팔을 꾹 펴고 땅을 짚으면서 옆으로 돌아감) 운동으로 운동장을 한 꼽패 돈 후 말하기를 "젊어서 하던 장난이 나이 먹으니 숨이 차서 더 못 하겠다." 하고 땅에 앉으니 군중의 요란한 박수로서 끝을 맞쳤다.[26)]

정태의 이 글을 읽으면 홍범도는 마치 시골 초등학교의 인자한 교장 선생님 같다. 고려 말기의 최영 장군을 두고 '출장입상出將入相'이라 불렀다. 칼을 들고 나서면 장수요, 방 안에 들어앉으면 재상이라는 뜻이다.

홍범도는 어디까지나 장수요, 재상감은 아니었다. 어려서부터 글공부를 할 형편이 못 되었다. 해서 겨우 한글을 깨친 정도였다.

26) 정태, 「김세일 앞」, 『한국독립운동사 자료집-홍범도 편』, 84~87쪽, 한국정신문화연구원, 1995

"홍범도는 정자丁字도 모른다. 자기의 성명을 쓸 수 없는 사람이라 아직까지 부하에게 연설 같은 것을 한 일도 없다. 다만 유기운이란 자가 일체의 일을 처리하고 있다."[27]

홍범도는 비록 공부가 짧고 학식이 부족했으나 품성이 넉넉하고 리더십이 있어서 부하들과 지역 주민들이 잘 따랐다. 본격적인 항일전을 구상하면서 봉밀산 일대의 한인 거주지에 학교를 세우고, 아이들에게 민족의식을 가르쳤다. 당시 왕족과 고위관리 그리고 많이 배운 자들이 매국노가 되거나 친일파로 변신하여 민족을 배반했던 것과는 크게 달랐다.

홍범도는 이곳에서 장기전에 대비하여 둔전병屯田兵을 일으키고자 하였다. 둔전병제는 고려·조선조에서 평상시에는 토지를 경작해 식량을 자급하고, 전시에는 전투병으로 동원되던 병사제도를 일컫는다.

홍범도는 봉밀산에서 "둔전병식으로 독립군을 양성해 냄으로써 3.1운동 이후 1920년대 '독립전쟁'의 토대를 마련했던 것이다. 정태가 밀산密山을 '조선 독립군의 발상지'라고 규정했던 것도 이러한 맥락에서이다." [28]

27) 『편책』, 「제3순사보고서」, 1908년 10월 13일자, 「임재춘 심문조서」, 『한국독립운동사 자료』 제12권, 282쪽

28) 박민영, 앞의 책, 223~224쪽

5장

대한독립군 창설, 국내진공작전

러시아혁명기 노령 왕래하며 무기 구입

홍범도에게 1910년대 후반은 독립전쟁의 준비 기간이었다. 이제까지 항일전의 양상이 의병전이었다면 앞으로의 전투는 독립전쟁이었다. 의병전은 게릴라식 전투가 불가피했다. 이제부터는 본격적인 독립전쟁의 성격으로 바뀌게 된다.

본격화되고 있는 독립전쟁을 내다보면서 홍범도는 봉밀산을 근거지로 삼아 농사일과 수렵 그리고 군사훈련으로 2년여를 보냈다. 그러다가 1917년 11월 초, 봉밀산보다 한국과 가까운 러시아령 추풍 다아재골로 근거지를 옮겼다. 봉밀산 지역이 적에 노출되면서 더 이상 머물기가 어려웠기도 했고 다아재골로 옮기는 데는 정세의 변화도 있었다.

1917년 2월에 이어 10월에 러시아혁명이 발발했다. 러일전쟁 패전 이후 러시아는 물가가 폭등하고 노동자들의 실질임금이 25%가량 떨어지는 등 민중들의 생활이 한층 어려워졌다. 당시 러시아 민중들의 생활은 차르의 전제정치하에 참담했다. 국민의 절대다수를 차지한 농민은 농노와 다르지 않았고 노동자들 역시 궁핍하기는 마찬가지였다.

1905년 1월, 페테르부르크 노동자들의 반란이 '피의 일요일'로 기록되면서 노동자들의 분노는 잠시 사그라드는 듯했으나 니콜라이 2세의 거듭된 약속 불이행으로 마침내 1917년 2월과 10월에 혁명이 발발하여 황제와 가족은 처형되고, 레닌을 중심으로 하는 사회주의 세력이 권력을 장악하기에 이르렀다.

러시아혁명은 제국주의 열강의 식민 통치에 신음하고 있는 각국의 독립운동가들에게는 구원의 메시아처럼 받아들여졌다. 1920년 7월 모스크바에서 열린 제2차 코민테른 대회에서 레닌은 피압박 약소민족의 해방투쟁에 대한 지원을 약속했다. 이렇게 레닌 정부가 식민지 해방투쟁을 지원하게 되면서 한국의 독립운동 진영도 큰 영향을 받았다. 홍범도는 당장 항일전쟁을 준비하기 위해서는 간도보다 러시아 지역으로 근거지를 옮기는 것이 적합할 것이라고 판단했다. 하지만 그의 판단은 적중하지 않았다. 극동 러시아의 정세는 격변하고 있었다.

> 러시아 10월 혁명이 일어나 소비에트 정권이 수립되면서 연해주에서는 소비에트 정권의 지지파(적위파)와 반대파(백위파) 사이에 격전이 벌어지고 또 1918년 8월 혁명을 저지하려는 일본군이 침입하여 매우 복잡한 정세가 조성되었기 때문이다. 연해주의 한인 민족해방운동 세력은 혁명의 초기에는 중립을 지키려고 하였으나 점차 일본군을 상대로 싸우는 적위파赤

衛派에 가담하게 되었다. 이러한 사태의 진전은 결국 소비에트 정권과 한인 민족운동 세력 사이의 접근을 의미했고 대일투쟁을 위해서는 바람직한 현상이기도 했다.

왜냐하면 일본군을 상대로 싸우는 소비에트 적군赤軍으로부터 상당한 원조를 받을 수 있었기 때문이다.[1]

이 같은 상황에서 블라디보스토크의 신한촌에서 1917년 5월에 '전로한족회중앙총회'가 조직되었다. 이는 종래의 한족회, 대한교육청년연합회, 권업회 등 각종 단체와 기타 여러 계열의 단체, 활동가들이 총망라된 민족을 기반으로 한 단일적인 중앙 조직이었다. 발기인은 재로 한인 사회에서 신망을 얻은 한명서·윤해 등과 일제의 한국 병탄 후 망명한 이동휘·문창범 등이 중심이 되었다. "재로한족회중앙총회는 러시아 귀화를 반대하고 러시아 입법회의에 한인의 의석을 요구하고 또한 한인 학교의 개선을 요구했으며 전로한족회중앙총회의 결성과 더불어 재로 한인 사회에 분회가 결성되었다."[2]

홍범도는 노령과 만주 지역을 왕래하면서 군사를 모집하고 무기를 구입하는 데 그동안 비축해 온 자금을 아끼지 않았다. 노령 지역이 정치적 혼란기여서 오히려 일을 도모하는 데 수월한 측면도 있었다. 정치적 혼란기를 역이용한 것이다.

소비에트 정부가 1917년 10월의 볼셰비키혁명으로부터 만 5년 뒤인 1922년 말에야 시베리아를 장악하게 되었다는 사실은 시베리아의 혼란

1) 장세윤, 『홍범도 생애와 독립전쟁』, 146쪽, 독립기념관, 1997
2) 박영석, 「노령지역의 항일민족독립운동」, 『한러관계 100년사』, 261쪽, 한국사연구협의회, 1984

이 얼마나 격심했는지를 말해 준다. 여기에는 두 가지 요인이 있었다. 하나는 일본을 비롯한 연합국 쪽의 무력간섭이 전개된 것과, 또 하나는 볼셰비키와 범반볼셰비키 세력 사이의 치열한 국내전쟁이었다.

> 1918년 5월에 '전로한족회중앙총회 제2차 대회'가 한족의 정치적 중립을 선언한 것도 그때의 그 환경에서는 그럴 수밖에 없었을 것이다. 또 그런가 하면 전로한족회중앙총회의 유력한 간부의 한 사람이었던 이동휘가 같은 해 6월에 하바롭스크에서 볼셰비키와 관계 있는 '한인사회당'을 결성한 것은 한인 사회의 정치적 혼란의 양상을 그대로 드러내 놓은 것이었다.[3)]

이동휘는 1918년 6월 26일 노령 하바롭스크에서 한국인 최초로 한인사회당을 조직했다. "독립운동의 숙원을 달성하고자 유력한 정부의 지원을 얻기"[4)] 위해서 볼셰비키 정부와 손잡은 것이다. "이동휘는 처음에는 반일독립의 민족운동에 주안을 두고 사회주의운동은 부차적인 관심사로 생각했다. 또 그 자신이 사회주의에 대하여 아는 바도 없었다." [5)]

여운형도 비슷한 증언을 남겼다. "한마디로 유치한 시기여서(사회주의에 대한 인식-필자) 선언서의 발표도 없었으며, 별도 강령·규약 등도 확정함이 없이 다만 한인의 공산당을 조직하여 국제당의 승인을 얻어 독립운동을 하자는 것뿐이었다."[6)]

한국의 첫 사회주의 정당인 한인사회당은 이동휘 외에 박애·박진순·이한영·김입 등 재로 유력 인사들이 중심이되어 결성했다. 한인사회당은

3) 김준엽, 김창순, 『한국공산주의운동사』(1), 178쪽, 청계연구소, 1987
4) 조선총독부경무국(고령 제310호, 1923년 1월 15일), 『한국공산주의운동사』(1), 163쪽, 재인용
5) 같은 책
6) 『여운형 조서』, 322~323쪽

곧 블라디보스토크로 이동하여 대표자회의를 열고 코민테른에 대표를 파견했다. 이때 코민테른이 준 지원금을 둘러싸고 이르쿠츠크파 고려공산당과 마찰이 생겼다.

홍범도가 한인사회당에 참여했는지 여부는 확실하지 않다. 하지만 13도의군, 성명회, 권업회 등에서 이동휘와 함께한 적이 많았다. "그 후 한인사회당은 연해주의 민족운동가들을 망라한 '전로한족회중앙총회'와 협력하여 의용병을 모집하고 시베리아에 출동한 일본군과 전투를 벌였다는 설이 있다. 아마도 홍범도는 이때 직간접적으로 관련되었을 것으로 추정된다."[7)]

대한국민의회 참여, 군무부 활동

국내에서 1919년 3월 1일 거족적인 독립만세 시위가 일어나면서 러시아 지역 한인 사회에서도 독립만세 시위가 곳곳에서 일어났다. 이를 계기로 3월 17일 연해주 블라디보스토크에서는 러시아 지역·북간도·서간도·국내로부터 온, 지역과 독립운동 단체들을 대표하는 80여 명이 참가한 가운데 '대한국민의회'가 결성되었다.

대한국민의회의 간부에는 회장 문창범, 부회장 김철훈과 김알렉산드르, 서기 오창환, 외교부장 최재형, 선전부장 이동휘, 재정부장 한명세가 각각 선임되었다. 홍범도는 이동휘가 부장을 맡은 선전부에서 활동했다.

7) 장세윤, 앞의 책, 146쪽

선전부는 얼마 후 군무부로 명칭이 바뀌게 되고, 홍범도의 근거지였던 다아재골에 대한국민의회 군무부 본부가 설치되었다.

대한국민의회는 독립운동 방략을 3단계로 나누어 수립했다. 제1단계는 독립선언서 발표와 가두시위 등의 평화적 시위운동, 제2단계는 한인 무장 세력에 의한 국내진입의 무장전쟁, 제3단계는 파리 강화회의를 통한 외교 활동이었다.

대한국민의회의 활동은 곧 러시아 정부의 제지를 받게 되었다. 일본의 비호를 받고 있던 백위파 옴스크 정부가 해산 명령을 내린 것이다. 이런 가운데 대한국민의회는 문창범·김철훈·오창환 등 간부 명의로 「독립선언서」를 발표하고, 한인들은 블라디보스토크에서 평화적 시위를 벌였다. 시위는 러시아 한인 지역 여러 곳에서 연쇄적으로 일어났다.

대한국민의회는 4월 29일 상설의회를 개최하면서 4월 11일 상하이에서 선포된 대한민국임시정부를 잠정 승인하고, 임시정부를 노령으로 이전할 때까지 완전 승인을 유보했다. 재로 한인 독립운동가들은 국내와 가까운 블라디보스토크로 임시정부를 옮겨야 한다는 주장이었다. 또 상설의회 의장 원세훈을 교섭 대표로 상하이에 파견, 양측의 통합을 논의했다. 상하이 임시정부에서는 국무총리에 이동휘, 교통총장에 문창범을 선임했다.

대한국민의회는 이동휘가 뒤늦게 임시정부 국무총리에 취임하고, 문창범은 취임을 거부한 상태에서, 1919년 12월 임시총회를 열어 독자적인 활동 재개 방안을 모색했다. 이 무렵 러시아 원동 지역의 정세는 다시 급변하여 콜차크 제독이 이끌던 백위파 정권이 붕괴되고 볼셰비키혁명 세력이 득세하면서 새로운 사태가 벌어졌다.

대한국민의회에서 이동휘와 함께 군무부의 책임을 맡게 된 홍범도는 이것을 대한독립군을 창설하는 계기로 삼았다. 러시아 10월 혁명 과정에서 한인들은 일본군이 지원하는 10월 혁명 반대 세력인 백위파를 적대하고 볼셰비키파를 적극 지원했다. 이 과정에서 상당한 규모의 한인 의용병(빨치산) 부대가 구성되어 일제와 싸우고, 러시아 볼셰비키 측은 한인 빨치산의 활동을 적극 지원했다.

이동휘가 1918년 3월 하바롭스크에서 '조선인정치망명자회의'를 주최할 때에 홍범도는 여기에 적극 참여했다. 참석자 중에는 양기탁(남만주 독립단), 이동녕(남만주한족회 대표), 유동열(북경), 김규면(훈춘), 김하구(『한인신보』 주필), 고성삼(치타 국민회), 이원해·한자문(흑하 지방), 이인섭·김용환·심백원·오성묵(옴스크), 장기영·최태열 등(수청 사범학교), 박애·이한영·김종·임호 등(하바롭스크 지역)과 안정근·조성환·오하묵 등 러시아, 중국의 주요한 한인 혁명가들이 다수 참여했다. 홍범도는 김성무와 밀산 지역의 대표 자격으로 참여한 것이다.[8)]

이후 홍범도는 이동휘와 항일전쟁을 함께하는 기회가 더욱 많아졌다. 이동휘의 무력양성론과 홍범도의 무장전쟁론은 맥이 통하면서 상호 협력관계가 긴밀하게 유지되었다. "이동휘가 이끄는 한인사회당은 '남만주의 독립군 부대를 연해주로 이동시켜 홍범도를 총사령관으로 조선 빨치산들을 조직하여 가지고 러시아 빨치산들과 합세하여 소비에트를 옹호하는 전투를 하자'는 입장이었다."[9)] 이 같은 원칙에 따라 한인사회당은 간부들을 연해주와 간도의 한인 사회에 파견하여 세력을 확장하면서 청년들을 끌어모았다. 당시 일제 정보기관이 파악한 한인 독립운동가들의

8) 이영일, 「리동휘 성재 선생」, 『붉은 군사』, 50~51쪽, 여기서는 반병률, 『성재 이동휘 일대기』, 146쪽 재인용, 범우사, 1998
9) 「이인섭이 김세일에게 보내는 편지」(1968년 3월 7일자)

동향 분석이다.

1919년 3월 조선 각지에 독립 소요가 야기되자, 극동 러시아·중국 영토 각지의 배일 조선인이 한결같이 이에 호응했다. 특히 간도 지방에서는 많은 군중이 집합하여 시위운동을 하고 뒤이어 각종의 결사를 조직하여 조선 내 각 단체 또는 불령자와 연계하여 과격한 운동을 계속했다. 그러나 당시 극동 러시아에 거주하는 배일 조선인은 일본 파견 군대의 감시가 엄중하게 되자 행동이 여의치 않아 점차 중국 영토로 도피하였다. 그들은 당시 중국 영토의 불령 조선인의 거두인 이동휘·홍범도·문창범·이범윤 등의 수하로 달려가, 활발히 조선에 침입한다고 큰소리치며, 조선 내외 민심의 동요를 획책했다.[10)]

° 대한독립군 창건, 본격 항일전

홍범도가 대한독립군을 창건한 것은 이와 같은 내외의 정세 속에서 이루어졌다. 오랫동안 준비하면서 기다렸던 기회였다.

1919년 3월 중순 대한국민의회 군무부의 근거지였던 연해주 수이푼秋風 다아재골에서 권업회의 라자구 사관학교 학생들과 홍범도의 옛 동지들, 그리고 북간도 훈춘 출신의 황병길·이명순·최경천 등이 간도에서 데리고

10) 「재외 불령조선인의 상황」, 『국역 고등경찰요사』, 168쪽, 선인, 2010

온 군인들을 기초로 400여 명의 대한국민의회 군무부 부대가 편성되었다. 이 가운데 홍범도 계열의 숫자는 1/4 수준인 100여 명으로 판단된다. 대한독립군은 노령 지역 독립운동 영도기관인 대한국민의회 군무부 병력을 기초로 창건되었다.[11]

홍범도는 1919년 8월 하순 대한독립군 진영을 북간도 지역으로 이동했다. 이동 과정에서 꾸준히 병력을 보충하고 무기를 구입하는 등 군사력을 보강했다. 러시아혁명 과정이어서 체코제 최신식 무기를 구입할 수 있었다.

대한독립군의 규모는 약 300명으로 조직은 소대-중대-대대의 편제를 채택하여 1개 소대 50명, 2개 소대를 1개 중대, 4개 중대를 1개 대대로 편성했다.[12] 대한독립군은 그동안 홍범도가 구입해 온 권총과 소총, 상당량의 탄환으로 무장했다. 편제는 사령관 홍범도, 부사령관 주건, 참모장 박경철, 참모 이병채 등이었다. 간부들은 국내에서 의병운동에 참여했거나 노령의 대한국민의회 간부 출신들이었다.

홍범도는 대한독립군을 창건하면서 「유고문喩告文」을 발표했다. "당당한 독립군으로 몸을 포연탄우 중에 던져 반만년 역사를 광영케 하며 국토를 회복하여 자손만대에 행복을 줌이 우리 독립군의 목적이요, 또한 우리 민족을 위하는 본의다."라는 내용이다. 다음은 『독립신문』(제37호, 1920년 1월 13일자)에 게재된 내용이다.

11) 장세윤, 「대한독립군」, 『한국독립운동사사전』 4, 67쪽, 독립기념관
12) 강덕상 편, 『현대사자료』 27, 『조선』 3, 「간도 지방 불령선인 단동도군정서」, 1920년 7월 26일자, 362쪽

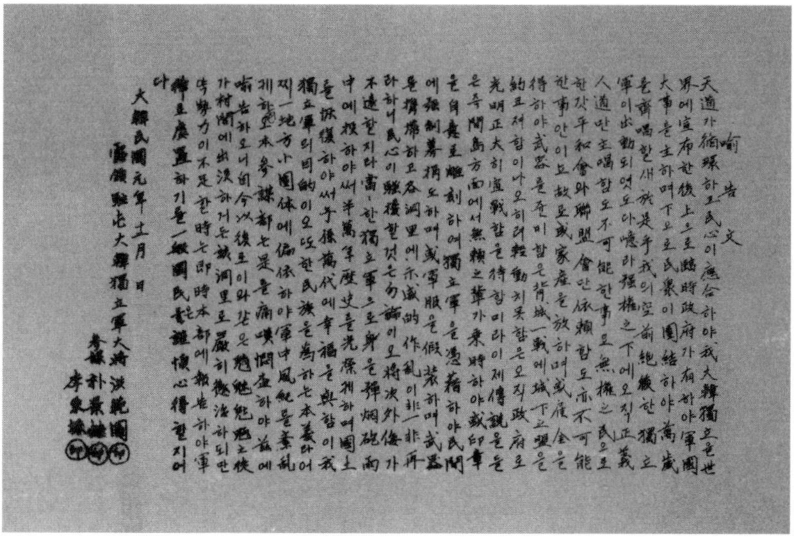

| 대한독립군 유고문 | ©독립기념관

유고문

천도天道가 순환하고 민심이 응합하야, 아我 대한독립을 세계에 선포한 후 상上으로 임시정부가 유有하야 군국대사軍國大事를 주主하며 하下으로 민중이 단결하야 만세를 제창할새 어시호於是乎 아의 공전절후한 독립군이 출동되었도다.

희噫라! 강권하에 오직 정의 인도만 주창함도 불가능한 사事요 무권지민無權之民으로 한갓 평화회와 연맹회만 의뢰함도 역亦불가능한 사事안이요.

고로 가산을 방放하며 혹 고금雇金을 득하야 무기를 준비함은 배성일전背城一戰에 성하지맹을 약約코져 함이나 오히려 경동치 못함은 오직 정부(임시정부)로 공명정대히 선전宣戰함을 대待함이라.

이제 전설을 들은즉 간도 방면에서 무뢰배가 승시乘時하야 혹 인장을 자의로 조각하여 독립군을 빙자하야 민간에 강제 모연募捐도 하며 혹 군복을 가장하며, 무기를 휴대하고 각 동리에 시위적 작란이 비일비재라 하니 민심이 소요할 것은 물론이오 장차 외모外侮가 불원不遠할지라.

당당한 독립군으로 신身을 포연탄우 중에 투投하야써 반만년 역사를 광영케 하며 국토를 회복하야써 자손만대에 행복을 여與함이 아我 독립군의 목적이오 또한 민족을 위하는 본의本義라. 어찌 일지방 소단체에 편의하야 군중풍기를 문란케 하리오.

본참모부는 시是를 통탄민휼하야 자慈에 유고하오니 자금自今 이후로 이와 같은 이매망량지도(魑魅魍魎之徒, 도깨비 같은 무리)가 촌간에 출몰하거든 해該 동리로 엄히 징치하되 만약 세력이 부족할 시는 즉시 본부에 보고하야 군율로 처치하기를 일반 국민들은 근심 심득心得할지어다.

대한민국 원년元年 12월 일

노령露領 주둔 대한독립군 대장 홍범도

참모 박경철

이병채

이 유고문의 원문은 어려운 한문체로 되어 있는 것으로 보아 홍범도가 직접 작성한 것이 아니라 참모들의 도움을 받았을 것이다. 유고문은 전단으로 제작되어 각 지역의 한인 사회에 배포되었다. 홍범도는 진영이 갖춰지자 지체하지 않고 국내진공작전을 전개하여 일본군과 전투를 벌였다.

홍범도 의병부대에서 발전한 대한독립군은 백두산 기슭의 북간도 지방으로 이동하여 근거지를 설치하자마자 1919년 8월부터 모든 독립운

| 1920년대 초 부하 독립군 병사들과 함께한 홍범도 |

동가들의 오랜 소망의 하나였던 독립전쟁을 시작했다. 국내진입작전을 대담하게 감행한 것이다. 대한독립군은 두만강을 건너서 1919년 8월 함경남도 혜산진에 진공해 들어가 일본군 수비대를 습격해 섬멸했다.[13]

이것이 3.1운동 이후 독립군 단체들의 독립전쟁 중에서 최초의 국내진입작전이며, 이 중요한 업적을 홍범도가 지휘하는 대한독립군이 수행해 낸 것이다. 이러한 국내진입작전은 대한독립군이 함경도에서 활동하던 홍범도 의병부대에서 발전 편성된 독립군 부대였기 때문에 가능했다고 볼 수 있다. 국내진입작전은 계속되었다.

13) 애국동지원호회 편, 『한국독립운동사』, 305쪽, 신용하, 『의병과 독립군의 무장독립운동』, 194쪽, 재인용, 지식산업사, 2003

대한독립군은 계속하여 다음 달인 1919년 9월에는 함경남도 갑산군에 진입해서 금정주재소 등 일제 식민지 통치기관을 습격 섬멸했으며, 다시 다음 달인 1919년 10월에는 평안북도 강계의 만포진에 진입하여 이를 점령하고, 자성군으로 진출해서 일본군과 교전하여 일본군 70여 명을 살상하고 일본군을 패주시켜 살상했다.[14)]

이것이 독립군 부대가 국내에 진입하여 이룩한 최초의 큰 승전이었다.[15)]

상해 임시정부에서도 대한독립군의 큰 승전에 놀라고 고무되어 1919년 10월 26일 강변 8군 임시지방 교통사무국 참사 오동진과 김응식에게 40일간의 예정으로 출장을 명하여, 홍범도가 지휘하는 대한독립군의 실상과 일본군과의 교전에서의 승리를 확인하였다.[16)]

홍범도가 대한독립군을 조직하면서 본격적인 독립전쟁을 수행하고 있을 무렵에 만주·노령 지역에서도 몇 갈래의 독립군이 편성되고 있었다. 일본 측 정보 자료를 통해 알아본다.

1919년 3월이 되자 천도교의 손병희 일당이 경성에서 독립선언을 하고 조선의 모든 도의 모든 지역도 역시 이에 따라 소요가 일어나자, 만주의 각 지역 특히 간도에 있는 불령의 무리는 대중을 선동하여 시위운동을 하

14) 『조선민족운동연합』, 1919년 10월 24일자, 『조선독립운동』 제2권, 208쪽
15) 신용하, 앞의 책, 194~195쪽
16) 앞과 같음

고 크게 기세를 올렸다. 그 후 조선 본토, 상하이, 러시아령 각지의 불령자와 연락을 가져 독립운동은 바로 제2의 활동기에 들어간 감이 있다. 특히 극동 러시아에서는 때마침 우리 파견군(일본군)의 단속이 엄중하게 된 까닭으로 점차 지린吉林 방면에 운집하여, 그 수령이라 할 이동휘·홍범도·이범윤·문창범 등은 한때는 잡병을 몰아 조선에 침입하여 무력적 반항을 시도하려고 획책하였지만 그것을 이루지는 못했다는 정보가 있었다.

그리고 소요 후에는 그들은 각지에서 유력한 단체를 조직하여 군비라 일컬으면서, 장년이 된 자에게 훈련을 시행하고 대낮에 대隊를 편성하여 각지를 마음대로 확보했다. 혹은 무기를 가지고 중국과 강을 끼고 마주보는 조선 땅을 침입하여, 이른바 군자금이라 하여 양민의 재화를 강탈하는 등의 폭거를 떨쳤다. 당시 그들의 주된 근거지는 간도 지방을 주로 하여 점차 남북 만주 각지에 확대되는데, 간도 방면에서의 주된 불령 단체는 아래와 같다.[17]

일제의 이 기밀 문서는 한국 독립운동 단체들을 열거하면서 '홍범도 부대'를 다음과 같이 보고했다.

대한독립군 근거지는 연길현 명월구, 단장 홍범도, 간부 주달, 박경철, 활동 개요, "국민의회와 서로 제휴하여 점차 타 세력을 잠식하여 한때는 대세를 좌우했다. 대원은 약 400명이며 군軍 총 다수를 가지고 있고, 한때는 국민의회와 공동으로 무관학교를 설립하여 군인 양성에 노력했던 일도 있다."[18]

17) 『국역 고등경찰요사』, 214쪽
18) 같은 책, 214~215쪽

◦ 항일 연합군 이끌고 국내진공작전 벌이다

홍범도는 1919년 여름부터 부대를 이끌고 국내진공작전을 벌이는 한편 여타 독립운동 단체 독립군 부대와 연합작전을 전개하면서 통합 운동에 나섰다. 3.1운동 이후 본국의 증파로 더욱 막강해진 일본군과 싸우기 위해서는 독립군 역시 강하지 않으면 안 되었다. 해서 독립군단의 연합전선을 구축하기로 합의했다.

> 행정과 재정은 대한국민의회가 담당하고 군무의 경우는 대한독립군을 홍범도가, 대한국민군을 안무가 각각 분담해 통솔하기로 약정하였다. 하지만 직접 대일항전을 수행하게 되는 경우에는 홍범도가 '북로정일제일군사령부장北路征日第一軍司令部長'의 직함으로 전군을 지휘토록 되어 있었다. 이와 같이 성립된 북로정일제일군은 곧 이어 최진동의 대한군무도독부와의 군사통일도 추진한 결과 '대한북로독군부大韓北路督軍府'가 탄생하게 되었다. 이렇게 통합된 군단은 군무도독부의 본영이 있던 봉오동에 전력을 집결시키면서 강력한 국내진공작전을 계속적으로 수행하였다.[19]

독립군의 연합부대는 1920년 초반부터 수시로 국내진공작전을 전개했다. 1월부터 3월까지 독립군 부대의 국내진공작전은 24회에 달하고 특히 3월 15일 함경북도 온성군 유포면 풍리동을 진격할 때는 대한독립군을 비롯한 250여 명의 독립군이 출동하여 일본 군경과 접전한 후 한때 그곳을 점령하기도 했다. 이 소식은 총독부 기관지 『매일신보』에 크게 보도

19) 윤병석·박민영, 「북간도에서의 한국독립운동」, 『중국 동북지역 한국독립운동사』, 103쪽, 집문당, 1997

되었다.

일본의 정보 기록에는 이때 대한독립군의 병력 46명, 소총 200정, 탄약 4만 발, 권총 50정, 군무도독부와 대한국민군의 병력 280여 명, 소총 200정, 탄약 1만 2천 발, 수류탄 120발, 기관총 2문을 보유한 것으로 소상하게 파악하고 있었다.[20]

이 무렵 독립군이 무장을 튼튼히 할 수 있었던 것은 홍범도의 역할에 힘입은 바 컸다. 노령 지역에서 활동하면서 맺었던 연줄을 통해 체코제 무기를 다량 입수하게 된 것이다.

> 홍범도는 1920년 3월경 노령 지역에서 무기를 구입하였다. 이러한 무기 구입은 그가 일찍이 노령 지역에서 활동한 바가 있어서 그쪽 지리와 시장을 잘 알고 있었기 때문에 가능하였다. 그리하여 기관총 7문, 권총 200여 정을 들여와 독립운동을 신식 무기로 무장케 하였다. 이어 곧 안도현에서 왕청현으로 병력을 이동하였으며, 4월 초에는 다시 700여 정의 무기를 노령에서 엽피기로 반입하였다.[21]

1920년 2월 초 상하이 대한민국임시정부가 미국 관전官電 통신을 입수하여 보도한 자료에 따르면 당시 북간도 일대 독립군의 눈부신 활약상이 나타난다.

> 북간도의 독립군 2천은 길림吉林으로 도道를 가하여 도강, 북한 지방에 진입하여 일본 군경을 야습하여 큰 전과를 올렸다. 그 전투에서는 일군을 자

20) 같은 책
21) 박영석, 『재만한인 독립운동사 연구』, 236쪽, 일조각, 1988

그마치 200이나 사살하고 나머지 400을 궤주시키고 회령을 점령한 듯 하다.[22)]

국내에서 벌어진 3.1운동은 간도, 블라디보스토크 지역의 독립운동가(단체)들에게 희망과 용기를 불러일으켰다. 이 때문에 1919~1920년에 이 지역에서 항일전이 집중적으로 전개되었다. 일제 경성 헌병대장은 이 때에 노령과 만주에서 독립군에 참가한 병력이 1만 6천 명에 달한다고 상부에 보고했다.

당시의 서간도에서는 통화현 합니하에 이시영·여준 등 저명한 독립운동 지도자들이 있었다. 이시영·여준이 조직한 500명의 폭동단이 국내로 도강하여 폭동을 준비 중이었고, 이세영도 70여 명의 무장부대를 조직하고 있는 등 독립전의 기운이 최고 절정에 달하고 있었다. 1919년 6월에 들어서도 무송撫松에서는 일심회가 의병 500여 명을 모집하여 일거에 국내 진공을 준비 중이었고 동청연선東淸沿線에서 모집된 의용군이 총기로 무장하고 5월 27일 출발, 길림을 거쳐 간도로 와서 두만강을 건너 국내로 향했다고 하르빈(하얼빈-필자) 사토佐藤 총영사가 전문으로 보고하고 있다. 경성 헌병대장은 이때에 노령과 만주에서 독립 의병에 참가한 병력이 1만 6천 명에 달하고 무장도 거의 완비되어 국내진공은 시간문제라고 보고하고 있다.[23)]

22) 『독립신문』, 대한민국 2년 2월 17일자
23) 다이쇼大正 8년 6월 16일, 소밀騷密 제150호, 오세창, 「만주한국독립군의 편성과 활동」, 『독립운동사의 제문제』, 145~146쪽, 범우사, 1992

홍범도 부대를 비롯하여 독립군들이 국경을 넘나들며 공격이 잦아지면서 일제는 국경 경비를 더욱 강화하는 한편 한국인 친일파들을 경찰 보조원과 밀정으로 고용하여 첩보 활동과 함께 동포 사회의 이간을 조장했다. 이에 대해 홍범도는 엄중히 경고장을 발표했다.

> (……) 사실 자기의 조국, 자기의 동족을 잔해殘害하여 이종異種에 충성을 바치는 자는 하늘과 사람 모두의 공통된 분노를 초래함은 물론이요, 자기 역시 깊은 밤 잠자리에 들 때나 맑은 새벽 자리에 일어날 때에 상당히 생각되는 바 있고 죄를 점차 느낄 것이다.
>
> 오호! 천하에 어찌 이족을 위하여 동포를 잔해하는 것이 인생의 본분이며 사명일 것이냐?
>
> (……) 우리들은 지금 섬 원수를 밖으로 몰아내고 조국을 광복하려고 의려(의병)를 일으켰다. 이때를 당하여 군君 등이 만일 회개치 않는다면 역시 적과 동일시할 것이다. 어찌 우리 동포를 해치는 일을 좋아서 할 것인가?[24)]

홍범도의 이와 같은 여러 가지 활동은 곧 시작되는 봉오동과 청산리 등 대대적인 전투를 위하는 준비 단계였다.

24) 장세윤, 『홍범도 생애와 독립전쟁』, 154쪽

6장

봉오동전투의 영웅

3.1운동 계기로 독립군 부대 연합전선

한국에서 1919년 3.1독립만세 시위로 격렬한 반일운동이 전개되고, 이에 힘입어 만주·노령 지역에서 항일 무장전투가 치열하게 전개될 즈음 국내외적으로는 많은 변화가 일어났다.

먼저 4월 11일 상하이에서 대한민국임시정부가 수립되어 국치 9년 만에 민족사적인 국가 정통의 맥을 다시 잇게 되었다. 이해 1월에 파리 강화회의가 열리고, 3월에 모스크바에서 코민테른 창립대회가 소집되었으며, 5월에 중국에서 5.4운동이 일어나고, 6월에 베르사유 강화조약이 체결되었다. 8월에는 독일 바이마르헌법이 공포되고, 1920년 1월 국제연맹을 설립, 1919년 2월~1921년 3월 폴란드·소비에트 전쟁이 발발했다.

모두가 3.1운동의 '나비효과'라고 말하기는 어렵지만, 3.1운동 이후 국내외적으로 크고 작은 사건과 사태가 꼬리를 물고 이어졌다. 1919년 11월 중국 지린성에서 김대지, 황상규를 고문으로, 김원봉을 단장으로 한 의열단을 창단하고, 비슷한 시기에 한족회의 군정부가 서로군정서西路軍政署로 개편되면서 본격적인 무장전쟁의 발판을 마련했다. 이상룡 등이 유하현에서 무장투쟁을 위해 창립한 군정부軍政府는 상하이 임시정부가 수립되면서, 하나의 민족에 두 개의 정부를 가질 수 없다는 원칙하에 군정부란 명칭을 접고 서로군정서로 개칭했다.

서로군정서는 최고 지휘부인 독판부督辦府 아래에 무장 활동을 담당하는 사령부, 참모부, 참모처 등을 두고 이를 보조하는 기관으로 정무청, 내무사, 재무사, 학무사, 군무사와 입법기관으로 서의회署議會를 구성하고, 지방 조직으로 분서分署를 설치했다. 서로군정서의 지휘 체계는 독판 이상룡, 부독판 여준, 정무청장 이탁, 군무청장 양재훈, 내무사장 곽문, 법무사장 김응섭, 재무사장 남정섭, 학무사장 김형식, 군무사장 양규열이었다. 실제로 정부 조직에 준하는 기구였다.

일제의 군과 정보기관은 줄기차게 홍범도를 추적하고 있었다. 다음은 1919년 10월 24일자 「기밀 제110호」로 블라디보스토크 총영사 기구치 요시로菊池義郞가 외무대신 우치다 고사이內田康哉 앞으로 보낸 기밀 보고서 중 홍범도 관련 부분이다.

> 홍범도가 국민의회 측에 대하여 무기 및 군자금의 공급을 교섭하였는데 결과 없이 끝내자 화를 내고 출발했는데 그 후에 획득한 정보에 의하면 당시 홍범도는 노인단장(단장 김치보-필자)을 향해 군자금의 공급을 요청했는데 김치보는 동同 단의 자금이 지금 궁핍하기 때문에 이를 거절하자 홍

범도는 그렇다면 동 단의 명의로 지방에서 의금義金을 모집하는 것을 허가해 줄 것을 청하자 김치보는 더더욱 그렇다면 그 자금은 노인단老人團에게 도착할 것이고, 이를 사용할 수 없다고 하자 홍범도는 크게 실망하여 떠났다고 한다.[1]

만주에서 북로군정서가 조직되고 있을 무렵 홍범도는 1920년 3월 25일 화룡현 봉오동에서 자신의 대한독립군과 최진동이 지휘하는 도독부와 연합하여 군무도독부를 결성하기로 합의하고, 5월 28일에는 안무가 이끄는 국민회군까지 참여하는 대한북로독군부大韓北路督軍府를 결성했다. 그리고 훈련을 통해 전투력을 강화했다.

일제는 독립군의 동향을 철저하게 추적하면서 특히 홍범도에 관해서는 정탐을 놓치지 않았다.

간도 지방 불령선인의 수괴 홍범도가 일찍이 한족 독립운동 기관의 통일을 도모하고 있다는 것은 이미 보고한 바와 같으나 (……) 최근에 홍범도를 수령으로 하는 의군단 및 최명록(최진동)을 수령으로 하는 도독부는 서로 합체하기로 하고 그 명칭을 군무도독부로 부르기로 하였다고 한다.[2]

그동안 산재한 독립군 부대들이 두만강을 건너 국내로 진입하여 상당한 전과를 거두었으나, 국내외의 여론을 불러일으킬 만한 수준은 못 되었다. 그래서 대규모적인 독립전쟁을 수행하기 위해서는 난립 상태의 독립군 부대를 연합 또는 통합하는 것이 절실한 과제였다.

1) 애국동지원호회 편, 『한국독립운동사』 36, 「조선인에 관한 건」, 1919년 10월 24일자
2) 「북로독군부의 내용」, 강덕상 편, 『현대사자료』 27, 368~369쪽

통합한 대한북로독군부는 부장府長 최진동, 부관 안무, 북로제1군사령부 부장部長 홍범도, 부관 주건, 참모 이병채, 군무국장 이원, 치중輜重과장 이상수, 향무饗務과장 최서일, 피복과장 임병국, 통신과장 박영, 제1중대장 이천오, 제2중대장 강상모, 제3중대장 강시범, 제4중대장 조권식 등이었다. 총 병력은 군무도독계가 약 670명, 홍범도·안무계가 약 560명으로 도합 1천200명 수준이었다. 여기에 신민단 독립군 80여 명도 참여했다. 이 연합부대가 봉오동전투를 승리로 이끈 병력이 되었다.

이듬해(1920년) 봄이 되자, 홍범도의 대한독립군은 대규모 국내진입전을 계획하였다. 이를 위해서는 무엇보다 분산된 독립군단을 하나로 통합, 군력을 집중시키는 일이 절실히 요구되었다. 이에 홍범도는 군단 통합에 착수, 우선 대한국민회의 국민군과 대한독립군을 통합하였다. 간민회墾民會의 자치와 전통을 계승, 간도에서 결성된 대한국민의회는 3.1운동 이후 간도 지방에서 가장 세력이 큰 항일 단체로 부상하면서 군무위원 안무를 지휘관으로 하는 국민군을 편성하였던 것이다.

이를 홍범도의 주장에 따라 대한독립군과 통합한 것이다. 그 통합된 군단의 행정과 재정은 국민회가 관장했으며, 군무는 대한독립군을 홍범도가, 국민군을 안무가 담임하여 지휘토록 하고, 군사작전을 전개할 때에는 홍범도가 두 군단을 '정일제일군사령관征日第一軍司令官'이란 이름으로 통수케 하였다. 이어 정일제일군은 최진동의 군무도독부와 군사통일도 이룩하였다.[3)]

3) 송우혜, 「북간도 '대한국민회'의 조직형태에 관한 연구」, 『한국민족운동사연구』 1, 131~136쪽, 지식산업사, 1986

이 무렵 일제 정보기관은 홍범도 부대가 주둔하고 있던 의란구 지방의 민심과 홍범도의 동향을 다음과 같이 조사, 보고하고 있다.

> 의란구 지방 민심은 대체로 전시 기분을 띠고 정신이 흥분 상태이며 일반적으로 홍범도를 심히 숭배하며 그(홍범도)는 학문에 있어서는 다른 사람보다 빼어나지 못하나 조선 및 간도 방면의 지리에 밝기는 신과 같다. 그는 간도와 백두산 사이를 몇 번이고 내왕하여 지리의 연구에 힘쓴 것이 사실이다.
>
> 지난번 봉오동에서 일군과 회전할 즈음 홍은 부관 및 병졸 1명을 대동하고 어떤 산정에 올라 멀리 조선 내지를 바라보며 "오라, 내가 몇 년 만에 고국산천을 보는 것이냐?"고 장탄식하며 눈물을 흘렸다고 들었다.
>
> 홍의 애국심은 깊어 "우리들이 경복할 수밖에 없다."라고 칭탄하는 바가 많다. 또한 동 방면의 주민은 독립군의 제반 준비 상황으로 감하여 일본군과의 교전이 급박하다고 관찰하고 또한 한족 독립의 가능성을 믿는 자가 아주 많은 상태이다.[4]

○ 봉오동으로 일본군 유인 섬멸

대부분의 큰 사건들이 그러하듯이 '독립전쟁의 제1회전'으로 불리는 봉오동전투 역시 처음에는 작은 작전에서 비롯되었다. 1920년 6월 4일 새

4) 「간도 지방 무력불령선인 및 동정」, 강덕상 편, 『현대사자료』 27, 359~360쪽

벽 독립군 부대 30여 명이 함경북도 종성 북방 5리 지점의 강양동으로 진입하여 일제 헌병순찰대를 격파하고 두만강을 건너 무사히 귀환했다. 자주 있었던 독립군의 국내진입작전이었다.

일제는 이 패배를 설욕하고자 남양 수비대 소속의 1개 중대와 헌병경찰중대를 동원하여 독립군의 추격에 나섰다. 그러나 이들은 오히려 삼둔자三屯子에서 독립군의 반격을 받아 전멸하기에 이르렀다. 삼둔자전투에서 참패한 일제는 곧 대대적인 보복전에 나섰다.

> 함남 나남에 사령부를 두고 두만강을 수비하던 일군 19사단은 즉시 야스카와 지로安川二郎 소좌가 인솔하는 월경 추격대를 편성하여 두만강을 건너 중국령 북간도에 진입, 독립군을 공격케 하였다.
> 이들은 미리 상부로부터 하달받은 작전명령에 따라 안산 방면을 거쳐 고려령을 향해 곧바로 봉오동 입구로 진입하여 왔다. '봉오골'이라고도 불리던 봉오동은 사면이 야산으로 둘러싸여 마치 삿간을 뒤집어 놓은 것과 같은 지형의 천연 요새지이고, 입구에서 오지까지는 25리로서 그 골짜기 입구로부터 하, 중, 상 동의 마을에 30~60호씩 몰려 있던 곳이었다.[5)]

홍범도는 신중한 전략으로 대처했다. 일본군의 진입을 예상하고, 먼저 주민을 전부 산중으로 대피시켜 마을을 공동화한 다음 독립군에게 작전명령을 내렸다. 다음은 상해판 『독립신문』의 보도 내용이다.

> 제1연대를 봉오동 상촌 부근에 재在한 연병장에 집합하고 작전명령을 하

5) 홍상표, 『간도독립운동소사』, 49쪽, 한광중고등학교, 1966, 윤병석, 『한말의병열전』, 337~338쪽, 독립기념관, 1991

下하여 각 부대의 전투력 및 임무를 정찰할새 제1중대장 이천오는 부하중대를 인솔하고 봉오동 상촌 서북단에, 제2중대장 강상모는 동산에, 제3중대장 강시범은 북산에, 제4중대장 조권식은 서산 남단에, 연대장 홍범도는 2개 중대를 인솔하고 서산 중북단에 점위占位하고, 각기 엄밀한 전비戰備하였다가 적이 내도할 때에 그 전위를 동구洞口에 통과케 한 후에 적의 본대가 아군이 잠복한 포위 중에 입入할 제에 호령에 의하여 사격케 하고 연대 부장교 이원은 본부급 잔여 중대를 영솔하고 서북 산간에 점위하여 병원兵員 증원과 탄약 보충, 식량급식에 임케 하고 특히 제2중대 3소대 제1분대장 이화일로 그 부하 1분대를 인솔하고 고려령 북편 약 1천200미터 되는 고지와 그 동북편 촌락 전단에 약간 병원을 분分하여 잠복했다가 적이 내도하거늘 전진을 지체케 하다가 봉오동 방면으로 양패퇴각케 하고 사령관 최진동, 부관 안무는 동북산서간 최고봉 독립수하獨立樹下에 재하여 지휘케 하다.[6)]

홍범도가 봉오동전투를 실제적으로 지휘했음이 드러나는 자료다. 이 작전명령으로 독립운동은 일본군을 대파할 수 있었다.

1920년 6월 7일은 일본군이 우리 독립군에게 참패를 당한 역사적인 날이다. 이날 홍범도와 최진동이 지휘한 독립군 연합부대는 봉오골 저수지(현재-필자)에서 북쪽으로 10킬로미터 떨어진 지점에서 유격전으로 일본군 수백 명을 사살했다.

6월 7일 상오 7시에 북간도에 주둔한 우리 군 700명이 북로사령 소재지

6) 『독립신문』, 제88호

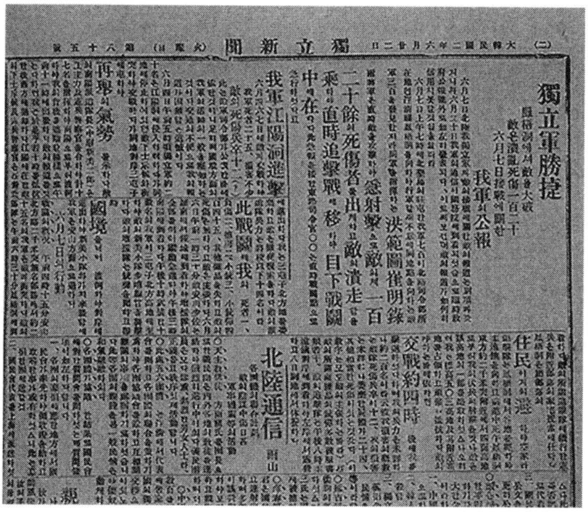

獨立新聞

獨立軍勝捷

我軍의公報

洪範圖崔明錄

二十餘의死傷者를出케하고敵이潰走함을

乘하야直時追擊戰에移하야目下戰鬪中에在하다

我軍江陽洞逆擊

北陸通信

交戰約四時

再擧의氣勢

國境

| 「독립군 승첩」이라는 제목의 1920년 6월 10일자 『독립신문』 기사 |

인 왕청현 봉오동을 향하여 행군할새 불의에 동 지점을 향하는 적군 300명을 발견한지라, 동 군을 지휘하는 홍범도·최명록(최진동) 양 장군은 직접 적을 공격하여 급사격으로 적의 120여의 사상자를 내었으며, 적이 궤주함에 따라 바로 추격전을 펼쳐 현재 전투 중에 있다.[7)]

이날 오후, 또 한차례 독립군의 일본군 섬멸작전이 전개되었다.

독립군의 매복 상황을 알지 못한 채 일군 추격대는, 이화일이 이끄는 독립군 유인부대와 접전을 벌인 뒤, 7일 오후 1시경 완전히 독립군의 포위망 속으로 들어왔다. 그러자 홍범도는 일제사격의 신호탄을 발사하였다. 그동안 은인자중하며 매복해 있던 독립군은 이를 신호로 삼아 삼면고지에

7) 『독립신문』, 1920년 6월 20일자

서 일군을 향해 집중사격을 개시하였다.

불의의 기습공격을 받은 일군은 가마다니神谷 중대와 나카니시中西 중대를 전방에 내세워 결사적인 돌격을 시도하는 한편 기관총대로 하여금 응전토록 하였으나, 지형적 우세를 점한 채 퍼붓는 독립군의 일제 공격을 감당할 길이 없어 사상자만 속출할 뿐이었다. 이러한 포위망 속에서 3시간 동안 필사적인 저항을 하던 일군 추격대는 사상자가 속출함에 따라 더 이상 응전치 못하고 퇴각하기 시작하였다. 이에 독립군 제2중대장 강상모는 부하들을 독려하여 퇴각하는 일본군을 맹렬히 추격, 다시 큰 타격을 가하였다. 이로써 독립군 본영을 일거에 분탕하려던 일제의 월강 추격대대는 봉오골에다 엄청난 사상자만 남겨 놓은 채 동남방의 파파동을 거쳐 유원진으로 패퇴하고 말았다.[8)]

봉오동전투가 있었던 날 기후도 변덕이 심했다. 전투가 한창일 때 느닷없이 폭우가 쏟아지고 번개 뇌성이 하늘을 뒤흔들었다. 지형지물을 잘 아는 아군에게도 결코 유리한 상태는 아니었다. 그런 속에서 독립군은 일본 정규군과 맞서 적을 토멸하는 데 성공했다.

봉오동전투가 한창이던 오후 4시 20분경 갑자기 천둥 번개가 치고 비와 우박이 폭풍과 함께 거세게 쏟아져 상대를 구분할 수 없을 정도로 어두워지는 기상이변이 있었다. 이러한 사태가 벌어지자 사령부장 홍범도는 신호용 나팔을 불어 독립군의 철수를 명령하였다. 이 틈을 타서 일본군은 패주한 것이다. 다만 유감스럽게도 홍범도의 직접적 지휘를 받지 않던 신민

8) 윤병석, 앞의 책, 338~339쪽

단 독립군 약 80명은 다른 부대의 철수를 알지 못하고 패주하는 도중의 적 기관총 소대와 정면으로 부딪혀 격전을 벌이게 되었다. 그리하여 신민단 병사들은 적의 기관총 사격을 받아 많은 피해를 냈고 일본군도 거의 궤멸되고 말았다.[9)]

봉오동전투의 궂은 날씨는 다음 증언에서도 여실히 나타난다.

연변「소년신문사」 주필 최성준은 선친이 16세 때 봉오동전투에 참가했다고 한다. "그때 제 아버지는 16세였지만 키가 6척이었어요. 그래서 최진동 부대에서 기관총을 다루었지요. 봉오골에서 전투를 치르는 데 비가 많이 와서 기관총이 제 기능을 못 해 마지막에는 적들이 흩어져 더 이상 전과를 올리지 못했다고 아버지가 살아생전 늘 얘기했지요."(2003년 1월 연변에서 인터뷰)[10)]

이와 같은 궂은 날씨에서도 독립군은 일본군을 무찔러 대첩을 이루었다. 독립군은 폭우가 쏟아지는 가운데서도 지형지물을 이용해 다시 매복전으로 적군을 유인했다.

봉오동전투는 홍범도의 지휘 아래 최진동의 군무도독부 독립군과 안무의 국민회군 그리고 홍범도의 대한독립군이 연합하여 대규모 독립군 부대를 편성하고(대한북로군부) 신민단의 소부대도 참전하여 봉오동 골짜기에서 현대 무기로 무장한 일본군 1개 대대를 섬멸한 대첩이었다.

9) 장세윤, 앞의 책, 161쪽

10) 김주용, 「홍범도 장군의 항일무장투쟁의 역사적 의의」, 『여천 홍범도장군 순국 69주기 추모식 및 학술회의』 발표문, 2012

압도적인 일본군의 병력과 화력에도 불구하고 우리 독립군이 승리할 수 있었던 것은, 3.1운동 이후 크게 앙양된 독립군의 사기와 지휘관의 지리적 이점을 적절하게 활용한 전략 때문이었다. 봉오동전투는 4개월 뒤 청산리대첩으로 이어지는 독립군의 사기 진작에 결정적인 요인이 되었다.

° 적군 500여 명 살상한 대첩

상해판 『독립신문』은 봉오동대첩을 다음과 같이 보도했다.

> 홍범도가 지휘하는 독립군은 일군 추격대의 진로를 정확히 예측하고 만반의 요격 계획을 세워 포위망을 쳐놓고 이들의 진입을 기다렸다. 즉, 봉오동의 주민을 모두 대피시킨 뒤 험준한 사방 고지에 독립군 각 부대를 매복 배치하여 일군 추격대를 유인·포위하여 일망타진한다는 작전을 세워 놓았던 것이다.[11]

임시정부 군무부가 발표한 「북간도에 재在한 아 독립군의 전투정보」에는 봉오동전투에서 적군 157명이 사살되고, 200여 명이 중상을 입었으며, 100여 명이 경상을 입은 것으로 나와 있다. 독립군의 피해는 경미한 편이었다. 독립군은 이 전투에서 각종 무기를 노획했다.

중국신문 『상해신문보』는 봉오동전투와 관련해 독립군의 대승과 일본

11) 『독립신문』, 제88호, 「봉오동 부근의 전」, 1920년 12월 15일자

군의 참패 실상을 다음과 같이 보도했다.

> 6월 6일 밤에 일본군 수명이 강을 건넜다가 독립군에 체포되어 그중 5명이 죽었다. 대안對岸의 (일본군) 대대는 이 전투 소식을 듣고 모두 강을 건너 사격을 개시했으나 뜻밖에 독립군이 산길을 모두 잘 알고 사로四路에 잠복하여 기습공격을 했으므로 일본군은 대피했으며, 당시 전사자가 150명, 부상자가 수십 명이었고, 나머지는 모두 강을 건너 도주하였다. 이번의 전쟁에서 (독립군은) 소총 160정, 기관총 3정, 수류탄 수개를 노획하였다. 일본군은 이번의 실패 후에 장차 우리의 화룡현이 관할하는 창강의 도구渡口의 통행을 모두 봉금하고 교통을 끊을 것이라고 한다.[12]

봉오동전투에서 참패한 일본군은 독립군의 편제와 막강한 전투력에 대경실색한 내용이 정보 문건에 나와 있다. 정보 기밀문서의 일부다.

> 금회(봉오동전투)에서 다음의 사실을 확인하였다. 대안對岸 불령선인단은 정식의 군복을 사용하고 그 임명 등에 사령辭令을 쓰며 예식을 제정하고 있는 등 전적으로 통일된 군대 조직을 이루고 있다. 그러나 지나(중국) 측은 이를 묵인하고 있는 상황이므로 이제 경고를 해둘 필요가 있다.[13]

봉오동전투에서는 한국 독립군이 정식 군복을 착용하고 통일된 군대 조직을 갖추고 있었음이 드러난다. 또 중국 정부에 한국독립군의 활동을 제지하도록 경고해야 한다는 의견을 밝히고 있다. 이 전문대로 얼마 뒤

12) 『상해신문보上海新聞報』, 1920년 6월 27일자
13) 『군보』, 밀密 제102호, 1920년 6월 15일자, 강덕상 편, 『현대사자료』 27, 585쪽

일제는 중국군을 내세워 독립군의 제지에 나섰다.

봉오동전투에서 참패한 일제는 한국독립군의 동향을 추적하면서 독립군이 간도 지방을 장악하게 되고, 국내진입작전이 본격적으로 감행될 경우의 위험성을 기밀문서를 통해 지적하고 있다.

> 이상과 같이 간도에 있어서의 불령선인단의 위력은 더욱 강대를 가하여 무시할 수 없는 현세現勢에 재在한 것으로 볼 수 있다. 일조에 그들이 흉위를 나타나기에 이르면 지나(중국) 군경 같은 것은 도저히 이를 진정할 수 없으며 홀연히 간도 지방은 그들에게 유린될 것임은 명료한 것이다. 그들이 장정의 모집, 총기의 준비, 군량의 징발 등 군력 군자와 무력 충실에 노력하고 있는 것을 보면 그들이 계획하고 있는 조선 국경의 습격 및 간도 지방 일본 관헌의 취체에 대한 반항적 행동은 기회를 타서 감행하기에 이를 것이라고 관측할 수 있다.[14)]

일본군은 만주의 한국독립군에 대해 두 가지 대책을 추진했다. “하나는 만주 군벌 장작림張作霖에게 압력을 가하여 일본군의 지도와 감시하에 중국군을 출동시켜서 독립군을 토벌하는 대책이었고, 다른 하나는 1920년 7월 하순부터 「간도 지방 불령선인 초토 계획」이라는, 일본군이 직접 출동하여 독립군 토벌 계획을 입안해 8월에 이를 확정한 것이었다.”[15)]

봉오동전투의 승리는 우리 독립운동 진영에서 홍범도에 대한 인식과 평가를 새롭게 하는 계기가 되었다.

봉오동 독립전쟁을 통해 홍범도 부대는 독립군 부대 가운데서도 가장

14) 고경高警 제21186호, 1920년 7월 21일자, 강덕상 편, 『현대사자료』 27, 358쪽
15) 강덕상 편, 『현대사자료』 28, 116~121쪽 참조, 신용하, 『의병과 독립군의 무장독립운동』,

정예한 독립군으로 평가받기에 이르렀다. 이것은 1907년 이후 국내에서 행한 의병투쟁과 1910년 이후 만주·노령 지역에서 행한 독립전투 등을 통해 이룩된 그들의 전력에 의해 비로소 가능했던 것이다.[16)]

독립군의 영웅으로 부상하다

봉오동전투는 다음으로 전개될 청산리대첩의 예고편이었다. 봉오동전투에서 자신감을 얻은 홍범도와 각급 독립군 부대는 사기충천하고 용기백배하여 본격적인 항일전쟁에 대비할 수 있었다.

을미의병(1895년) 이래, 국치 이후 봉오동전투에서처럼 우리 독립군이 통쾌하게 일본군을 섬멸한 적은 일찍이 없었다. 이번 전투에서 홍범도의 역할은 실로 막중했다. 그는 독립군 병사들과 한인 사회에 '독립군의 영웅'으로 떠올랐다. 그만큼 일제에는 타격이 컸다.

봉오동 패전이 일제에게 얼마나 충격이 컸는지는 「봉오동전투 상보詳報」라는 일본군의 보고서에 고스란히 남아 있다.

> 상봉오동 남방 약 3천500미터 높이 503(미터) 고지, 북방 약 천 미터의 능선, 동방 약 천 미터의 고지능선, 상봉오동에서 높이 445미터 중턱에 통하는 정선로 북측 고지, 상봉오동 동북방 약 2천 미터 높이 504(미터) 남방 고지선 및 그 서쪽 고지능선, 상봉오동 서쪽 고지로부터 사격을 받았

208쪽

16) 박영석, 『재만한인 독립운동사연구』, 238쪽, 일조각, 1988

으나 적(독립군)은 교묘히 지물地物을 이용하여 그 위치가 분명치 않고 탄환은 사면에서 날아와 전황불리의 상태에 빠졌다. (……) 공격 전진 중 일등졸卒 호라이는 (……) 복부를 관통하는 중상을 입고 (……) 소대장으로부터 후퇴 명령이 있음에도 전투를 계속하기에 이르러 끝내 절명하고 왼쪽 방면에서 나온 나카니시, 소토야마 양 소대와 연락이 불충분하여 피아(독립군과 일본군)의 식별이 곤란하였으나 나팔을 불어 왼쪽 고지 및 골짜기를 전진 중인 양 소대와 연락을 취하고, 양쪽 고지에 척후를 보내어 주력은 (패퇴로인) 비파동을 향하여 전진하였다.[17)]

홍범도는 뒷날 자신의 회고록 『홍범도 일지』에서 당시 활약상을 담담하게 기술했다.

봉오골 최진동과 연합하여 1920년 4월 초3일(음력) 일병과 접전하여 일병 310명 죽고 저녁 편에 소낙비가 막 쏟아지는데, 운무가 자욱하게 끼어 사람이 보이지 않게 자욱하게 끼었는데, 일본 후원병 100여 명이 외성으로 그 높은 산 뒤에로 영상嶺上에 올라서자 봉오골서 싸우던 남은 군사 퇴진하여 오던 길로 못 가고 그 산으로 오르다가 신민단 군사 80명이 동쪽 산에 올랐다가 일병이 저희 있는 곳으로 당진하니까 내려다 총질하니 일병은 갈 곳이 없어 마주 총질을 한즉 (……) 그때 왔던 일병이 오륙백 명 죽었다.[18)]

봉오동전투 현장의 입구(봉오저수지 관리사무소 근처)에는 1989년 1월 18일 도문시인민정부에서 세운 '봉오동반일전적비'가 그날의 대첩을 증

17) 같은 책, 162쪽, 재인용
18) 홍범도, 『홍범도 일지』, 192쪽, 제3문학사, 1989

언하고 있다. 전적비는 길이 140센티미터, 너비 96센티미터, 높이 150센티미터의 화강암 2층 기단 위에 세워졌다. 부지 면적은 가로 720센티미터, 세로 350센티미터다. 좌우에 도문시의 문화재임을 알리는 현판을 중문과 한글로 각각 달아 놓았다.[19]

봉오동전투에서 참패한 일제는 독립군의 동향을 예의주시하면서 또 다른 대규모의 전투 준비를 신속히 추진하고 있다는 보고서를 제출했다.

> 아我 추격대의 철수 후 독립군의 각 단은 매우 민속하게 아병我兵과의 교전을 선전하고 있다. 도독부는 『군정보신보軍情報新報』 호외를 발행하고, 국민회도 인쇄물로서 독립군이 일병과의 교전 결과 적 150명을 죽이고 적을 선지鮮地로 격퇴하여 대승을 얻었다고 고취하며 독립 기세의 흥진을 착모하고 있다. 독립군 각 단체는 계속적인 교전을 예상하고 군사행동에 대한 각 단 연락의 방법 및 식량·장정 모집 등의 재전투 준비를 신속히 행하고 있는 것 같고, 장정들이 속속 독립군에 들어가고 있다. 일·지(일중) 합의에 따라 교전지 피해 조사를 위하여 지나 군대 보호하에 아 경관 수명을 2~3일 내에 피해지를 시찰시키려 하고 있다. 정보에 의하면, 앞서 교전한 적은 두만강 대안 독립군의 전부인 것 같으며, 아병의 철퇴 후에 독립군은 강안江岸 지대의 요점에 정찰대를 파견하여 대안 정황을 정찰 중이다.[20]

봉오동전투 직후 홍범도를 가까이에서 지켜보았던 홍상표는 그를 다음과 같이 회상했다.

19) 김주용, 앞의 글
20) 「다이쇼大正 9년 6월 15·16일 조선군사령관 제45호 전보」, 『현대사자료』 28, 584쪽

홍범도 장군은 50여 세가량의 중키쯤 되는 뚱뚱한 몸집에 철홍색 얼굴이 빛나는 장군이었다. 그는 언제나 계급장도 없는 일개 졸병과 같은 차림을 하고 있었으니 지휘도나 권총을 차지 않았고 장총 두 자루를 휴대하였다. 그는 일상 이렇게 말하였다. "지휘도나 권총을 왜 차는가? 그것으로 왜놈을 잡는가? 제 동료나 죽이는 데 쓰는 것이지. 이런 장총이라야 왜놈을 죽여." 그는 이렇게 말할 때이면 버릇처럼 장총을 어루만지는 것이었다.
그의 부관의 말에 의하면 장군의 신품 38식 총은 봉오골전투에서 노획한 전리품인데 장군이 친히 골라서 두 자루를 가진 것이라고 한다. 그의 사격술은 유명하여 빈 병을 높이 던져 놓고 좌우로 마음대로 명중시켰다.[21]

홍범도는 봉오동전투에서 크게 승리한 뒤인 1920년 7월 주민 환영식에서 부하들에게 당부했다. 그의 동포애와 무인의 포부를 살피게 한다.

나는 국권회복에 뜻을 둔 지 이미 10년의 세월이 지났으며, 공연히 독립의 의군을 일으켜서 한족의 독립을 절규한 지 1년 반이 지났다. 그간 고국의 산천을 떠나서 타국의 산천에 유리곤빙하여 비참한 생활을 영위하고 있는 우리 동포로부터 금곡의 의연을 받은 것이 참으로 심대한 바 있다.
이제 만일 우리들의 소지素志가 좌절되거나 일본 내지 세계 각국의 조소의 대상이 되면 반드시 이것이 우리들의 마음으로부터의 고통스러운 바가 될 뿐만 아니라 우리 의군을 위하여 금곡을 제공하고 자기의 생활에 고통을 받고 있는 우리 동포들에게 무슨 면목이 있겠는가?

21) 홍상표, 앞의 책, 56쪽

동포는 우리들에 대하여 독립의 미명을 빙자한 강도단이라고 하여 우리를 버릴 것이고, 그리하여 우리는 마침내 천지에 몸을 둘 곳이 없기에 이를 것은 불을 보는 것처럼 분명한 일이다. 우리들 독립의군의 일단一團은 일의 성·불성을 논하지 않고 오직 죽음이 있을 뿐이다. 나는 최후의 한 사람까지 소지 관철에 분투함으로써 한족 독립을 최후까지 힘을 다하여 외쳐, 죽은 후에야 그쳐야 한다는 것을 항상 부하에게 훈시하고 있다.[22)]

22) 강덕상 편,『현대사자료』27, 조선 3, 360쪽

7장 청산리대첩을 승전으로 이끌다

일제의 보복, 마적단까지 동원

봉오동전투에서 참패한 일제는 이를 설욕하고자 수단 방법을 가리지 않고 보복전에 나섰다. 이른바 '간도 지방 불령선인不逞鮮人 초토 계획'을 더욱 강화하는 한편 중국군과 심지어 마적까지 동원해 한국 독립군의 섬멸작전을 준비했다.

만주 군벌 장작림이 일제의 압력에 못 이겨 끝내 굴복했다. 그는 1920년 7월 24일 일본군 장교의 감시하에 중국군을 파견하여 한국 독립군을 토벌하겠다고 일측과 약조하고, 연길에 주둔 중인 중국 육군 제2혼성여단 보병 제1단장 맹부덕孟富德을 사령관으로 삼아 출동하도록 명령했다.

홍범도는 이와 같은 정보를 입수하고 맹부덕 측과 은밀히 협상을 벌였다. 중국군 내부에는 한국 독립군에 동정을 표하고 일본군에 적대적인 간부들이 적지 않아서 협상이 가능했다. 한국 독립군이 중국 측의 입장을 고려하여 본거지를 더 깊은 산림지대로 옮기기로 타협이 이루어졌다.

맹부덕과 중국군 간부들 가운데에는 일본군의 강요에 굴복한 중국군의 한국 독립군 토벌에 찬성하지 않는 사람이 많았으며, 중국 관헌의 간부들 가운데에는 한국인들과 친분이 있고 한국 민족독립운동에 대한 동정자가 많이 있었다. 이에 간도의 대한국민회를 비롯한 독립운동 단체의 간부들은 중국군 토벌대 편성의 정보를 입수하자 맹부덕의 중국군 측과 비밀리에 교섭한 결과 양측의 비밀 타협이 이루어지게 되었다.
타협의 요지는, 독립군은 중국 측 입장을 고려하여 현재 일본 측에 잘 알려진 근거지를 일본 측 눈에 잘 띄지 않는 산림지대로 옮기는 근거지 이동을 단행하고, 중국군은 독립군의 이동 행군과 산림지대에서 새 근거지 건설을 방해하지 않는다는 것이었다.[1]

홍범도는 8월 하순경에 휘하 부대를 이끌고 백두산 기슭의 두도구, 이도구 방면으로 이동했다. 다른 연합부대들도 모두 봉오동 지역을 떠나 장정에 올랐다.

홍범도는 봉오동 승첩을 거둔 뒤 군무도독부를 떠나 약 300여 명의 부하들과 함께 연길현 명월구明月溝로 근거지를 옮겼다. 그러나 일제가 간도 지역에 대하여 정치적·군사적 압박을 가해옴에 미쳐 여러 한국 독립군단

1) 강덕상 편, 『현대사자료』 28, 27쪽, 신용하, 『의병과 독립군의 무장독립운동』, 209쪽, 지식산업사, 2003

은 1920년 8월부터 새로운 항전기지를 찾아 장정을 떠나게 되었다. 홍범도가 거느리는 대한독립군단이 제일 먼저 근거지 이동을 개시해 안도현 방면의 백두산 기슭으로 향하였고, 뒤이어 국민회군, 의군부 등의 독립군단도 이도구二道溝 방면으로 이동하였으며, 김좌진의 북로군정서군도 왕청현 서대파를 지나 삼도구三道溝로 향하였던 것이다. 이곳에서 그는 국민회의 지원을 받아 가며 군사통일에 주력하는 한편, 간도 일대의 지리를 연구하며 독립군의 전력을 강화시켜 장차 있을 독립전쟁에 대비하였다.[2)]

청산리는 화룡현 삼도구에 있는데, 우리 교포들이 많이 사는 용정촌에서 100여 리(약 40킬로미터) 떨어져 있다. 주위가 산으로 첩첩 둘러싸인 첩산을 우리 교민들이 일구었다.

부근에는 충신장忠信場이라는 중국인 마을(200호 정도)이 있고, 충신장에서 서쪽으로 30리 되는 곳에 큰 바위가 있다고 하여 대립자라고 부르는 마을이 있고, 거기서 다시 서쪽으로 15리쯤 가면 백운평이 있다.
총신장에서 백운평까지의 장장 60리의 깊은 계곡은 전략적으로 먼저 진을 치는 편이 유리하게끔 되어 있었다. 청산리를 결전지로 정하고, 이곳에서 일대 섬멸전을 펴자는 것도 그러한 전술적 가치가 있는 지역이기 때문이다.[3)]

일제는 한국 독립군의 이동 경로를 추적하는 한편 자체 전력을 강화하면서, 중국군이 독립군 토벌에 형식적일 뿐, 아무런 전과도 이루지 못한

2) 윤병석, 『한말의병열전』, 339~340쪽, 독립기념관, 1991
3) 국민회군편찬위원회 편, 『항일국민회군』, 246쪽, 1974

것을 알고는 새로운 음모를 꾸몄다. 음모는 이른바 '훈춘사건'으로 나타났다. 일제는 음모를 진행하기 위해 1920년 10월 11일 "조선군 사령관이 만주 침입 일본군 사령관(제19사단장)에게 훈춘 간도 지방에 있는 제국 신민을 보호하고, 아울러 그 지방의 불령선인 및 거기 가담한 마적 기타 세력을 초토화할 것"과, 파견 부대 등을 명시하는 명령을 내렸다.[4)]

일제는 1920년 10월 2일 마적의 수령 장강호長江好를 매수해 마적 400여 명으로 훈춘의 일본영사관을 습격하게 했다. 이 습격으로 시부아 경부의 가족 등 일본인 9명이 살해되었다. 일제는 이 사건을 빌미 삼아 일본영사관 보호와 마적 토벌이라는 구실 아래 나남에 본부를 두고 있는 제19사단의 병력을 불법으로 출동시켜 일대의 조선인과 독립운동가들을 무차별하게 학살했다. 봉오동 참패에 대한 보복과 더불어 간도 출병의 명분을 위한 처사였다. 이어서 10월 14일에는 공개적으로 간도 출병을 선언했다.

이 사건으로 훈춘에서만 조선인 240여 명이 학살되고, 한인회와 독립단 조직이 파괴되었다. 또 일제의 반공개적인 만주 지역 조선인 학살이 본격적으로 자행되었다.

일제가 간도에 파병한 병력은 각 사단에서 차출한 2만 5천여 명의 규모였다. 이들에게 주어진 기본적인 임무는 한국 독립군을 학살하는 것이었다.

> 일본군의 대략적 작전 계획과 부대 배치를 보자. 일본군은 (……) 2만 5천여 명의 병력과 남만주에 주둔하고 있던 관동군에서 동원한 병력으로서

4) 김정주 편, 『조선통치사료』 2권, 국민회군편찬위원회 편, 『항일국민회군』, 250쪽, 재인용, 1974

서·북 간도의 독립군 부대 전체를 동서남북 사방에서 넓게 포위하여 그 포위망을 좁혀들어 가려 했다. 다음 그 포위망 안에서 다시 제19사단 주력 1만 2천여 명을 3개 지대로 편성하여 간도를 갑·을·병의 3개 구역으로 나누고 각 지대가 오지 깊숙이 쳐들어가 독립군을 수색, '섬멸'한다는 것이었다.

갑 구역은 시소바야시 지대가 맡게 하였는데, 담당 구역은 훈춘-차무정재 방면이었다. 을 구역은 기무라 지대가 맡았는데 서대파-하마탕-백초구 방면이 작전 구역이었다. 병 구역은 아즈마 지대가 맡았는데, 용정-연길-두도구-이도구 방면이었다.[5]

일제의 『간도출병사間島出兵史』에 따르면, 한국 독립군 학살을 위해 일본군 제19사단 전부, 제20사단 일부, 연해주 주둔군 제11사단, 제13사단, 제14사단의 일부 등 5개 사단에서 차출된 2만 5천 명의 막강한 병력으로 포진했다.

그 내역을 세분해 보면, 일본군은 독립군 토벌을 위해 제19사단 사령부를 침입작전 기간에 회령으로 이동 설치함과 동시에 제19사단 전부를 동원하고, 용산의 제20사단으로부터 1개 대대와 보조 병력을 차출하여 참가하며, 시베리아의 제14사단으로부터도 일부 병력을 차출하여 19사단에 편입시킨 다음, 제19사단을 중심으로 한 약 1만 2천 명의 병력을 시소바야시 지대(약 4천 명), 기무라 지대(약 3천 명), 동東 아즈마 지대(약 5천 명)의 3개 지대로 나누었다. 그리하여 북간도 일대를 3개 지역으로 분할하여 이

5) 장세윤, 『홍범도 생애와 독립전쟁』, 174쪽, 독립기념관, 1997

소바야시 지대가 갑구인 훈춘-차무정재, 기무라 지대가 을구인 서대파-하마탕-백초구 지방, 아즈마 지대가 병구인 용정-연길(국자가)-두도구-이도구-삼도구 지방을 각각 1개 구역씩 맡아 오지에 들어가 내부에서 좁게 포위하여 독립군 각 부대들을 수색해서 전투를 통해서 독립군 부대들을 섬멸하도록 하였다.[6)]

어랑촌에 진지 구축, 연합부대 사령관에 추대

일제가 봉오동 참패에 얼마나 겁을 먹었는지, 한국 독립군의 위세에 얼마나 공포감을 갖게 되었는지는 각지의 정예부대를 차출하여 대규모적인 특수 군단을 편성한 데서 살피게 된다.

한국 독립군은 대단히 어려운 처지에 직면하게 되었다. 일제가 막강한 병력으로 호시탐탐 기회를 노리고, 다른 한편에서는 중국 측으로부터 냉대를 받았다. 일본군이 훈춘사건을 빌미로 만주를 침략하면서 중국 측의 냉대는 더욱 심해졌다. 이와 관련, 청산리대첩을 깊이 연구해 온 송우혜 작가의 분석이다.

1920년 여름부터 중국 치안 당국은 부쩍 한국 독립군 무장 단체들에 대하여 해산하든지 깊은 산속으로 들어가 달라고 강력하게 요구해 왔다. 불응하면 중국군으로 토벌하겠다는 식의 협박 겸 간청이 심했다. 7월부터 9월

6) 조선군사령부, 『간도 출병사』 上, 1921년,『조선통치사료』 제2권, 44쪽, 신용하, 앞의 책, 211~212쪽

초에 걸쳐서 실제로 독립군 단체 근거리들에 육군을 출동시키기도 했다. 모두 일본 측의 간도 출병을 사전에 막기 위한 방책이었다. 일본이 직접 중국 국경 안에서 활동하는 한국 독립군을 토벌하겠다고 나서고 있었기 때문이었다. 독립군들이 노령에서 신무기를 계속 사들이고, 무관학교를 세워 대원을 조직적으로 훈련시키며, 국경 진입을 계속함에 더 이상 좌시할 수 없도록 큰 위협을 느꼈던 것이다. 결국 독립군 각 단체들은 눈가림으로라도 일본군의 자국 내 출병을 막고자 하는 중국 측의 정책에 응하여 모두 본래의 근거지를 떠나게 되었다.

홍범도 장군은 이미 9월 상순에 부하들을 이끌고 장백산록에 들어갔다. 그는 당시 앞으로 1~2개월 내에 일군이 출병하리라고 말했다고 한다.[7)]

홍범도 부대뿐만 아니라 북로군정서 부대는 9월 중순에 장백산록을 향해 이동했다. 이들 부대들이 장백산록을 택한 것은 한만 국경지대여서 국내진입작전이 수월하고, 간도의 용정 등 한인 사회와 가까워서 병력 보충과 군수물자를 지원받을 수 있기 때문이었다.

홍범도의 대한독립군은 명월구와 이청배의 독립군기지를 떠나 8월 중순경에 화룡현 이도구 어랑촌 일대로 옮겨 남완록구와 북완록구를 중심으로 새로운 군사기지를 구축했으며, 그 뒤를 이어 안무의 대한국민회군과 대한의군부, 대한신민단, 대한광복단 등 반일 무장 단체들이 차례로 이곳에 도착하여 홍범도 부대와 합세함으로써 강력한 연합부대를 형성하게 되었다.

7) 송우혜, 「청산리전투와 홍범도 장군」, 『신동아』, 1984년 9월호, 455~456쪽

한편 이 시기 왕청현 서대파 십리평에 위치한 김좌진의 북로군정서는 러시아로 파견한 무기운반대가 돌아오지 않아 근거지 이동을 계속 미루고 있었다.

결국 9월 6일 맹부덕이 거느린 중국군이 십리평으로 들어와 근거지 이동을 촉구하자, 9월 9일 급급히 사관연성소 졸업식을 거행하고 부대를 재편성한 후 17~18일에야 비로소 장정길에 올랐다. 그 후 북로군정서 독립군은 한 달간의 간고한 행군을 거쳐 10월 중순경에 화룡현 청산리 일대에 도착했다.[8)]

당시 청산리와 어랑촌 부근으로 이동한 독립군은 대한독립군(약 300명), 국민회군(약 250명), 대한신민단(약 200명), 의군부(약 157명), 의민단(약 100명), 한민회단(약 200명) 등 약 1천200명에 이르렀다. 5개 부대 대표들은 10월 13일 이도구 복합마당에서 대표자회의를 열고, 홍범도를 사령관으로 하여 하나의 독립군 연합부대를 편성하며, 군사행동을 통일하여 일본군의 공격에 대응하기로 군사통일과 작전을 결정하였다.[9)]

홍범도의 부대와 김좌진의 북로군정서 등 독립부대들은 10월 13일 이도구 복합마당에서 연합부대를 편성하기 위해 대표자회의를 개최하고 홍범도의 지휘하에 군사통일과 작전을 결의했다.

1. 4단(국민회는 이미 대한독립군과 국민군이 합동된 것을 전제로 하였음)의 무력

8) 김춘선(중국 연변대학 민족연구소 교수), 「발로 쓴 청산리전쟁의 역사적 진실」, 『역사비평』, 2000년 가을호, 264쪽

9) 강덕상 편, 『현대사자료』 28, 윤병석, 『독립군사』, 179쪽, 지식산업사, 1995

으로써 군사행동의 통일을 도모할 것.

2. 국민회 군적자(독립전쟁을 위하여 국민개병의 원칙을 적용, 모든 장정을 군적에 등록토록 임시정부로부터 시달됨)의 총동원을 행하여 예정의 부서에 취임케 할 것.
3. 군량·군수품의 긴급 징수에 착수할 것.
4. 정찰대를 조직하여 각 방면에 밀행시키어 일본 군대의 동정을 탐사할 것.
5. 일본 군대와의 대전에는 그 허를 찌르거나 혹은 산간에 유인하여 필승을 기할 경우 외에는 전투를 개시하지 않을 것.[10]

역사적인 청산리대첩은 일본군의 도발로 시작되었다. 1920년 10월 17일 간도에 침입한 일본군 아즈마 지대는 야마다 연대장에게 20일을 기하여 청산리 일대의 독립군을 포위 섬멸하라는 명령을 내렸다. 이에 따라 야마다 연대는 이도구를 거쳐 봉밀구로 우회하여 북로군정서의 퇴로를 차단하면서 청산리 계곡으로 진격해 들어왔다.

이때 김좌진의 북로군정서는 백운평 일대의 직소택에 매복해 있다가 21일 아침 9시경 일본군 척후병이 매복 지점에 들어오자 일제사격을 퍼부었다. 일본군의 주력부대가 기관총 등 중무기를 앞세우고 몇 차례 돌격을 시도했으나 300여 명의 독립군에 격퇴당하고 말았다. 이 전투에서 일본군 100여 명이 사살되었다. 청산리전쟁의 첫 전투의 승리는 독립군의 사기를 크게 높여 주었다.

청산리전쟁의 두 번째 전투는 완루구전투로서 홍범도 연합부대(대한독립

10) 강덕상 편, 『현대사자료』, 402~403쪽, 윤병석, 『독립군사』, 179쪽, 지식산업사, 1995

군, 국민회군, 신민단, 한민회군, 신민단과 광복단 200명 추후 참가)가 이도구 완루구에서 10월 21일 늦은 오후부터 22일 새벽에 걸쳐 일본군 동東 지대 본대와 대전해서 기개를 발휘하여 다른 일본군 한 부대를 끌어넣어서 독립군이 협공하여 일본군 동 지대의 한 부대에 약 400명의 손실을 준 전투였다.[11]

이렇게 시작된 청산리대첩은 백운평전투를 시작으로 완루구전투→천수평전투→어랑촌전투→맹개골전투→만기구전투→쉬구전투→천보산전투→고동하골짜기전투 등 10월 21일부터 26일까지 6일 동안 10차례에 걸쳐 치열하게 전개되었다. "이 전투들은 모두 홍범도의 연합 독립군과 김좌진이 인솔하는 북로군정서군이 단독 혹은 연합작전으로 수행했던 것이다."[12]

° 매복 전술로 일본군을 자멸로 몰아넣다

청산리 현지를 여러 차례 방문하고, 당시의 상황을 알고 있던 교포 노인들의 증언을 토대로 한 김춘선 교수의 「발로 쓴 청산리전쟁의 역사적 진실」 중 한 대목을 인용해 홍범도의 전략을 살펴본다.

22일 오전 7시 20분 어랑촌에 본부를 설치한 아즈마 소장은 주력부대인

11) 『독립신문』, 1920년 12월 25일자, 신용하, 앞의 책, 215쪽
12) 신용하, 앞의 책, 25~26쪽

예비대를 남완루구로, 그리고 21일 남양촌에 숙영하고 있던 아미노 부대를 북완루구로 각각 출동시켜 양측으로 홍범도 부대에 대한 포위망을 좁혀 왔다. 그러나 천리봉에 지휘부를 설치한 홍범도는 일본군의 음모를 미리 간파하고 독립군을 두 부대로 나누어 널푼골 남쪽과 북쪽 골짜기에 매복시킨 채 일본군이 오기만을 기다리고 있었다.

얼마 후 남·북 양측의 최전선에서 일본군이 나타나기 시작했다. 독립군은 계획했던 작전대로 양측의 일본군을 향해 동시에 집중사격을 가하면서 서서히 널푼골로 퇴각하는 척하다가 천리봉 남쪽 기슭으로 교묘히 빠져나갔다. 이 사실을 모르고 양측에서 협공해 오던 일본군은 널푼골에 들어서자 서로 상대방을 독립군으로 오인하고 저희들끼리 한바탕 싸움을 펼쳤던 것이다.

즉, 독립군을 일거에 소멸하려던 일본군은 오히려 홍범도의 탁월한 유인작전에 말려들어 자멸전을 벌이고 말았다. 이 전투에서 홍범도 연합부대는 일본군 약 400여 명을 섬멸하는 큰 전과를 올렸다. 이것이 완루구전투의 전반적인 과정이다.[13)]

어랑촌전투에서도 일본군은 참패했다. 기병 연대장을 비롯하여 400여 명의 사망자와 다수의 부상자를 냈다. 부상자가 천여 명에 이른다는 기록도 있다.

무장 독립운동사, 청산리대첩을 연구하는 학자들은 여러 차례의 전투에서 홍범도의 역할이 특히 특출했음에 주목한다. 김주용 박사의 분석이다.

13) 김춘선, 앞의 글, 274~275쪽

김좌진 부대는 천수평전투를 치르고 어랑촌 서남단의 고지를 선점하기 위해 빠르게 이동하여 일본군보다 유리한 천수평 입구의 야계골 양측 고지를 선점하였다. 일본군은 이 사실을 알고 가노 대좌가 이끄는 연대 병력으로 북로군정서 군대를 공격하였다. 치열한 교전이 펼쳐졌다. 김좌진 부대는 비록 유리한 고지를 선점하고 일본군의 공격을 물리치고 있었으나 우세한 병력과 막강한 화력으로 무장한 일본군을 감당할 수 없었다. 당시 일본군은 보병, 기병, 포병을 포함하여 5천여 명에 달했다.

김좌진 부대는 이틀간의 치열한 전투와 강행군으로 지쳐 있었다. 김좌진 부대의 위기 상황은 홍범도 연합부대의 지원으로 반전되었다. 홍범도 연합부대의 규모는 약 1천400명에 달하였으며, 이들은 김좌진 부대와 공동으로 일본군을 맹렬히 공격하였다.

10시간 동안 전개된 전투는 독립군의 승리로 막을 내렸다. 어랑촌전투는 청산리전투에서 가장 큰 전투라고 할 수 있다. 홍범도는 어랑촌전투에서 북로군정서 부대의 위기를 간과하지 않고 공동으로 일본군을 섬멸하였던 것은 그가 무장투쟁가로서의 면모를 잃지 않고 있다는 것을 반증한다.[14)]

청산리대첩에 출전한 독립군은 연합부대로서 전시 중에도 여러 차례 '사령관 회의'를 열어 부대 간의 협력과 전략을 논의했다. 당시 어린 나이로 국민회군 사령부에서 복무했던 양춘선은 '사령관 회의'를 다음과 같이 회고한다.

그때 내 나이 열여섯 됐을 때이다. 세 번인가 네 번, 사령관 회의를 한다고

14) 김주용, 「홍범도 장군의 항일무장투쟁의 역사적 의의」, (사)여천 홍범도장군기념사업회, 『여천 홍범도 장군 순국 69주기 추모식 및 학술회의』(자료집), 2012

모이는 것을 봤다. 참석한 사령관 중 홍범도 장군의 이름만은 그의 뛰어난 사격술 때문에 기억하고 있다. 회의가 마치면 으레 사격 시범을 하는데, 홍범도 장군은 문자 그대로 백발백중이었다. 맨 마지막 회의인가에는 김좌진 장군이 참석하였던 생각이 어렴풋이 기억에 남아 있다.[15)]

항일 독립군 연합부대는 홍범도 사령관의 지휘 아래 전투를 할 때마다 지형지물을 활용하는 전략과 유격전으로 일본군을 궤멸시켰다. 이 지역 한인들의 헌신적인 지원에 힘입은 바 적지 않았다.

북로군정서 총재 서일은 1921년 1월 15일 상하이 임시정부에 청산리 전쟁에 관해 다음과 같이 보고했다.

1. **일본군의 실패 이유**

① 병가兵家에서 가장 기피하는 경적輕敵의 행위로 험곡장림險谷長林을 별로 수색과 경계도 없이 맹진하다가 항상 일부 혹은 전부의 함몰을 당한 것.

② 국지전술에 대한 경험과 연구가 부족하여 삼림과 임지林地 중에서 종종의 자상충돌自相衝突을 낳은 것.

③ 일본 군인의 염전심厭戰心과 피사도생被死圖生하는 겁유심은 극도에 달하여 군기가 문란하여 사법射法이 불정不精하여 1발의 효과도 없는 난사를 행한 뿐인 것.

15) 국민회군편찬위원회 편, 『항일국민회군』, 195쪽

2. 독립군의 전승全勝 이유

① 생명을 돌보지 않고 분용결투하는 독립에 대한 군인정신이 먼저 적의 심기를 압도한 것.

② 양호한 진지를 선점하고 완전히 준비를 하여 사격 성능을 극도로 발휘한 것.

③ 임기응변의 전술과 예민신속한 활동이 모두 적의 의표에서 벗어나서 뛰어난 것.[16)]

청산리대첩은 크고 작은 전투가 10차례나 있었다. 다시 정리하면 백운평전투, 완루구전투, 천수평전투, 어랑촌전투, 맹개골전투, 쉬구전투, 만기구전투, 천보산전투, 고동하골짜기전투 등이다. 독립군은 10전 10승을 이루었다.

10월 21일부터 시작된 전투는 26일 새벽까지 꼬박 6일 동안 밤낮으로 추위와 기아 속에서 전개되었다. 봉오동전투 때와는 달리 날씨는 맑은 편이었으나, 이 지역 10월 하순은 서리가 내리고 눈이 쌓이는 등 대단히 추운 계절이었다.

국치 이래 가장 빛나는 청산리대첩

청산리대첩은 국치 이래 독립군이 이룬 가장 빛나는 항전이었다. 독립군

16) 『독립신문』, 1921년 1월 18일자

중에는 신흥무관학교 등 군관학교 출신도 적지 않았지만, 다수는 나라를 되찾겠다는 의기 하나로 모여든 무명의 청년들이다. 반면에 적군은 일본 정규군에서 선발된 자들이고 현대식 병기로 무장한 최강의 병력이었다.

상하이 임시정부 기관지 『독립신문』은 통칭 '청산리전쟁'에서 일본군의 전사자를 약 1천200명이라고 추산하고, 중국신문 『요동일일신문』은 약 2천 명이라고 보도했다. 임시정부 제2대 대통령(1925년) 박은식도 일본군 전사자가 약 2천 명이라고 추산했다. 독립군의 희생도 적지 않았다.

완루구전투에서 대승한 홍범도는 자서전에 다음과 같이 기술했다.

> 그날 밤으로 말거우 조분고려(고려인 마을) 둘러싸고 날 밝기를 기대하는 중에 나의 심정에 (어쩐지) 솔난하야(꺼림칙하여) 밤중에 군사를 취군하여 말리거우 제일 높은 산에 올라가 밤을 새는 중에 날이 금시 밝자 대포 소리 한 방 나더니 사방으로 미야(기관총) 소리가 천지진동하면서 (일본군의) 사격 소리가 그치지 않고 단번에 말리거우 민간촌에 달려드니 인적이 고요하고 아무것도 없으니 물론 어떤 웅덩이든지 몰수이 (하나도) 없데서(없어서) 나갈 밤수(방법)를 얻는(찾는) 중에 나의 군인 520명이 사방으로 둘러싸고 벼락 치듯 막 사격하니까 종천강(끝내) 종지출(나가지) 못할 것을 그려 놓았다.
> 밤이 삼경되도록 진(포위망)을 풀지 못하고 답(꼬박) 새우다나니 (일본군을) 다 잡았다. 총 240병(자루)과 탄환 500발 받아가지고 조선 놈 사복하고 빠져나가는 놈 여섯 놈 붙들어…….[17]

17) 홍범도, 『홍범도 일지』, 장세윤, 『홍범도 생애와 독립전쟁』, 179~180쪽, 재인용

청산리대첩에서 피아 간의 사상자 숫자에 차이가 큰 것은 아군 측은 숫자를 부풀리는 듯하고, 적군 측은 축소한 까닭이다. 무엇보다 통신시설이 갖춰지지 않았고, 깊은 산골짜기의 전투였기 때문에 정확한 사상자를 알아내기는 불가능했다. 홍범도와 청산리대첩을 오랫동안 연구해 온 장세윤의 분석이다.

> 청산리 독립전쟁의 전과를 어떻게 보아야 할 것인가? 기록에 따라 많은 차이가 있으나, 지은이의 견해에 의하면 독립군은 일본군 수백 명 또는 최대로 보아 1천여 명 내외를 살상한 것으로 판단된다. 그것은 러시아 측 자료에 김좌진과 홍범도를 대장으로 하는 두 개의 빨치산 연대가 10월 21일~23일 사이에 전투를 벌였는데, 첫날 전투에서만 일본군 220명이 전사했고 홍범도의 제1빨치산 연대는 630여 명의 일본군을 사살했다고 기록되어 있기 때문이다.
> 또 10월 29일에는 안무 중대가 함북 무산 시가지를 점령했다는 기록도 있다. 반면 독립군 측 피해는 350명 정도의 전사 및 부상자가 있을 것으로 추정된다. 이 가운데 홍범도 부대의 전과와 피해는 정확히 알 수 없지만 적 살상 약 500내지 600여 명, 자신들의 피해는 많아야 100내지 150여 명으로 추계할 수 있다.[18)]

임시정부 군무부는 북로군정서의 보고인 「대한군정서 보고」에 근거하여 청산리대첩의 구체적 전과를 다음과 같이 확인했다.

18) 장세윤, 앞의 책, 194쪽

1. 적의 사상자

사자死者 연대장 1인, 대대장 2인, 기타 장교 이하 1천254인(적의 자상격살자 500여 인), 상자傷者 장교 이하 200여 인

2. 아군의 사상과 피로被虜

사망 1인, 상이 5인, 포로 2인

3. 아군의 전리품

기관총 4정, 소총 53병, 기병총 31병, 탄약 5천 발, 군도 5병, 나팔 3척, 마안馬鞍 31차, 군용 지도 4부, 완시계 4개, 기타 피복, 모자, 모포·휴대 천막, 군대 수첩 등속 약간.[19]

당시 항일 연합군은 추위와 기아를 독립군가로 달래면서 일제와 싸웠다.

독립군가

나아가세 독립군아 어서 나아가세
기다리던 독립전쟁 돌아왔네
이때를 기다리고 10년 동안에
갈았던 날랜 칼을 시험할 날이
나아가세 대한민국 독립군사야
자유 독립 광복함이 오늘이로다
정의의 태극 깃발 날리는 곳에
적의 군사 낙엽같이 쓰러지리라

19) 『독립신문』, 제95호, 1921년 2월 25일자

보느냐 반만년 피로 지킨 땅
오랑캐 말밥굽에 밟히는 모양
듣느냐 2천만 단조檀祖의 혈손
원수의 칼 아래서 우짖는 소리
양만춘·을지문덕의 피를 받았고
이순신·임경업의 후손 아니냐
나라 위해 목숨을 터럭과 같이
싸우던 네 조상의 후손 아니냐

탄환이 빗발같이 퍼붓더라도
창과 칼이 네 앞길을 가로막아도
대한의 용장 독립 군사야
나아가고 나아가고 다시 나아가라
최후의 네 핏방울 떨어지는 날
최후의 네 살점이 떨어지는 날
네 그리던 조상 나라 다시 살리라
네 그리던 자유꽃이 다시 피리라(4, 5, 6절 생략)[20)]

신흥무관학교 출신들은 모교의 교가를 합창하며 전의를 북돋았다.

20) 국민회군편찬위원회 편, 『항일국민회군』, 201~207쪽, 1974

신흥무관학교 교가

서북으로 흑룡태원 남의 영절의
여러 만만 헌헌자손 업어 기르고
동해 섬 중 어린 것들 품에다 품고
젖 먹여 준 이가 뉘뇨

장백산 밑 비단 같은 만리 낙원은
반만년래 피로 지킨 옛집이어늘
남의 자식 놀이터로 내어 맡기고
종설움 받는 이 뉘뇨

칼춤 추고 말을 달려 몸을 연마코
새론 지식 높은 인격 정신을 길러
썩어지는 우리 민족 이끌어 내어
새 나라 세울 이 뉘뇨

우리 우리 배달 나라의
우리 우리 조상들이라
그네 가슴 끓는 피가 우리 핏줄에
좔좔좔 결치며 돈다(후렴 2, 3 생략)[21]

21) 『신흥무관학교 100주년기념 학술회의 자료집』, 2011년 5월, 신흥무관학교 100주년기념사업회, 2011

박은식의 청산리대첩 기록

청산리대첩에서 북로군정서 연성대장으로 활약했던 이범석은 청산리대첩의 대승 이유를 12가지로 정리했다.

① 만주의 특수한 지형을 잘 이용한 것.
② 망국 10년의 치욕이 뼈에 사무쳐서 용전분투한 것.
③ 우수한 사관 청년 학도가 있었던 것.
④ 왕성한 공격 정신이 있었던 것.
⑤ 마을 사람들의 열렬한 협조가 있었던 것.
⑥ 독립군은 홑옷과 초신(짚신)으로 민첩한 행동을 할 수 있었던 것.
⑦ 독립군은 그곳 지리에 정통했던 것.
⑧ 독립군은 전투의식이 적보다 더 강했던 것.
⑨ 독립군의 지휘력이 적보다 더 우수했던 것.
⑩ 적이 피동적 위치에 있었던 것.
⑪ 적의 무거운 외투와 가죽구두 차림이 산악전에 불편했던 것.
⑫ 민중들이 흉악한 적을 미워한 것.[22]

박은식은 『한국독립운동지혈사』에서 청산리대첩에서 홍범도의 역할과 관련해 다음과 같이 기술했다.

또 한군韓軍 사령 홍범도는 군사 500여 명을 거느리고 안무 부대의 400

22) 이범석, 『우등불』, 83~84쪽, 삼육출판사, 1986

여 명과 민군 500여 명, 광복군 200명과 회합하였다. 그들은 청산리에서 40리 떨어진 지점에서 대대적인 활동을 벌여 현재까지도 계속 전투 중이라고 한다.

한군 사령 홍범도는 화룡현 이도구 부근의 산림지대에 주둔하고 있었는데, 일병이 이곳을 포위하고 불을 지른 후, 각 요로에 기관총 부대를 매복시키고, 홍洪이 포위에서 탈출하기를 기다렸다가 습격하려 하였다. 그러나 홍범도는 저들의 속임수를 미리 알아차리고 교묘한 방법으로 산림에서 탈출하였다.

숲이 전부 불타 버리고 황폐된 뒤에는 아무런 종적도 없었다. 그래서 일병의 1대(그중에는 중국의 장군 육관장이 인솔한 60명도 있었다)는 불타 버린 삼림의 중심지대에 진입하여 보고, 비로소 탈출한 사실을 깨닫고는 방향을 바꾸어 다른 길로 향하였다. 이때 매복해 있던 기관총 부대가 그들을 홍범도의 한군으로 오인하고 사격을 개시, 쌍방은 서로 응전하여 죽은 일병이 무수하고 중국병은 전멸했다.

홍범도의 군은 다시 적을 추격하여 두 차례 연승하였고, 이 전쟁에서 일병의 사망자가 총계 1천200명이었다고 한다.

일본 동경에서 온 전문에 의하면 11월 3일 이래 연변에는 눈이 4척 이상 쌓여 모든 교통이 단절되었으나, 한당韓黨의 활동은 이상하고도 신통교묘하여 군용전선이 곳곳에서 끊어지고 하여 정세가 만만치 않다.

더구나 날씨까지도 무섭게 추워서 용병에 곤란이 많다. 이리하여 일본군은 자못 형세를 우려하고 있다고 한다.[23)]

23) 박은식, 『한국독립운동지혈사』, 『백암 박은식 전집』 제2권, 618쪽, 동방미디어, 2002

○ 일제 정보기관의 '홍범도 평가'

다음은 조선총독부가 발행한 일본군의 간도 출병과 홍범도에 관한 기록이다. 홍범도의 호걸스러운 기풍, 독립군 진영 내의 분열상, 그의 전략, 한쪽 다리에 입은 관통 총상 등이 눈길을 끈다. 그는 청산리대첩 중에 총상을 입었던 것 같다.

> 10월 하순 고도구 어랑촌 및 봉밀구 방면에서 일본 군대에 대하여 완강히 저항한 주력부대는 독립군이라 칭하는 홍범도가 인솔한 부대였다. 홍범도의 성격은 호걸의 기풍이 있어서 김좌진과 같은 재질이 있는 인물이 아닌 듯하고, 앞서 홍범도가 간도 방면을 동분서주하고 있을 무렵 일반 조선인, 특히 그 배하에 있는 자로부터 하느님과 같은 숭배를 받고, 또 그가 독립군의 각 파가 항상 행동상 일치를 못 하고 의사의 소격이 있는 것을 탄식하여 도저히 광복의 대사는 성사하기 어렵다고 판단하고, 차라리 풍월을 벗으로 삼고 여생을 보내겠다고 사랑하는 부하를 걱정하면서 감개한 심정을 토로한 듯, 혹은 각 독립군이 단호한 결심이 없음을 분개하고 단독 행동을 취하며 함남 삼수 갑산 방면으로부터 국경을 습격하여 여론을 환기시키고 독립군의 의기를 보이려고 하는 등 본격적 기백을 토로하기도 하여 역시 그의 성격을 엿볼 수 있는 좋은 자료였다.
> 이도구 어랑촌 봉밀구 부근의 전투에 당면하여 일본군의 포위 중에 빠진 것같이 그의 전술이 졸렬한 것을 빈정대는 것보다도 정신挺身하여 부하를 독려하고 일본군에게 일시一矢를 보복하려는 것이었다고 간주하는 것이 지당할 것이며, 그는 지금 한쪽 다리에 관통 총상을 입고 치료를 받고 있다 하는데 그에 대한 일면을 판단할 수 있다.[24]

일제는 자신들과 맞서 싸운 적장 홍범도에 대해 외경심을 보이고 있다. 비록 '섬멸'의 대상이라지만, 마음속으로는 호걸풍의 인품과 지략을 높이 평가한 것이다. 홍범도와 청산리전투를 오랫동안 연구해 온 송우혜의 기록이다.

> 무릇 장수로서 싸움에 나가 무예와 전술로 적을 이기면 가히 용장이라 할 수 있다. 용장이면서 또한 아군과 함께 적의 외경까지 받는 사람이라면, 그는 이미 영웅이라고 불리는 사람들 속에 끼이게 된다.
> 국난을 당한 나라에서 산야의 이름 없는 백성으로서 스스로 몸을 일으켜 원수와 투쟁함으로써 백성들로부터 주어진 '장군'의 칭호로 불린 홍범도. 그는 사람 됨됨이 소박하고 성실하며 청렴하고 명예를 탐하지 않았다고 한다.
> 대의를 위해서는 다른 사람들에게 몸을 굽히는 것을 꺼리지 않아서, 봉오동전투 전에 국민회의 군사 조직이 최진동의 부대와 연합할 때는 최진동의 아래 지위에, 청산리전투 후에 밀산에서 전체 독립군이 통합할 때에는 서일의 아래 지위에 앉는 것을 사양하지 않았다. 그동안 청산리전투와 홍범도 장군의 참모습이 참으로 너무나 오랫동안 가리워져 왔다.[25)]

만주에서 독립군들은 '세계 최강군'이라 자부해 온 일본 정규군을 상대로 연전연승해 사기충천했다. 부하들로부터 '하느님과 같은 숭배'를 받아 온 홍범도와 같은 지휘자가 있었기 때문이다. 그들은 여러 가지 독립군가를 부르면서 추위와 배고픔을 견디며 일제와 싸웠다. 몇 가지를 소개한다.

24) 독립운동사편찬위원회, 『독립운동사 사료집』 제10집, 237~238쪽, 1976
25) 송우혜, 앞의 글, 464쪽

독립군 노래

바람 차고 눈 쌓인 만주 벌판에
나라 잃고 돈도 없는 불쌍한 신세
간 곳마다 압박착취 설움이구나
삼천리라 금수강산 다 빼앗기고
우마 같은 노예 생활 가이없구나

쓸쓸하다 만주벌판 찾아왔는데
일 년 내내 지은 농사 뉘 가져갔나
흡혈귀와 까마귀 떼 피땀 빨아 가니
불쌍하고 가련하다 우리 동포야
승리 날을 앞당기어 싸워 나가자

무산대중 두 주먹을 추켜들어라
청년들의 끓는 피를 식히지 말고
승리 위해 이 깃발을 피로 물들여
일본 제국 쓸어 내고 승전가 높이
우리 강산 우리 주권 우리가 찾자

무쇠골격 소년의 노래

무쇠골격 돌근육 소년 남자야
나라 위해 정신을 분발하여라
충렬사의 더운 피 순환 잘되고
독립군의 팔다리 하늘땅 접는다

악악 하는 돌격 소리 번갯불 치고
삼단 베듯 적군은 쓰러지도다
나아가자 무쇠골격 소년 남자야
승전고를 이루리며 전투장으로

망향가

고국산천 내 고향은 몇 천리던가
고향 떠나 낯설은 만주 벌판에
황혼에 싸워서 늦은 저녁에
사랑하는 내 동기는 하직하누나
적탄에 쓰러지는 동기 앞에서
꿇어앉아 눈물겨워 이름 불러도
말 없는 시체야 나의 동기야
다 식은 팔목에 시계만 돈다
남아의 영별인가 슬픔이런가
나는야 승리 깃발 휘날리며
기어코 고향으로 돌아가련다
너의 원수 억천만 번 내가 갚으리
동기야 잘 있거라 나는 간다[26)]

일제의 정규군과 싸우는 독립군들의 형편은 비참한 처지였다. 정상적인 장비와 보급, 의료가 지원되지 않는 상태에서 오로지 애국심의 의기로

26) 최익환, 「신화와 전설, 항일투쟁의 근거지 백두산을 가다」, 『사회와 사상』, 1988년 10월호

싸울 뿐이었다. 철기 이범석의 회고다.

> 원래 보급이 없던 독립군으로서는 교포의 큰 부락을 만나지 못하면 거의 몸에 지녔던 소금 섞은 좁쌀가루로 굶주림을 달래지 않을 수 없었고, 때로는 강냉이나 날밀떡호박 같은 것도 구할 수 없어서 세네 끼씩 굶기가 일쑤였다. 그러면서도 백여 근의 무장을 몸에 걸치고 하루에 백 수십 리 길 험산 황야를 가로질러 강행군하면서 피가 튀는 치열한 전투까지 치렀던 것이다. 그 배고픔, 그 추위, 그 투지가 아직 숨소리의 갈피엔 배어 있다. 어찌 내 이를 잊을 수 있으랴!
> 영하 삼사십 도의 혹한에 눈산이 부서져 나리는 듯한 눈보라 속에서 비록 때 늦게나마 면군복(솜군복)을 입게 되는 것은 천만다행의 행운이었던 일인저! 그뿐이랴. 중상한 전우가 자살을 택하지 않을 수 없는 처절을 눈앞에서 목도해야 했고, 경상자에게도 소독약 한번 써본 일이 드물었다.[27)]

◦ 이범석의 청산리대첩 주역 왜곡

지난날 청산리대첩의 실상은 크게 왜곡되어 왔다. 특히 해방 후 이승만 정권에서 국무총리 등을 지내고, 청산리대첩 당시에는 북로군정서 장교였던 이범석이 회고록 『우등불』에서 자신의 업적은 과장하고, 홍범도 부대는 도망치다가 떼죽음을 당한 것처럼 기술하면서, 왜곡된 내용이 마치

27) 이범석, 『우등불』, 12쪽

정사처럼 인식되었다.

> 청산리전투 전날 각 독립군 부대들이 연합작전을 펴려고 작전회의를 열어 각기 작전 지역을 나눠 맡았는데 홍범도 부대 등은 막강한 일본군 위세에 전의를 상실해서 밤사이에 말없이 사라져 버렸다. 그렇게 이탈하여 궤주하다가 일본군 포위망에 걸려 아무 저항도 못 한 채 떼죽음을 당하고 집단적으로 무기를 빼앗겼다. 일본군이 노획했다는 사진 속의 무기들은 북로군정서가 아니라 홍범도 부대가 빼앗긴 것이다.[28)]

이범석의 자서전은 홍범도에 대해 사실 왜곡과 함께 대단히 부정적으로 기록한 대목이 한두 군데가 아니다.

> 8일 밤 작전회의를 열고 김좌진 장군을 총지휘로, 홍범도·최명록 두 분을 부사령관으로, 여행 단장이었던 내가 전적 총지휘, 즉 전투사령관으로 부서를 정했다. 또한 홍범도 부대가 터시고우 방면, 의군부가 무산·간도 방면의 버들고개, 군정서 군대는 중앙의 송림평을 각각 작전 지역으로 정했다.
> 그런데 9일 날 새벽에 보니 아무 연락도 없이 모두들 떠나가 버렸고, 다만 한민단 1개 중대만 남아 있었다. 3개 단체는 아무 말 남기지 않고 밤의 장막과 함께 사라진 것이다.
> 나중에 안 사실이지만, 부서와 임무 배당에 불만이 있었다는 것이었다. 내가 생각하기로는 불만도 있었겠지만, 5만이 넘는 적의 대병력의 기세에 압도당해 전의를 상실한 게 확실하다.[29)]

28) 이범석, 앞의 책, 송우혜, 앞의 글, 449쪽
29) 이범석, 앞의 책, 89쪽

다음의 대목에서는 홍범도가 독립군 부대나 지역 주민들로부터 가장 신뢰받았다는 내용과는 정반대의 기록이다.

홍범도 씨는 갑산 금광에서 일어난 한말 의병으로 성명도 못 쓰는 무식인이었으나, 애국심이 강하고 호용한 분으로서 일제의 순사 파출소와 수비대를 가끔 습격하여 유격전의 전공을 많이 세운 분이다. 간도로 나와 기미년 이후 다시 독립군을 조직했었다. 나이 많고 명성이 알려져 있는 분이어서 국민회의에서 그분을 총사령관으로 웅대했었다. 불행하게도 국민회의 젊은 간부들 중에는 못된 무리가 많아 행패가 잦아서 가장 큰 대중의 기반을 가졌던 단체이면서 아깝게도 민심을 크게 잃었다. 나중에 북간도에 제일 먼저 조직된 공산당 단체인 적기단의 대부분은 자리를 옮긴 국민회의 간부들이다.[30)]

다음은 사실 왜곡이 심한 부문이다.

분명히 밝힐 것은 다음 세 가지로 간추릴 수 있다. 첫째는 홍범도 장군이 청산리 싸움에 참여하려다 그만두고 단독으로 행동하다가 타격을 받았다. 둘째는 흔히 사료에 나오는 지청천 장군과 청산리 싸움 운운은 거리가 멀다. 그는 청산리 싸움에 가담한 일이 없다. 셋째로 일인이 사진으로 담은 무기는 홍범도 부대가 집단적으로 뺏긴 무기이다. 또한 격전 속에서 군정서 군대 가운데도 전사자와 실종자가 있었으니 군정서의 무기도 날개도 일군 손에 들어갔다고는 생각된다. 군정서 군대는 조직이 무너져 집단

30) 같은 책, 90쪽

적으로 일인에게 포로가 되거나 무기를 뺏긴 일은 없다.[31]

이범석이 홍범도를 깎아내린 데는 몇 가지 배경이 있는 것 같다. 우선 자신이 속한 군대의 김좌진을 돋보이게 함으로써 자신의 전공을 빛내고, 해방 후 이승만 정부의 초대 국무총리와 국방장관 등을 역임하면서 겪게 되는, 6.25전쟁으로 인한 반공정신의 작용이 아닌가 한다. 러시아의 공민권을 취득하고, 소련공산당에 입당하는 등 홍범도의 행적에 대한 반감이 작용되었을 수 있는 것이다.

> 후일 홍범도 씨는 러시아 이만시로 군대가 넘어가자, 러시아에서 이르쿠츠크파의 공산당원이 된 사람들의 권유를 들어, 공산당원이 되었다. 허나 그는 그 속에서 할 일도 없었고 이름만 빌려준 셈이 되었다. 그 후 그는 자유시(블라고벤센스크) 부근에서 방황하다가 병들어 불쌍하게 사망하고 말았다.[32] (홍범도는 러시아가 아닌 카자흐스탄에서 사망했다.-필자)

홍범도는 한동안 한국 독립운동사에서 철저하게 외면 기피되었다. 이승만·박정희 시기에 특히 심했다. 이범석의 저서와 그의 각종 '증언'의 영향력 때문인 것 같다. 예컨대 한국독립사편찬위원회가 1965년의 초판에 이어 1983년 개정판을 낸 『한국독립사』(대한홍보사 발행)의 '청산리대첩' 편에는 아예 홍범도의 이름 석 자도 나오지 않는다. 이 책은 이승만·윤보선·박정희·이범석·조경환·함태영·김병로 등의 휘호가 실리고, 이범석·이인·이갑성·이병도·신석호·이선근·유광열·장이욱·고재욱·홍종인 등

31) 같은 책, 91쪽
32) 같은 책, 92쪽

의 감수, 송지영·박관수·권상로·이병도 등의 추천서가 담긴, 당시에는 꽤 '권위' 있는 저술이었다.

> 적의 포탄이 총사령(김좌진)의 군모를 홀짝 벗기어 버렸고 적의 탄환이 이범석 대장의 군도軍刀를 두 동강이로 잘라 버렸다. (……) 이 전투의 주요 인물은 총사령관 김좌진, 참모장 라중조·이범석·한근원·김훈·이민화·강화린·최인걸 등이었다. 이 싸움에 적의 총 동원수가 3여단, 우리 편은 비전투대원까지 합하여 약 1천100명이고, 적 사상자는 3천300여 명, 우리 편은 전사자 60명, 실종자 200여 명(그 대부분은 후에 본대로 돌아왔음)이었다. 이것은 세계 전쟁사상에 드문 전과였다.[33)]

1980년대까지 청산리대첩의 주역은 김좌진과 이범석이고, 홍범도는 존재하지도 않았음을 보여 주는 사례다. 이범석이 사실을 왜곡해 쓴 저서와 증언을 별다른 검증 없이 그대로 기술한 때문이다.

◦ "청산리전쟁 주역은 홍범도"

장세윤은 청산리대첩의 주역은 북로군정서가 아닌 홍범도라는 주장을 편다.

33) 사단법인 독립동지회 편, 『한국독립사』, 443쪽, 1983

> 홍범도 부대는 김좌진 부대와 같이 청산리전쟁에서 크게 활약하였다. 어떤 면에서 청산리 독립전쟁의 주역은 북로군정서 부대가 아니라 오히려 홍범도와 그를 중심으로 한 여러 독립군 부대들이라고 할 수 있다. 북로군정서 군대가 독립군의 단위부대로서는 가장 큰 규모이며 기관총과 박격포까지 갖추고 있어 강한 전투력을 발휘할 수 있었던 것은 사실이다.
> 하지만 일본군과의 전투 직전에 수백 리에 이르는 길을 강행군하여 이동하였고 도착 직후는 심한 식량난에 시달려야 했다. 반면 홍범도 부대는 9월 하순 가장 먼저 청산리 일대에 도착하여 훈련과 식량 조달 등 적과의 전투에 대비하고 있었다.[34]

청산리전쟁의 '3주역'이라 할 홍범도·김좌진·이범석은 독립운동 과정에서 각기 다른 행보를 걷다가 청산리에서 연합군 지휘자의 위치에서 일제와 싸워 대첩을 이루었다.

홍범도는 당시 52세의 나이로 직계 부하 300여 명을 이끌었고, 대한국민회와 연합한 5개 무력 부대의 사령관이었다. 충남 홍성 출신의 김좌진은 31세로 1920년 2월 6개월 코스의 북로군정서 사관연성소를 설립하여 사령관 겸 소장이 되었고, 10월의 청산리전투에서 북로군정서 부대를 지휘했다. 서울 출생의 이범석은 20세로서 중국 운남육군강무학교를 졸업한 후 신흥무관학교 교관을 거쳐 김좌진의 요청으로 북로군정서 교관으로 부임하고, 북로군정서 부대의 근거지 이동 때 연성대 단장이 되어 청산리전투에 참전하였다.[35]

연변대 교수 박창욱은 '청산리전투의 주역'에 관해 연구한 논문에서 김

34) 장세윤, 앞의 책, 194~195쪽
35) 송우혜, 앞의 글, 455쪽, 발췌

좌진과 홍범도의 역할을 상세히 추적 비교한다. 현장을 여러 차례 답사하고 일본 측 정보자료 등을 참고한 기록이다.

> 문제는 청산리전투인데 기실 김좌진 부대는 이 전투에서 21일 백운평전투, 22일 새벽의 천수평 습격전과 그날 내내 계속된 전투 이외에는 동부전선에서 서일이 인솔하는 잔류 부대가 서대파 부근과 리치구 노무주구 전투를 진행하였을 뿐이다. 그런데 홍범도 연합부대는 완루구전투, 대굼창전투, 천보산전투, 맹개골전투(국민회 안무 부대)와 고동하 등 허다한 전투를 주도하였다. 적에게 타격을 준 것도 홍범도 부대가 준 타격이 더 컸으며, 적들도 홍범도 부대를 중시하였기에 37여단장인 아즈마 소장이 직접 지휘하는 보병 주력과 이이쓰가 부대와 기병 27연대의 주력인 2개 중대도 홍범도 부대를 대상으로 동원되었다.[36]

그런데 지난날 이 전투에서 북로군정서군의 교성대를 직접 인솔하여 전투에 참가한 이범석 씨는, 대한민국의 국무총리를 담당한 국가수뇌의 신분에 있었음에도 불구하고 김좌진의 공로를 과대평가하고 홍범도와 그 연합부대의 공로에 대해서는 언급조차 하지 않았다. 그뿐 아니라 도리어 홍범도 부대는 청산리전투에 참가하지 않았다고까지 역사를 왜곡했다.[37]

재중 학자 김춘선은 청산리대첩의 진정한 주인공은 무명 전사와 북간도 지역 한인 사회라고 주장한다.

36) 조선군사령부, 『간도출병사』, 1921
37) 박창욱, 「김좌진 장군의 신화를 깬다」, 『역사비평』, 185~186쪽, 1994년 봄호

현재 일부 학자들이 편견을 가지고 김좌진과 홍범도를 정면으로 비교하면서 누가 청산리전쟁에서 더 주도적인 역할을 했는가를 밝히려는 경향이 많다는 점이다. 그러나 필자는 청산리전쟁의 진정한 주인공은 전장에서 목숨을 바쳐 싸운 독립군 장병들이었으며, 이 전쟁을 승리로 이끌 수 있었던 것도 수십만에 달하는 북간도 지역 한인 사회가 뒷받침했기 때문임을 명기할 필요가 있다고 생각한다.[38]

청산리대첩은 홍범도·김좌진·이범석 등 지휘부의 전략과 무명 독립군들의 애국심 그리고 이 지역 한인 사회의 죽음을 무릅쓴 지원이 있었기에 전승을 거둘 수 있었다.

금번 북간도 방면에서 우리 독립군이 왜적으로 더불어 교전할 때에 아군은 예기치 않았던 불우의 전이므로 여러 가지 준비가 없었던 것은 사실이다. 그런데 해該 지방에 있는 부인들은 애국하는 일편의 적성으로 음식을 준비하여 가지고 위험을 무릅쓰고 탄우가 분분한 전선에 용진하여 전투에 피로한 군인들을 공상供賞하며 위로했다.
어떤 군인들은 분전망식하여 진작 응식치 않을 시에는 부인들이 울며 권하기를, 제씨가 만일 차此를 식치 않으면 우리 다 사死로서 귀歸치 않겠노라 하여 기어히 취식하도록 하여 일반 군인으로 하여금 큰 위안을 받게 했다.[39]

나라를 일제에 빼앗긴 한민족은 국권회복을 위해 가능한 모든 방략을

38) 김춘선, 앞의 글, 278쪽
39) 「여자의 일편단심」, 『독립신문』, 제93호, 1921년 2월

동원했다. 의병전쟁론, 의열투쟁론, 무장전쟁론, 외교론, 실력양성론, 계급투쟁론 등의 방략에 나름대로 명분과 시대적 배경, 국민의 소명이 따랐다. 이와 같은 국권회복 방략은 단독적으로 또는 복합적으로 추진되기도 했다. 대한민국임시정부에서는 의열투쟁과 무장투쟁, 외교론을 모두 동원했다.

일제강점기 봉오동·청산리의 대첩 등 무력전쟁이 없었다면 우리 독립운동사는 몹시 빈약했을 것이고, 대외적으로 한민족의 패기와 의기는 그만큼 취약하게 보였을 것이다. 봉오동·청산리 대첩을 통해 독립군은 식민지 시대의 굴종을 어느 정도나마 씻게 되었고 한민족의 상무정신을 이으면서, 향후 어떤 외적의 침략에도 맞설 수 있는 국민적 자존과 결기를 보여 주었다. 홍범도는 바로 그 중심에 자리 잡고 있다.

한국광복회는 청산리대첩 80주년을 기념하여 2001년 지금의 화룡시 용성면 청산촌 앞 구릉진 산봉우리에 높이 17.6미터의 화강암 석비를 세우고, 여기에 '청산리항일대첩기념비'라고 국한문으로 병시했다. 그리고 그 아래 소총과 기관총을 쏘며 일제 침략군을 격퇴하는 한국 독립군의 용감한 모습을 담은 가로 4.8미터, 세로 2.5미터의 흰색 화강암 부조물로 장식한 기념비를 세웠다. 한국광복회가 2억 원의 예산을 지원하여 연변조선족자치주 국제공공관계협회에서 중국 정부의 승인을 받아 1년 2개월의 공역 끝에 건립했다.

천도天道가 순환하고 민심이 응합하야, 아我 대한독립을 세계에 선포한 후 상上으로 임시정부가 유有하야 군국대사軍國大事를 주主하며 하下으로 민중이 단결하야 만세를 제창할새 어시호於是乎 아의 공전절후한 독립군이 출동되었도다.

-대한독립군 「유고문」 중에서

2부

시련 속의 민족혼, 홍범도

8장

일제의 보복 경신참변, 독립군 기반 상실

학살·약탈·소각의 '삼광전략'

봉오동·청산리 대첩을 주도한 홍범도는 부하들을 이끌고 북상길에 올랐다. 일본군의 대대적인 보복전을 피하고, 거듭되는 전투에서 피로해진 부하들의 건강 회복을 위한 조처였다. 전력을 더욱 강화하여 본격적인 국내 진공작전을 전개하려는 것이 원대한 목표였다.

홍범도의 부대뿐만 아니라 북로군정서, 국민회군, 군무도독부군 등 연합군 모두가 함께하는 북상이었다. 사령관 회의에서 논의한 결정이었다.

홍범도 부대와 연합군이 간도를 떠난 후 일제의 잔혹한 보복전이 전개되었다. 경신참변, 경신대학살, 간도대학살 등으로 불리는 일본군의 재만 조선인 학살은 기록에 따라 3천500여 명에서 5천여 명에 이르는 대참변이었다.

일제의 『조선통치사료』에는 일제가 간도를 어떻게 인식하고 있는지 확연하게 드러난다.

> 간도는 재외 불령조선인 단체의 모든 세력을 집중하고 있는 곳이며, 동지同地에 있는 각 불령 단체의 무력은 조선 독립을 표방하는 자들이 가지고 있는 위력의 거의 전부라고 말하여도 과언이 아니다.
> 상해 임시정부도 이와 같은 간도의 무력 단체를 배경으로 점차 그 존재를 인정하며, 또 조선 내에 있어서도 무식한 자들은 간도에 있는 무력 단체의 세력을 과신하는 관계로 독립의 가능성을 믿는 경향이 있다. 따라서 간도에 있는 불령선인단은 조선 내의 치안 유지상 제일 중시하여야 할 것이다.[1]

청산리대첩에서 참패한 일제는 간도 지역 한인들에 대해 야수적인 보복을 가했다. 한인들이 독립군들의 '지원 부대' 역할을 한 데 대한 분풀이였다. 이참에 독립군의 근거지를 박멸하려는 목적도 있었다. 실제로 봉오동·청산리 전투에서 독립군이 대첩을 이룰 수 있었던 것은 이 지역 한인들의 헌신적인 지원이 있었기에 가능했다. 게릴라와 주민이 '물고기와 물'의 관계에서 벗어날 수 없는 이치 그대로였다.

한국 독립군을 쫓아 시베리아 쪽에서 남하하는 일본군과 나남에서 북상하는 일본군은 도로변이나 산골 마을을 가리지 않고 한인 마을을 수색해 청년들은 보는 대로 사살하고, 여성들을 강간하고 가옥에 방화하는 등 야수적인 만행을 저질렀다. 한말 국내 의병을 학살할 때에 이른바 '삼광

1) 김정주 편, 『조선통치사론』 8권, 「간도에 있어서 불령선인단체의 상황」, 250쪽, 1970

전략三光戰略', 즉 모조리 죽이고 약탈하고 불지르는 초토화 섬멸작전의 재현이었다.

1920년 10월 9일에서 11월 5일까지 간도 일대에서 일본군에 의해 학살된 한국인은 3천469명이고, 이를 전후하여 3~4개월 동안 학살당한 한국인을 합하면 약 5천여 명이 참변을 당한 것으로 추산되었다. 당시 일본군의 잔인한 만행을 목격한 한 미국인 선교사는 "피에 젖은 만주땅이 바로 저주받은 인간사의 한 페이지"라고 탄식했고, 일본군의 학살 장면을 지켜본 선교사 푸트는 그의 수기에 다음과 같이 기록했다.

> 내가 11월 4일에 간장암동間獐岩洞에 갔더니 촌인은 나에게 다음과 같이 말해 주었다. "10월 30일에 왜병이 내습하여 31명이 살고 있는 촌락을 방화하고 총격을 가했다." 나도 가옥 9칸과 교회당과 학교가 잿더미로 된 것을 보고 사실임을 알았다. 또 11월 1일에는 왜군 17명, 왜경 2명 및 한인 경찰 1명이 이 마을에 와서 남자들을 모조리 끌어내다가 죽인 후 그들의 처를 불러내어 사자의 경력을 말하라고 고문했고, 그다음에 촌락의 주민들 모두 모아서 일장 연설을 한 후 외국인 선교사가 이곳에 온 일이 있는가를 물었다. 또 이미 죽여 버린 시체를, 촌인을 시켜 한곳에 모아 놓고 불을 질러 재로 만들어 버렸다.

역사책에서 흔히 '경신참변庚申慘變'이라고 불리는 이 사건은 같은 해 만주 훈춘에서 있었던 '훈춘참변'과 함께 우리 한민족이 만주 지방에서 일제에게 당한 가장 대규모적이고 비극적인 참변이었다. 간장암동의 한국인 학살 참변은 일본 측의 기록에도 다음과 같이 남아 있다.

특히 10월 30일 아군대(일군)의 한 부대가 연길 장암동獐岩洞에서 불령선인 토벌에 즈음하여 36명을 살해하고 민가 12호 및 학교·교회당을 불태운 사건을 듣고 피등彼等 선교사는 익翌 31일 해지該地에 가서 사진기로 피해 상황을 촬영하고(사체에 밤껍질을 덮어 태웠으나 반만 타서 숯이 되어 있는 것을 촬영하였다고 한다.) 조위금 200원을 보냈으며, 또한 전후 수차에 걸쳐 선교사 및 신문기자가 이를 조사한 것은 사실이다. 본 건은 학살 사건으로서 행여 선전의 불을 붙이는 단서가 될지도 모르므로 크게 경계를 요하기에 군대 측에 특별히 주의를 주고 있다.(일본 제19사단 사령부, 『간도출병사』)

매장한 시신까지 꺼내 불태우다

한국 독립군에게 참패한 일본군은 보복으로 무차별 한인 학살작전을 벌였다. 일본군은 한국인 마을을 포위, 습격한 뒤 모든 남자들을 한자리에 모아놓고 총이나 창으로 학살했으며, 부녀자들은 보이는 대로 겁탈하고 살해했다. 민가를 소각하고 가축을 약탈해 마을을 폐허로 만들었다. 1920년 말까지 3개월간 집중적으로 학살이 자행되었고, 그 후에도 잔류 부대가 다음해 3월까지 학살과 겁탈을 계속했다.

몇 가지 사례를 들어 보자. 앞에서도 잠깐 소개한 간장암동 주민의 희생이 가장 컸다. 그해 10월 30일 스즈모토 대위가 인솔한 일본군 토벌대 77명이 용정촌 동북 25리 지점에 위치한 한국인 기독교 마을인 간장암동을 포위했다. 이들 일본군은 마을 주민을 교회당에 집결시킨 후 40세 이상의 남자 28명(10~30세 남자는 독립군으로 간주되었으므로 피신했다.)을 포박 지어 꿇어앉힌 다음 아직 타작하지 않은 조짚단을 교회당 안에 채워 놓고 석유를 뿌려 불을 질렀다. 일본군은 불 속에서 뛰쳐나오는 사람을 모두 칼로 찔러 몰살했다.

일본군이 돌아간 뒤 가족들은 시체를 찾아 장사지냈다. 그런데 5~6일 후에 그 일본군이 다시 마을을 습격하여 유족들을 모아 놓고 무덤을 파헤친 후 시체를 한데 모으라고 강요했다. 유족들은 위협에 못 이겨 언 땅을 파 시체를 모아 놓으니, 조짚단을 시체 위에 쌓아 놓고 석유를 붓고 불을 질러 시체가 재가 될 때까지 태워 버렸다. 이렇게 이중으로 학살당한 시체는 누구의 것인지도 가릴 길이 없어서 유족들은 재를 모아 28명의 합장 무덤을 만들어 성분하였다.[2)]

연길현 의란구衣蘭溝 남동南洞 마을의 학살도 이에 못지않았다. 이 마을은 이씨 성의 30여 호가 사는 동성촌이었다. 일본군이 마을을 습격하여 이씨 성이 아니라고 변성한 3명을 제외하고 모든 촌민을 몰살했다. 대부분 총을 쏘아 죽이거나 총탄이 아깝다면서 대검으로 찔러 죽였다.

어느 4형제는 함께 밧줄에 묶인 채 불타는 가옥에 던져지기도 했다. 또 수십 명의 일본군은 12월 6일 연길현 와룡동에 살던 교사 정기선을 연길현 구수아九水阿 신흥동으로 끌고 가 독립군의 은신처를 대라고 신문했는데, 얼굴 가죽을 몽땅 칼로 벗겨도 말을 듣지 않자 두 눈을 칼로 도려내어 누군지조차 알 수 없는 육괴肉塊로 만들기도 했다.

연길현 팔도구八道溝에서는 어린아이 4명을 모두 칼로 자살刺殺했고, 같은 현 약수동藥水洞에서는 피살된 시신을 다시 불에 태운 후 강물에 던졌다. 여성들을 체포하면 으레 강간한 후 살해하는가 하면 2~3세 되는 어린

2) 홍상표, 『간도독립운동소사』, 한광중고등학교, 100~101쪽, 발췌, 1996

아이를 창끝에 꿰어 들고 울부짖는 비명을 들으며 쾌재를 부르기도 했다.

우즈다 중위가 인솔하는 일본군 22명은 같은 해 10월 20일 명동촌明東村을 습격하여 마을을 폐쇄한 후 모든 주민을 명동학교 교정에 모아 놓고 "이 학교는 역연歷然 불령단 양성의 원천으로서 교장 김약연 및 마진이 두목이고 최근까지 항일 근거지였으므로 근저根底는 전복, 화禍를 끊는다." 라는 구실로 이 학교를 불태웠다. 일본군은 이어 명동교회와 교사들의 가옥도 불태웠다.[3)]

5천여 한인 학살 만행

일본군의 이와 같은 만행은 북간도 지방에서만 있었던 것이 아니다. 봉천성 관내의 서간도 지방에서도 자행되었다. '중·일합동수색'이란 명목하에 우에다와 사카모토 부대는 5월부터 8월까지 4개월 동안 만행을 저질렀다. 뿐만 아니라 관동군 소속의 스기야 보병대와 기병 연대도 북간도 학살과 같은 만행을 자행했다.

일제의 학살극은 만주뿐만 아니라 시베리아 지방에서도 자행되었다. 그해 4월부터 일제의 포조군浦潮軍과 조선군에서 파견된 남부 오소리烏蘇里 파견대가 한국인을 집단 학살했다. 일본군은 4월 4일부터 블라디보스토크와 니콜리스크를 비롯한 연해주 일대에서 적군赤軍과 충돌하여 그들을 무장해제하고, 이른바 '불령선인 토벌작전'을 전개하여 신한촌을 비롯

3) 같은 책

한 한인 마을을 분탕질하고 항일 민족주의자들을 닥치는 대로 체포하여 총살했다. 이때 일본군은 한인 학교는 물론 한인 신문사, 교회 등에 방화하고 임시정부 재무총장에 추대된 한인 사회의 지도자 최재형을 비롯한 70여 명의 한인을 학살했다. 훈춘참변을 취재하기 위하여 파견되었던 장덕준 기자도 이때 살해되었다.

1920년 말에 발생한 서·북간도와 연해주의 한인 참변은 그 규모가 어느 정도였는지 정확히 밝히기는 어렵다. 일본군은 자료와 증거를 남기지 않기 위해서 한인을 살상한 시신을 불에 태웠으며 건물도 방화하여 완전히 소각해 버렸다.

훈춘사변 후 북간도에서 일본군에게 입은 피해 상황을 임시정부 간도 파견원이 집계한 바에 따르면, 10월과 11월의 통계만 보더라도 피살된 수가 3천664명이며 민가 3천520동, 학교 59동, 교회당 19개소, 곡물 5만 9천970섬이 소실된 것을 알 수 있다. 또한 일본 측의 비밀 정보자료에 의해서도 그들의 만행을 찾아볼 수 있다. 일본군의 '토벌대' 주력인 19사단 사령부의 보고서(『북간도출병사 上』)에 따르면 피살 494명, 체포 707명, 민가 531동, 학교 25동이 소각된 것으로 집계되었다. 대폭 축소한 보고서다.

일제의 한인 학살에 대해 만주에서 발행하는 『길장일보吉長日報』는 다음과 같이 보도했다.

> 훈춘사건이 발생될 때 일군의 수는 5천~6천 명이나 된다. 그들은 독립군이든 아니든 묻지도 않고 한인이라면 함부로 수색하며 살해하고 있다. 예컨대 삼둔三屯에서 한인 3~4명이 체포되었고, 남대고비南大古比·오술동五

述洞 마을의 가옥은 몽땅 소각되었다. 그리고 빈송배彬松背 등에서는 14명이 타살되었는데, 그중에는 학생이 5~6명, 교원이 1명 있었다.

소가小街에서는 12명이 타살되었고 경성위자鏡城威子에서 타살된 남녀는 도합 200여 명에 달한다. 삼도구에서 불에 탄 화민華民 가옥은 2호이고 한인 가옥은 500~600호이다. 삼도구 내의 청산리 지방의 전 촌 한인 가옥 1천여 호를 전부 불살랐으며, 봉자구의 한인 가옥 70~80호도 불태워 버렸다. 회경가의 50~60호의 한인 가옥과 명동학교도 불태웠다. 최근 3주일 내에 연변 일대에서 살해된 한인은 2천여 명에 달하며 매개 촌에 이르러서는 남녀를 한곳에 집결시켜 놓고 함부로 총살하거나 불태워 죽였으며 혹은 집 안에 가두어 놓고 소살하였다.[4)]

∘ 마적단까지 끌어들여 한인을 학살하다

한국인이 만주에서 당한 참변은 일본군에 국한된 것이 아니었다. 일제는 국제 여론이나 지역의 특성을 감안하여 마적과 손잡고 수많은 한국인과 독립운동가를 학살하고 재물을 약탈했다. 만주 대륙이나 북중국 사람들은 좀도둑은 샤오터우小偷兒, 훙후쯔紅胡子 등의 단어를 쓰고, 마적이란 용어를 잘 쓰지 않는다. 마적은 일본인이 주로 쓰는 말인데, 일반적으로 좀도둑, 강도 또는 실제로 말을 타고 무리를 지어 다니면서 행패하는 기마도둑 등 도적의 무리는 모두 마적으로 불렸다.

4) 『길장일보』, 1920년 11월 7일자

여기서는 주로 무리를 지어 재물을 약탈하거나 인명을 살상하는 도적을 편의상 마적으로 표현하고자 한다. 중국에서는 오래전부터 이들 마적의 무리가 변방을 무대로 들끓었다. 중앙정부가 통제력을 잃을 때면 특히 심했다. 1920년대를 전후하여 만주 지방에는 각종 성향의 마적떼가 할거하고 있었다. 그중에는 재물을 탐하는 '순수한' 마적도 있었지만 친중국의 배일 마적단과, 일제에 매수되어 앞잡이 노릇을 하는 친일 마적도 많았다.

물론 한인을 동정하여 독립운동을 지원한 마적단도 없지 않았다. 마점산馬占山 장군은 원래 마적 출신으로 녹림綠林에 있을 때부터 우리 독립군을 도와주었으며 중국군의 장군이 되어서도 크게 협력해 주었다.

독립군들에게 친일 마적단의 존재는 버거운 것이었다. 국적이 중국이라 함부로 대할 수도 없고, 그렇다고 그냥 두자니 일제의 앞잡이로서 정보와 살육과 재산 탈취를 예사로 하기에 방치할 수도 없었다. 친일 마적 중에서 가장 악명 높은 사람은 장강호長江好로 대규모의 마적단을 이끌고 있었다. 산악지대와 오지, 벽지에까지 힘이 미치지 못하던 일제는 독립운동가의 머리에 거액의 현상금을 걸거나, 막대한 금품 또는 신식 무기를 대여해 주면서 이들을 이용했다.

장강호는 1920년 5월 2일 무송현에서 한국홍업단원 김성규·오제동·김재호·송계원 등을 유인하여 임강현 육도구에서 한족회 회원 7명과 함께 학살하는 등 숱한 만행을 저질렀다. 장강호는 조선총독부 관리에게 매수되어 독가스까지 지원받으면서 한인 민족 학교인 정몽학교 교사와 학생을 집단학살했을 뿐만 아니라 산간벽지의 한인촌을 습격하여 수많은 독립군과 한족을 학살했다. 독립운동가 신팔균 장군도 1924년 7월 홍경현 이도구二道溝에서 마적단의 습격을 받아 부하 유정열과 함께 비참한 최후를 마쳤다.

친일 마적이 자행한 독립군과 한인에게 피해는 자세한 기록이 남아 있지 않다. 산간벽지에서, 주로 심야에 기습적으로 이루어진 학살이었기 때문에 정확한 기록이나 자료가 남아 있지 않은 것이다. 그런 중에도 「덴라쿠 각서(天樂覺書)」라 하여 일본군이 기록해 둔 극비문서를 광복 후 연합군 사령부가 압수하여 미국 워싱턴 내셔널 아카이브(국가공문서보관소)에 마이크로필름으로 보관하여 그나마 후대에 알려지게 되었다.

「덴라쿠 각서」는 나카노 덴라쿠中野天樂라는 마적이 저지른 악행을 소상히 기록한 자료이다. 나카노는 1920년 조선총독부의 위탁을 받고 장춘에 일동사라는 회사를 차린 후 마적 두목이 되어 장강호와 친교를 맺고 온갖 만행을 저질렀다. 나카노는 장강호와 협력하게 된 과정을 다음과 같이 기록하고 있다.

> 다이쇼大正 8년 11월 내가 만주 장춘에 있을 때 조선총독부는 사람을 통하여 중국, 조선의 국경 밖에 있는 불령선인 토벌에 마적을 이용하고 싶다는 뜻을 전했으므로, 나는 즉시 사자를 파견하여 길림성 봉강현에 있는 장강호에게 그 취지를 전달하였더니 이를 그는 승낙하고 협의하고 싶다는 뜻을 회답하였다.

이렇게 총독부 밀정과 만주의 마적 대장이 한통속이 되어 총독부의 자금과 무기를 지원받으면서 우리 독립군과 한인 학살에 혈안이 되었다. 이들의 행적 몇 가지를 살펴보자.

1920년(다이쇼 9년) 10월 하순 부하들을 총소집하여 1천400명 중에서 가장 정예 500명을 선발하고, 잔여 부하는 대기시켜 놓고 나와 장강호는 선발대를 직접 지휘하여 불령선인을 토벌하기 위해 몽강현 청강곤을 출발하여 안도현으로 향하였다. 대개 불령선인의 광복단은 봉천성 안도현 유두산에 있었다. 이곳은 40여 호의 조선인과 3호의 만주 토민土民으로 이루어졌다. 부락에 있는 조선인은 모두 광복 단원이었으며, 광복단 모임도 여기서 하였다.

그러므로 먼저 이 부락을 습격하여 가옥 40여 호를 소각하고 광복단 연변 교관 및 제2대장, 외교부장 및 부원 3명, 아울러 구장區長·부구장·광복단 병졸 등 10여 명을 독가스로 죽였다.

11월 5일 아침 전 부대가 장강호 및 나카노 덴라쿠의 지휘 밑에 안도 현성城으로 향하였다. 6일 미명에 공격을 개시하여 정오에 이르러 점령하였으므로 중국 관병은 모두 현성에서 퇴각하였다. 7시간에 걸친 격전으로 우리 측은 전사자 5명, 중경상자 14명이었으나 중국 관병은 사상자 수가 50여 명에 달하였다. 4일간 머물면서 불령선인을 소탕하였다. 광복단 외교부원 병졸 27~28명을 죽이고 증거서류를 압수하여 혜산진경찰서에 교부하였다.

일본 관헌의 지시에 의하여 21도구道溝를 습격하도록 행군하는 도중 22도구 및 23도구에 산재한 불령선인의 가옥 수채를 불지르고 10여 명을 총살과 교살로 죽였다. 우리 부대(마적대)가 그곳을 토벌하여 모두 소탕하고 나니 당시 대안對岸에서 우리 부대(장강호 부대)를 감시하고 있던 일본 관헌 수명이 무장한 채 강을 건너와 독가스를 사용한 현장이며 가옥을 소각한 행적 및 조선인의 상황 등을 임립林立하였다.[5]

◦ 러시아 이동 중 일본군에 타격

1920년대 말 일본군에 의한 서·북간도 한인 사회의 참변은 국내에서 자행된 의병학살 못지않았다. 한민족은 국내외를 막론하고 일제로부터 이토록 심한 참변을 당했으며, 그것도 모자라서 만주의 마적단한테까지 학살과 약탈을 당했다. 박은식은 『한국독립운동지혈사』에서 서·북간도 한인 사회의 참변을 다음과 같이 기록했다.

> 아아! 세계 민중 중에서 나라를 위하여 몸을 바친 자 수없이 많지만 어찌 우리 겨레처럼 남녀노유가 참혹하게 도살을 당한 자 있으리오. 역대 전쟁사에서 군사를 놓아 살육, 약탈한 자 수없이 많지만 저 왜적처럼 흉악하고 포악한 자는 들은 적이 없다. (……) 저 왜적이 우리 서·북간도의 양민 동포를 학살한 일 같은 것이야 어찌 역사상에 일찍이 있던 일이겠는가.[6]

일제의 '간도 학살'을 길게 소개하는 것은, 홍범도와 여타의 독립군이 더 이상 간도에서 유격전이 불가능하게 되고, 국내진입의 전투도 사실상 종료되었음을 살피기 위해서다. 일제는 '물고기가 사는 호수'를 황폐화하는 '삼광전략'을 편 것이다.

홍범도는 11월 하순 왕청현 북부 지역에서 다른 독립군 부대들과 잠시 회동했으나, 이곳 역시 일본군이 주둔하여 오래 머물기 어려웠다. 1920년 12월 초 돈화현 양수천자涼水泉子에 도착하여 이 지역에서 잠시 부대를 재소집하는 일을 서둘렀다.

5) 이강훈, 『마적과 왜적』, 인물연구소, 1990
6) 박은식, 『한국독립운동지혈사』, 『백암 박은식 전집』, 제2권, 동방미디어, 2002

양수천자에서 주둔한 홍범도는 김좌진과 공동으로 해산했던 부대원들을 재소집하는 전단을 만들어 한인 거주 지역에 배포했다. 일제의 간도 총영사관이 수집한 정보 문건이다.

해산한 우리 군사에 고함

지난번 우리 군대 병사를 해산시킨 것은 일시의 편법에 지나지 않은 것으로 광복 사업이 성취되지 않는 한 이(군대)를 해산하지 말아야 할 것이다. 지금 (러시아) 노농정부勞農政府와 약정하여 군수를 충분하게, 또 무기와 탄약은 제한 없이 무료로 공급받게 되었다.

(봉기) 이래 와신상담하여 산과 들을 누비면서 목우즐풍(沐雨櫛風, 비바람을 무릅쓰고 동분서주함)에 쉬는 날 없이 상하가 서로 피를 마시며 맹약한 것을 지켜야 할 것이다.[7)]

홍범도는 이 무렵 임시정부에서 특파한 안정근·왕삼덕 등과 함께 중로연합선전부中露聯合宣戰部의 조직에 참여하여 간도지부 집행군무사령관의 직책을 맡았다. 중로연합선전부는 그해 8월경 상하이 임시정부와 러시아 혁명정부 사이에 맺은 공수동맹攻守同盟 조약문의 제5장 규정에 따라 설치된 것이었다.

이 조직은 중·러 국경 지방의 한인에게 공산주의를 선전하는 내용을 언급하고 있지만 애초에 임시정부가 의도한 바는 중국과 러시아, 기타 세력과 연합하여 일본군에 대항하려는 데 있었던 듯하다.[8)]

간도지부가 집행하기로 한 내용은 이 시기 홍범도의 사상적 경향의 일

7) 장세윤, 『홍범도 생애와 독립전쟁』, 독립기념관, 198쪽 재인용, 1997
8) 같은 책, 197쪽

단을 보여 주는 대목이다. 그러나 홍범도 연구가 장세윤은 "집행군무사령관의 직책은 조항에 규정된 '부호의 재산 분배'를 실현하는 것이었으나, 홍범도가 그것을 실행하지는 못한 것 같다. 왜냐하면 중로연합선전의 간도지부 자체가 별 활동을 하지 못했으니 범도 자신도 곧 북만주로 북상하여 시베리아로 갔기 때문"이라는 설명이다.

중로연합선전부 간도지부에서 집행하기로 결정된 4개 항은 다음과 같다.

1. 선전지부장 및 위원은 주로 간도 지방 및 러시아·중국 국경 방면에 거주하는 한인에 대하여 공산주의를 선전함.
2. 집행군무사령관 및 그 휘하는 무력으로서 부호의 재산 분배를 실행함.
3. 간도 지방 주재 일본 군경에 대해 기회를 보아 습격함.
4. 앞의 각 조항에 대해 반대 행동을 하는 자는 전부 극형에 처함.[9)]

홍범도는 12월 13일 육도부六道府 근처에 일본군 토벌대의 한 지대가 지나간다는 첩보를 입수하고 포위 공격하여 지대장 다카하시 중위 등 18명을 사살하고 35명에게 중경상을 입혔다. 1921년 1월에는 부하였던 한준성과 김태화가 평안남도 성천군 통천면사무소를 습격하여 일본인 금융조합 이사 등을 사살했다. 간도에서 학살당한 한인들에 대한 보복 공격이었다.

9) 일제 고등경찰의 제95호(1921년 1월 8일자), 「국외정보문서」, 장세윤 앞의 책, 197쪽

9장

대종교에 참여하여 민족정신 선양

독립운동과 민족종교의 관계

흔히 홍범도는 무인 출신으로 이념이나 사상 면에서 깊이가 덜한 것으로 인식되기 일쑤다. 하지만 그는 대종교大倧敎와 단군 계열인 단학회壇學會 등에 깊숙이 참여하여 활동했다. “일제하 항일 독립운동의 정신적 배경에서 떼어 놓을 수 없는 것이 단군이다. 주목되는 것은 홍범도의 이념적 배경 역시 단군이라는 의미와 적잖게 연관된다는 점이다. 일제하 단군이란 이념과 종교를 초월한 중심이었다.”[1] 홍범도의 단군 관련 단체 활동을 이해하기 위해 대종교에 대해 살펴보자.

1) 김동환, 「홍범도 항일투쟁의 이념적 배경」, 『봉오동전투 전승 91주년 학술회의 자료집』, 64쪽, 2011

1900년을 전후하여 나라의 운명이 크게 흔들리고 있었다. 황실은 갈리어 권력투쟁의 장場이 되고 지도층은 청나라에 기댄 위정척사파(수구당)와 일본을 등에 업은 개화파로 나뉘어 싸우고 있었다.

국정은 세도정치로 부패 타락하고 백성들은 가렴주구에 시달려 기진맥진한 상태가 되었다. 천주교가 들어와 반상의 신분 질서를 바꾸고자 했지만 정부의 혹독한 탄압으로 수많은 순교자를 낸 채 지하에 숨어들었다. 동학농민군이 마지막 몸부림을 쳤지만 외세가 들고 온 신식 무기에 녹두꽃처럼 떨어지고 말았다.

그야말로 내우외환이었다. 백성들은 육체적으로 시달리고 정신적으로 황폐화되었다. 이럴 즈음 이 땅에서는 각종 민족종교가 창도되고 부활하여 신생新生의 횃불이 되거나 세상을 어지럽히고 백성을 미혹하기에 나섰다.

천도교·시천교·청림교·상제교上帝教·수운교·경천교·천도명리교天道明理教·제우교濟遇教·백백교·태을교太乙教·보천교·단군교·대종교·원종교元宗教·원불교·증산교 등이 치병에서 영혼 구제·국난 극복에 이르기까지 제각각 사명을 제시하면서 창도되었다.

민족종교 중에는 본래의 목표대로 정진하는 교단이 있었는가 하면 상당수는 변질되어 친일 매국의 앞잡이가 되거나 국난기에 편승하여 혹세무민을 일삼기도 했다.

일제강점기에 민족종교 중에서 대종교는 가장 격렬하고 줄기차게 일제 침략자들과 싸웠다. 대종교의 전신인 단군교의 전통과 뿌리가 있었기에 가능한 일이었다.

단군교는 단군조선 시대부터 명칭을 달리하면서 면면한 전통으로 이어졌다. 부여에서는 대천교, 예맥에서는 무천, 마한에서는 천군, 신라에서는 숭천교, 고구려에서는 경천교, 발해에서는 진종교, 고려에서는 왕검교,

만주에서는 주신교, 다른 지역에서는 천신교라 불리면서 개국주開國主인 단군을 받들었다.

단군 숭배사상을 기초로 한 단군교는 옛적부터 단군을 시조始祖, 국조國祖, 교조敎祖로 신봉하면서 명맥을 이어 왔다. 불교가 들어오면서 단군교는 사찰 본당과 대웅전의 뒤편 삼신각에서 간신히 잔명을 유지했고, 유교가 국교가 되면서는 공자나 주자에 밀려났다. 기독교(천주교)가 유입되면서 '우상'으로 전락되고 일제강점기에는 말살의 대상이 되었다.

단군(교)의 존재가 새롭게 등장한 것은 고려시대 몽골제국에 맞서 싸우면서 내부적으로 민족의식·민족적 일체감이 형성되면서부터다. 안으로는 무인 정권의 폭압에 시달리고 밖으로는 세계를 제패한 몽골의 침략으로 국토가 쑥대밭이 된 민족 수난기에 내적인 민족 통합의 정신적 일체감이 단군을 중심으로 형성되었다. 이 시기에 단군을 국조로 하는 일연선사의 『삼국유사』와 이승휴의 『제왕운기』가 편술된 것은 결코 우연이 아니다. 민족적인 위기를 국조를 중심으로 극복하려는 의지의 소산이었다.

몽골제국이 13세기 초에서 중엽까지 80여 년 동안 고려의 정치에 간섭할 때 나타난 단군교가 20세기 초 일제의 침략으로 다시 국권이 위태로워지면서 국권회복의 구심체로서 부활했다. 몽골 침략 이후 7백여 년간 단절되었던 단군교가 1910년 8월 5일 나철이 대종교로 교명을 개칭하면서 국난 극복의 구원투수로 등장한 셈이다.

단군교가 대종교로 명명한 날을 중광절이라 한 것은 단군 신앙의 부활을 뜻한다. '중광(重光, 거듭 빛남)'이란 국교國敎의 계승을 분명히 한 것이다.

◦ 단군 관련 각종 사서 간행에 참여하다

대종교가 중광을 계기로 한민족의 독립 의지를 강하게 표명하면서 일제의 가혹한 통제와 탄압이 따르게 되었다. 일제는 대종교를 항일 구국운동의 비밀 결사체로 인식하면서 치안 경계 대상으로 삼아 탄압했다.

국내에서 활동이 어렵게 된 대종교는 1911년 7월 21일 백두산 기슭의 화룡현 청파호青波湖로 총본사를 옮겼다. 동포들이 가장 많이 사는 청파호에 총본사와 대종교 경각 등을 짓고 이곳에 뿌리를 내렸다. 청파호를 근거지로 삼아 4도 본사를 각기 청호·상해·서울·소왕청에 두고, 조선·중국·러시아 연해주 등 한국인이 사는 곳에 학교를 세워 포교 활동과 민족교육을 실시했다.

다만 조선총독부가 1915년 10월 1일 이른바 '종교통제안'을 공포하여 대종교에 포교 금지령을 내리면서 공식적으로는 해방이 될 때까지 국내 포교 활동은 중단될 수밖에 없었다.

홍범도는 1914년 만주에서 조직된 비밀 단체 단군 계열인 단학회에 가입하여 활동한 것으로 알려졌다. 회원이 5만여 명에 달했던 단학회의 중심 인물은 계연수·이관즙·최시봉·오동진·김효운 등이고, 홍범도는 이상룡·박응룡·정창화·박용엽 등 14명과 1915년에 참여했다.

대종교가 민족 정통 사상을 계승하면서 독립운동의 중심으로 자리 잡게 되자 각지의 애국지사들이 속속 모여들었다. 대종교 중광의 주역인 나철은 "나라는 비록 망했으나 정신은 가히 존재한다."라는 '국수망이도가존國雖亡而道可存'의 정신으로 독립운동과 단군 신앙을 일체화했다. 이에 따라 대종교에서는 일제의 조선사 왜곡에 맞서 단군에 대한 서적을 대량으로 출간했다.

1914년에 『신단실기新檀實記』와 『신단민사新檀民史』의 발간을 시작으로 1922년에 『삼일신고강의三一神告講義』, 『신리대전神理大全』, 『회삼경會三經』, 『신사기新事記』, 『조천기朝天記』, 『신가집神歌集』을 간행했다. 1923년에는 국문으로 된 『현토신고강의』, 『신리대전』, 『신사기』, 『화삼경』, 『신단민사』 등을 신간·재간하고, 이와 함께 『삼일신고강의』, 『종라문답』, 『신가집』, 『배달족강역형세도倍達族疆域形勢圖』 등 교적을 속속 간행했다.

대종교의 사서 간행은 1930~1940년대에도 이어져서 『삼일신고』, 『신단실기』, 『오대종지강연伍大宗旨講演』, 『종문지남倧門指南』, 『한얼노래』 등을 펴내어 동포들을 교육하고 민족혼을 지켰다.

1910년대와 1920년대에 걸쳐 대종교에는 독립운동계의 거물들이 참여했다. 홍범도·신규식·박은식·윤세복·신채호·김두봉·정인보·장지연·유근·김교헌·서일 등 당대의 민족사학자 대부분이 대종교와 직간접적으로 연계되어 독립운동을 전개했다.

대종교 계열의 독립운동가 신규식은 나라 망한 원인을 "첫째는 선조들의 교화와 종법을 잊어버렸고, 둘째는 선민先民들의 공열功烈과 그 이기利器를 잊어버렸고, 셋째는 제 나라의 국사를 잊어버렸고, 넷째는 나라의 치욕을 잊어버리게 되었으니 이처럼 잊어버리길 잘하고 보면 그 나라는 망하게 마련이다."라고 통분하면서 『한국혼韓國魂』을 지었다. 대종교의 '역사 지키기' 정신의 일환이었다.

『단학회보』 발간에 자금을 지원하다

일제강점기에 가장 먼저 발표된 독립선언서는 1918년 음력 11월 만주와 블라디보스토크를 중심으로 당시 해외에 나가 있던 저명인사 39명이 서명한 「무오독립선언서」이다. 「대한독립선언서」라고도 불리고, 대종교 인사들이 다수 참여한 까닭에 「대종교독립선언서」라고도 불린다.

여기에는 김동삼·김교헌·박찬익·김학만·김좌진·박은식·신채호·윤세복·정재관·이범윤·신규식·이시영·이상룡·이학만·유동열·이광·안정근·이대위·최병학·이동휘·박용만·이동녕·조소앙·여준·손일민 등이 서명했는데 상당수가 대종교 계열의 인사들이다.

「대종교독립선언서」는 먼저 우리 대한은 완전한 자주독립국임과 민주의 자립국임을 선포하고 우리 대한은 타 민족의 대한이 아닌 우리 민족의 대한이며, 우리 한토韓土는 완전한 한인의 한토이니, 우리 독립은 민족을 스스로 보호하는 정당한 권리를 행사하는 것이지 결코 사원私怨의 감정으로 보좌하는 것이 아님을 선언했다.

선언서는 일본의 병합 수단은 사기와 강박과 무력 폭행 등에 의한 것이므로 무효이니, 섬은 섬으로 돌아가고 반도는 반도로 돌아오고, 대륙은 대륙으로 회복하라고 촉구했다. 또 2천만 동포들에게 국민된 본령이 독립인 것을 명심하여 육탄혈전함으로써 독립을 완성할 것을 촉구했다.

조소앙이 집필한 것으로 알려진 이 선언서의 특징은 일제의 조선 병탄 무효를 선언하고, 섬은 섬으로 돌아가고 반도는 반도로 돌아올 것을 촉구했다는 점이다. 「대종교독립선언서」를 필두로 도쿄 2.8독립선언, 기미 3.1독립선언 등 자주 독립선언운동으로 항일투쟁의 절정을 이루었다.

홍범도는 단학회에서 단군 관련 한국고대사 『환단고기桓檀古記』의 발간에 물질적 지원을 아끼지 않는 등 열정을 보였다.

홍범도는 대종교의 중심에 있으면서 단학회의 사업에도 적극적이었다. 이기의 감수를 거치고 계연수가 엮어 낸 『환단고기』라는 역사책 발간에 적극 후원한 것이 한 예다. 그 서책 앞에 계연수가 적은 범례에 보면, "또 홍범도·오동진 두 벗이 돈을 내어 여러분에게 부탁하여 인쇄해 내는 바, 하나는 자아 인간의 주성主性 발견으로 크게 기뻐하며, 하나는 민족문화의 표출 이념이 됨으로써 크게 기뻐하며, 하나는 세계 인류의 대합對合 공존으로써 크게 기뻐하는 바이다."라는 기록이 그것이다.[2)]

홍범도를 비롯한 단학회 간부들은 단군정신을 통해 잘못된 역사관을 바로 세우고 민족사의 전통을 계승하여 국권을 회복하고자 『단학회보』를 간행했다. 1919년 3월 16일 간행한 『단학회보』의 발간사에서 이와 같은 의지를 살피게 한다.

유구한 신시개천神市開天의 홍익인간주의 사상과 운동은 육천 년 이래의 역사적 사회생활의 근본원리와 전통 교육을 확립하고, 삼천만 민족은 항상 이 숭고한 환국桓國의 오훈五訓부여의 구서九誓를 그 하늘의 부인符印으로 하는, 대단일大圓一의 원리원칙에 입각하여 신시강토神市疆土를 수호하면서, 인격적으로 세계 인류와의 공존 생활을 추구하고 역사적으로 인류문화와의 화조운동和調運動을 힘쓰고 있는 것이다.

2) 『환단고기』, 「범례凡例」, 김동환, 앞의 글, 70쪽, 재인용

우리는 여기에서 '조국의 상징'을 찾아 새로운 이념 체계와 올바른 사상 방법을 세우고 힘 있는 의식화의 조직과 자유로운 사회화의 훈련을 펴면서, 개벽開闢·탕평蕩平·실사구시實事求是의 새 기풍을 진작하고 홍익인간 농촌계발農村啓發을 그 핵심으로 한, 지생쌍수智生雙修 생활 종교의 육성과 함께 사회문화 복리시설의 향상에 대한 최진最眞·최선最善·최미最美의 노력을 다하여, 세계 인류의 구제와 봉사로써 미개발 지역의 이용 확대 계획을 실시하며, 세계 최신 문화와의 대합경쟁對合競爭에서 우리의 입장을 천명하여 진정한 민족문화의 건설을 제창하며, 전쟁 폐지 인류애 보급을 근본정신으로 세계 연합 인류 동화주의의 홍익인간 시대에 알맞은 경제·지식·도덕의 체제를 수립하는 데까지 노력하는 것이다.

이제부터 우리 단학회는 우리의 건전한 주체의식과 민족의 전통 및 그 번영을 선행조건으로 한 민주주의에 포착하여 실용적인 격치과학格致科學과 주의적主義的인 실천윤리를 완전 일치로 하는, 그 환국桓國의 '홍익인간弘益人間' 정신을 사회적으로 인격화하며, 책화보국 진제애민責禍報國 賑濟愛民의 일시 동락 관념을 복리적으로 확대 발전시키어, 우리의 국토, 우리의 역사, 우리의 문화 사상에 대한 위학방법爲學方法으로 다시금 되살리어, 현실을 통한 민족의 자주독립 성업聖業을 성취하는 데 일조가 될 뿐이다.

이제부터 단학회는 재래在來의 그릇된 역사관을 바루며 민족의 올바른 전통과 신념을 파지把持하여 국가의 주권을 회복함으로써, 우리 자손만대의 복지안전과 세계 공동의 자유 행복의 길을 터줄 것을 다짐하고 우리는 『단학회보』를 세상에 전포하는 것이다."[3)]

3) 이유립, 『봉오동전투 전승 91주년 학술회의 자료집』, 39쪽, 김동환, 앞의 글, 71~72쪽, 재인용

대종교도들은 동포 교육과 민족혼의 계승운동에만 만족하고 있었던 것은 아니다. 무장 독립 단체를 조직하고 항일 무장투쟁에 직접 참가했다. 대종교 지도자 중 홍범도·서일·김좌진·윤세복·김혁·이상용 등 독립운동 지도자들은 북로군정서·대진단·대한독립단·흥업단 등을 조직하고 다른 무장 단체와 연합하여 봉오동·청산리 대첩을 이루었다. 일제강점기에 최대의 전승인 청산리대첩은 대종교도들이 주축을 이루어 낸 쾌거다.

대종교가 무장투쟁의 전개 과정에서 보여 준 살신성인·선공후사·진충보국·일기당천의 정신 속에는 단군을 국조로 하는 민족 정통의 종교적 배경이 크게 작용했던 것으로 평가된다.

안화춘(연변사회과학원 역사연구소) 교수는 대종교의 항일 구국운동을 크게 세 가지로 종합했다.

> 첫째는 조선인의 민족정신, 단군을 중심으로 한 민족정신을 배양하고 일제의 문화 침략에 대항하여 조선 민족의 독립을 이룩하고 이상국가인 배달국가를 재건하려는 것.
> 둘째는 대종교도가 주체가 되어 반일 무장 단체를 조직하여 일제와 직접 무력 항쟁을 전개한 것.
> 셋째는 일제 식민지 통치에서 민족 사관을 정립하여 조선 역사의 맥을 이은 것.

홍범도는 의병투쟁과 독립전쟁을 하면서 그 정신 속에는 항상 단군의 개국정신을 기본으로 삼았다. 대한독립단을 창설하고 「대한독립단선언문」을 발표한 날을 단군어친절(음력 3월 15일)에 맞춰 한 것에서도 그 정신의 일단을 살필 수 있다.

홍범도의 입교 기록은 유실되었지만, 그가 대종교 동도 본산의 주요 인물로 활약하고 있었음은 공공연한 사실이다. 특히 홍범도가, 김교헌·서일·윤세복·이시영·이동녕 등과 함께 백두산을 중심으로 중국이나 러시아 지역에 흩어져 사는 동포들을 국교정신으로 결합하는 동시에, 민족전통을 계승하고, 풍찬노숙으로 생명과 재산을 오로지 이 나라 이 민족에 바친 인물임을 볼 수 있었다. 홍범도가 단군 신앙을 통해 항일투쟁을 행했음을 알 수 있는 부분이다.

또한 홍범도가 단학회라는 또 다른 단군 계열 결사에도 관여했음을 확인했다. 계연수·이관즙·최시홍·오동진·이상룡 등이 그와 함께한 동지들이다. 홍범도와 그들은 굳은 제천혈맹을 맺고, 민족주의 교학教學과 사관史觀 정립을 통해 항일 독립통일을 위한 진선陳線을 확대하는 데 힘을 기울였다.[4)]

4) 김동환, 앞의 글, 73쪽

10장

좌절의 시기, 레닌·트로츠키와 회견

러시아령 이만에서 무장해제 당하다

1921년 홍범도는 무장 독립전쟁에 투신한 지 14년 차로 53세가 되었다. 여전히 건강하고 투지는 불타올랐다. 일제가 봉오동·청산리 대첩의 분풀이로 동포 수천 명을 학살했다는 소식을 듣고 반드시 되갚겠다는 각오를 단단히 하면서 새로운 출발점에 섰다.

이해 1월 하순, 그는 700여 명의 부대원을 이끌고 흑룡강(우수리강)을 건너 러시아령 이만(아무르주)으로 들어갔다. 대규모의 군대를 편성해 다시 일본군을 격퇴하기 위해서는 소비에트 정부의 지원이 필요하다고 믿었기 때문이다.

1920년 늦여름 소비에트 노농정부와 상하이 대한민국임시정부 정권위원 사이에 비밀 군사협정이 체결되었다. 6개 항으로 된 이 협정은, 소비에트 정부는 한국 독립군 부대의 시베리아 주둔 및 양성을 승인하며 무기와 장비를 공급하기로 약속한다는 내용으로 이루어져 있다. 그 대신 대한민국임시정부는 시베리아 주둔 독립군으로 하여금 소비에트 정부가 지정하는 적군赤軍 사령관의 군사명령을 받아들이며, 시베리아를 침략하는 적대국에 대해 공동으로 작전하도록 승인한다는 점을 명시했다. 이 협정은 홍범도 등 독립운동가들에게 있어서 시베리아에 한인으로 구성된 대규모 무장부대를 편성한다는 계획의 기반이 되었다.

홍범도가 러시아령 이만으로 부대를 옮긴 것은 이와 같은 배경이 크게 작용했다. 간도참변 이후 활동 근거지를 상실한 무장 독립운동가(단체)들이 속속 이곳으로 이동했다. 일제가 1920년 4월 블라디보스토크 지역에 침입하여 한인들을 대거 학살하면서, 김표도르 등 의병부대들도 이만으로 옮겨와 빨치산 부대(이만 부대)를 결성하여 일본군과 싸우고 있었다.

이만에는 홍범도 부대 외에 김좌진 부대의 일부, 최진동의 총군부 부대, 안무의 대한국민회 부대를 비롯하여 연해주와 북간도의 각급 무장 부대 그리고 소비에트 영내에서 결성된 각종 한인 부대들이 합류했다. 전체 무장부대의 성원은 약 4천500명을 헤아리는 규모였다. 자유시 일대에 집결한 각 무장 단체는 다음과 같다.

① 간도 각 의병대

총군부 군대 : 최진동·허근(허재욱)·이택

국민군대 : 안무·김광·정일무·김규찬

독립군 군대 : 홍범도·이청천·이병채

(군정서 군대 : 김좌진·서일)

② 노령 각 의병대

이만 군대 : 김표도르·박공서·김덕보

다반 군대 : 최니꼴라이

독립군 군대 : 박그레고리·최빠사

니항 군대 : 박일리아·임호·고명수

자유대대 : 오하묵·황하일[1)]

청산리대첩 후 일제의 추적을 피해 밀산을 거쳐 연해주를 목표로 결정한 홍범도와 김좌진은 다음과 같은 '권고서'를 발표했다.

> 각 단체에서 러시아 영토로 간 사람은 적지 않다. 복국 사업이 완성되지 않았던 이전 우리 군은 일시적인 방법으로 해산을 선언했으나 결코 해산은 쉽지 않았다. 현재 군수품 및 총기, 총알 등 모두 무제한·무대가로 우리 군에 공급해 주기로 노농정부와 약속을 했다.
> 무릇 한인은 원수를 갚거나 마음먹는 일을 이루기 위해 온갖 어려움과 괴로움을 참고 견디며, 모두 한마음으로 목숨을 걸고 영원히 원수를 잊지 말자고 맹세했다.[2)]

이만의 자유시(알렉세예프스크)에 모인 한인 독립군 부대의 책임자들은 1921년 1월 '대한의용군'을 조직하고자 '전한의병대의회 소집위원회'를 구성한 데 이어 3월 중순경에 아무르주의 미사노프에서 전한의병대의회를 개최하고, 전한군사위원회와 대한의용군 총사령부를 조직 편성했다.

1) 「재로 고려혁명군대 연혁」, 『중국 동북지역 한국독립운동사』, 446쪽, 집문당, 1997
2) 『대공보大公報』, 1921년 1월 1일자

군사위원은 이용·채영·한운룡·장기영·박일리아 등 5명이, 참모부에는 홍범도·안무·서일·이청천·이용·최진동 등 15명이 선출되었다.

> 만주 독립군과 노령 빨치산 부대가 통합되어 총 인원 3천여 명의 무장 부대가 편성되었다. 그리하여 대한의용군은 자유시 부근 마사노프로 이주하여 부대를 편제함과 동시에 군사훈련을 개시하였다. 신흥무관학교의 교성대 출신과 기타 사관학교 출신자들이 교관이 되어 각 대대, 중대로 배치되어 군사훈련을 실시하였다. 지청천은 독립군 부대의 연대장 겸 '총교관'으로서 의용군 3천 명에 대한 일체의 군사교육과 훈련을 총괄하였고, 한운룡·이용·채영 등이 교관으로 활약하였다.
> 이 무렵 대한의용군 총사령부 지휘부는 의용군을 정규 부대로 편제하는 문제를 놓고 논의를 진행하고 있었다. 그런데 이 과정에서 노령의 무장부대 사이에 주도권을 둘러싼 갈등 관계가 조성됨으로써 문제가 발생하였다.[3)]

자유시 보병대대와 대한국민의회, 전로全露고려공산당 등이 독자적인 최고 군사기관을 조직하겠다고 나서면서 대한의용군을 인정하려 하지 않은 것이다. 이로써 모처럼 태동한 독립군의 통합부대가 되는 '대한의용군'의 조직은 수포로 돌아가고, 독립운동 세력끼리 충돌을 빚게 되는 빌미가 되었다.

당시 아무르주의 정치 군사 상황은 대단히 복잡 미묘한 상태에 놓여 있었다. 항일 독립군 부대들은 자유시로 이동하여 다시 연합부대를 결성하

3) 『중국 동북지역 한국독립운동사』, 447쪽

고 일제와 싸우는 것이 목적이었다.

그런데 러시아원동공화국 제2군단에서 한인 독립군 부대의 무장해제를 요구하고 나섰다. 명분은 한인 부대들이 일본제·러시아제·체코제 등 다양한 병기로 무장하여 전투에 효율성이 떨어지므로, 이를 회수하여 러시아제로 일괄하여 지급하겠다는 것이었다.

군인에게 무기는 생명과 같은 것으로 많은 병사들이 의구심을 제기하면서 선뜻 응하지 않았다. 그러나 홍범도는 고심 끝에 이에 따르기로 결정했다. 러시아 혁명정부가 자신들을 속일 리 없을 것이란 믿음 때문이었다. 원동공화국 제2군단을 직접 방문하여 소지하던 부대원들의 무기를 모두 제공했다. 1907년 후치령전투에서 노획했던 기병총만은 기념으로 간직하고자 남겨 두었다.

홍범도는 이때 일본식 소총 709정, 러시아식 소총 4정, 탄환 4만 7천발, 권총 40개, 수류탄 2천804발, 나팔 6개 등을 맡겼다고 『일지』에 기록했다.

그러나 홍범도의 판단은 결과적으로 실책이었다. 일제가 1907년 총포화약류 단속법을 공포하고 각종 무기를 빼앗을 때 산포수들과 함께 이를 거부하면서 항일전에 나섰던 그로서는 다소 의외의 행동이었다. 그리고 무장해제 과정에서 전개된 한인 병사들끼리의 충돌은 엄청난 비극으로 이어졌다.

'자유시 참변', 독립군끼리 총질하다

1921년 6월 28일 노령 자유시에서 3마일 떨어진 수라셰프카에 주둔한 한인 부대인 사할린의용대를 러시아 적군 제29연대와 한인보병자유대대(자유대대)가 무장해제시키는 과정에서 양측 간에 충돌이 벌어졌다. 많은 사상자를 내게 된 이 사건은 외견상으로는 무장해제 과정이지만 배경은 이르쿠츠크파(노령파) 고려공산당과 상해파 고려공산당의 주도권을 둘러싼 파쟁이 불러일으킨, 한국 무장 독립운동사상 최대의 비극적인 사건이었다.

사할린의용대는 이만에서 트라피친의 적색 빨치산과 함께 일본군을 크게 격파한 한인 부대로서, 이들이 일본군의 추격을 피해 자유시로 들어왔을 때, 당시 자유시에는 자유대대 외에도 홍범도 부대를 비롯하여 많은 독립군 부대가 집결하고 있었다. 사할린의용대의 실력자 박일리아는 자유대대의 오하묵·최고려 등과 군통수권을 둘러싸고 대립하게 되었다.

자유대대는 원래 대한국민의회 휘하의 무장부대였다가 러시아 극동공화국 인민혁명군 제2군단에 편입된 한인 부대이며, 대한국민의회는 상해 임시정부와 이동휘 상해파 고려공산당에 대해 비판적인 이르쿠츠크파였다. 당시 극동공화국 한인 부대에는 상해파의 이동휘계 인물인 박애·장도정 등이 활동하고 있었다. 박일리아는 군통수권 장악을 위해 이르쿠츠크파와 반목하는 상해파와 손을 잡고, 휘하 부대와 간도에서 온 독립군 부대를 자유시 근처의 마사노프로 이동시켰다.

그러한 가운데 군통수권 투쟁에서 박일리아가 일단 승리하여 전군에 군림했다. 박일리아는 그의 지휘 아래에 있으면서 치타로 떠나간 6인 대표의 최종보고를 기다리고 있었다. 그때 오하묵이 대한의용군의 임시사령관으로 부임기에 어쨌든 만나 봐야 했다. 당시 이청천은 크게 실망하여 간도로 되돌아가는 도중에 블라고베셴스크에 체류 중이었으므로 오하묵과 이 화합에 동석하지 않았다.

코민테른 동양비서부는 양파의 대립을 조정하기 위해 고려공산혁명군정의회를 결성, 적군 빨치산 영웅 갈란다라시월린을 의장 겸 총사령관에 임명하고 군통수권을 책임지도록 했다. 박일리아는 이에 불복했으나, 홍범도·안무의 부대가 마사노프에서 빠져나오자 점차 고립되었다.

설득에 실패한 갈란다라시월린은 29연대를 동원, 6월 28일 수라세프카로 이동해 있던 사할린의용대에 대해 무장해제를 단행했고 이때 자유대대도 각 연대와 함께 행동했다. 두 세력의 충돌로 빚은 희생자 수는 자료마다 서로 다르다. 「재로 고려혁명군대 연혁」에는 사망 36명, 포로 864명, 행방불명 59명으로, 「간도 지방 한국 독립단의 성토문」에는 사망 272명, 익사 31명, 행방불명 250명, 포로 917명으로 되어 있다.

충돌 후 고려군정의회는 포로 심사를 거쳐 일부는 수감하고 나머지는 이르쿠츠크로 이동시켰으며, 다른 무장부대도 이르쿠츠크로 이동하여 적군 제5군단 산하 1개 여단으로 편성되었다. 상해파 고려공산당과 이르쿠츠크파 공산당의 파쟁이 빚어낸 비극으로, 무고한 다수의 독립군 대원들이 희생당하고, 이후의 한국 공산주의운동에도 악영향을 끼치게 되었다.

세칭 '자유시 참변'은 한국 혁명운동사상에 너무나 불행한 참변이었다. 한마디로 말하면 이것은 한국 독립운동가들이 러시아 적군에게 당한 일대 참변이었으나, 더 근본적으로는 이른바 이르쿠츠크파 대 상해파 사이의 대립 투쟁의 산물이라고 할 수 있다. 그 배경은 너무나 복잡하다. 레닌 정부, 코민테른, 극동공화국 정부 및 볼셰비키 현지 당들이 한인의 역량을 총체적으로 이용하기 위하여 한인 독립운동 세력의 민족파, 준공산파 내지 공산파와 모두 적당한 관련을 맺어 오다가 일정한 단계에 이르러 그 모순이 폭발되고 만 것이다. 자유시 참변은 바로 그 대표적인 현상이었다고 할 수 있다.[4)]

○ 조정에 실패, 반대 측 병사들 재판관으로

홍범도는 이념형 지도자가 아닌 무장이었다. 그래서 이데올로기적인 색채가 강하게 대립되는 두 세력을 조정하고자 무척 노력했으나 허사로 끝나고, 양측 사이는 돌이키기 어려운 충돌을 빚고 말았다. 이념보다 조국해방운동이 먼저였던 그에게는 쉽게 납득이 가지 않는 사태의 진전이었다. 그는 두 세력 간의 중도적 위치에서 조정 역을 맡았다.

홍범도는 양파의 갈등 속에서 가능하다면 이들을 조정하여 단결을 이루려고 애썼다. 그래서 그는 5월 6일에 오하묵·최진동과 함께 자유시에 집결된 각 군사 단체의 통일 문제를 협의하였다. 6월 2일에는 박일리아의 방해를 무릅쓰고 예하부대원 440명을 이끌고 오하묵 진영으로 넘어왔다. 범도는 고려혁명군정의회 측이 정통성에는 문제가 있지만 그렇다고 이에 가담하기를 완강히 거부하는 상해파의 박일리아 등이 지나치다고 판단하였다.

4) 김준엽·김창순, 『한국공산주의운동사』 (1), 청계연구소, 302쪽, 1987

러시아 측의 지원을 받아 일제와 투쟁하기 위해서는 양파의 단결이 무엇보다도 급선무였고 군정의회 측의 지휘를 받는 것도 불가피하다고 생각되었던 것이다. 홍범도 부대의 오하묵 진영으로의 이동은 상해파-박일리아 진영에는 큰 충격이었다.

결과적으로 홍범도 부대의 군정의회 측 가담은 커다란 화를 면했다는 점에서 범도에게는 무척 다행이었다. 그의 결판이 정확하였다는 사실이 판명되었기 때문이다.[5)]

600여 명의 사상자와 행방불명 그리고 수많은 '포로'의 사후처리에 나선 고려혁명군정의회는 무장해제 다음 날인 6월 30일 포로 군인 900여 명의 '죄질'을 심사하기 위해 '임시검사부'를 설치했다.

검사원들은 '포로'를 몇 개의 등급으로 분류하였다. 그 결과 '포로'들은 3개의 부류로 나뉘었다. 우선 본인의 의사와는 달리 대한의용군 사령부의 강압에 못 이겨 그 속에 잔류하였다고 규정된 '총군부군대'와 기타 군인 364명을 군정의회 군대에 편입시켰다. 다음 그보다 '죄질'이 무겁다고 간주된 428명은 극동공화국 제2군단 산하의 '죄수부대'로 편성되어 아무르주의 깊은 산림지대 우스문으로 이송됐다.

이들은 그곳에서 강제노동에 종사하게 되었다. 한편 '죄질'이 가장 무겁다고 간주된 72명은 '중대범죄자'로 분류되어, 7월 30일 이르쿠츠크로 압송되었다.

압송된 '중대범죄자'들은 코민테른 극동비서부와 고려혁명군정의회가 협

5) 장세윤, 『홍범도 생애와 독립전쟁』, 독립기념관, 205쪽, 1997

의하여 조직한 '임시고려군사혁명법원'에서 재판을 받기 위해 이르쿠츠크 감옥에 투옥되었다.[6)]

이 무렵이 홍범도의 생애에서 가장 힘든 선택을 마주한 시기였을 것이다. "자유시 참변의 가해자 측인 고려혁명군정의회 측의 입장에서 피해자인 사할린의용대에 대한 공격에 가담한 것이다. 즉, 홍범도는 최진동·허재욱·안무·이청천과 함께 '각 의병대 영수'의 명의로 고려공산당 중앙간부(제3국제공산당 고려부)와 함께 1921년 11월 1일자로 「경고문」을 발표하여 사할린의병대 측, 즉 상해파를 '형제의 피를 무연憮然히 흐르게' 한 '황색 정객'이라 비판하였던 것이다.[7)]

홍범도의 선택에는 그럴 만한 근거가 없지 않았다. 상해파, 즉 사할린의용대 측이 군대의 주도권을 장악하기 위하여 분란을 일으키고, 일본군이 러시아 백군을 후원하고 있었으며, 엄청난 동족끼리의 희생을 가져온데 대한 감정의 발로였을 터였다. 상해파의 수장은 이동휘였고, 두 사람은 한때 한 울타리에서 항일 무장투쟁을 전개한 동지였다.

홍범도는 반대 측 병사들을 재판하는 재판관으로도 선임되어 활동했다.

이르쿠츠크로 압송된 독립군 장교들은 이르쿠츠크 감옥에 감금되어 있다가 1921년 11월 28일부터 30일까지 이르쿠츠크파(국민의회파)가 주도한 고려혁명군 법원에 의하여 재판을 받았다. 고려혁명군여단 정치부장인 채동순을 재판위원장으로, 홍범도와 박승만을 위원으로 한 재판부에서는

6) 임경석, 「자유시 참변」, 『한국독립운동사사전』 6, 147쪽

7) 「고려혁명군의 수청水淸 지방 집합의 건」, 1923년 1월 16일, 반병률, 「홍범도 장군의 무장독립운동과 러시아관계」, 발표문, 50쪽

3명에게 2년 징역, 5명에게 1년 징역, 그리고 24명에게는 1년 집행유예를 선고하였고, 나머지 17명은 방면하였다.

당시 민족혁명단체대표회(극동인민대표회)에 참가하기 위하여 이르쿠츠크에 집결해 있던 조선 대표들은 이 재판에 배심원으로 동원되었다. 판결 내용을 구체적으로 보면, 사할린독립의용대의 장교 가운데, 그리고리에프(러시아인)·김민선·최파벨·박그리고리 등 4명은 반란죄로 징역 2년을 받았는데, 박그리고리는 신임인의 보증에 의해 석방되었다.[8]

° 둘째 아들 병사, 적군파 소속 대대장으로

'자유시 참변'은 수많은 독립운동가들의 희생과 더불어 홍범도 개인에게도 씻을 수 없는 일대 비극의 사건이었다. 이로써 그의 무장투쟁이 사실상 종료되었기 때문이다. 이후에도 재기를 시도하면서 기회를 노렸지만 자신의 부대가 코민테른 동양비서부에 의해 소비에트 적군 한인여단으로 편성되는 등 직접 항일전을 지휘할 수 있는 위치가 되지 못했다. 그가 양대 세력 간의 중간 위치에서 겪어야 했던 '고충'의 일단을 알아본다. 자유시 사변을 직접 겪었던 독립운동가 오광선의 증언이다.

오하묵은 독립군의 홍범도, 총군부의 최진동과 접촉하고 앞으로의 군사 문제를 협의하였다. 홍범도와 최진동은 비록 군대를 이끌고 자유시까지

8) 「재로영 추풍 한족 공산당의 조직 및 내용」, 1922년 3월 3일, 반병률, 앞의 발표문

찾아오기는 했으나, 오하묵의 자유대대와 박일리아의 니항 군대(사할린의 용대) 사이에 반목, 갈등이 격심하여 안심이 되지 않을뿐더러 러시아 2세인 자유대대 군인들은 오만불손하고, 니항 군인들은 성품이 난폭하여 마음붙일 데가 없었다.[9)]

홍범도는 산포수 의병에서 항일 의병으로 출발할 때부터 막강한 일군과 싸우기 위해서 독립군 부대의 연합을 추진하는 데 주저하지 않았다. 다른 부대장을 연합부대의 책임자로 추대하고, 기꺼이 그 밑에 들어가는 것도 마다하지 않았다. 그런데 자유시 참변은 연합, 연대는커녕 동지 간의 피투성이 싸움으로 마무리되었다. 실로 감내하기 어려운 아픔이었다.

홍범도는 의병을 조직할 때나 연해주 지역에서 활동할 때, 대한독립군을 조직하고 봉오동과 청산리 전투를 수행할 때에도 다른 독립군 단체와는 연합을 주저하지 않았다. 오히려 강력하게 연합을 추진하여 독립군의 군사력을 배가시키는 데 주력하였다.

의병 조직 당시 차도선과 연합부대를 형성한 점, 봉오동전투를 승리로 이끈 원동력도 바로 최진동 부대와의 연합이라는 점을 빼놓을 수 없다.

한국 독립운동사의 대표적 승전 가운데 하나인 청산리전투에서도 홍범도 연합부대와 북로군정서 부대의 연합작전은 일본군을 궤멸시키는 데 결정적 역할을 하였다. 홍범도는 연합부대가 지닌 장점을 최대한 발휘했던 연합전의 '끝판대장'이라고 할 수 있다.[10)]

9) 김준엽·김창순, 앞의 책, 303~304쪽

10) 김주용, 「홍범도 장군의 항일무장투쟁의 역사적 의의」, (사)여천 홍범도장군기념사업회, 『여천 홍범도 장군 순국 69주기 추모식 및 학술회의 자료집』, 2012

1921년, 홍범도에게 액운이 겹쳤다. 6월 5일경 둘째 아들 용환이 병사한 것이다. 아내와 장남을 일제에 빼앗기고, 둘째 아들마저 병마에 잃게 되었다. 오랜 의병 활동과 산속 생활로 건강을 해친 것이다.

홍범도에게 그나마 다행인 것은 자신의 부대가 군정의회 쪽으로 넘어왔기 때문에 거의 희생자가 없었다는 점이다. 지휘자의 기민한 정세 분석과 선택으로 부하들의 희생은 막았지만, 많은 독립군 전사들의 희생을 지켜보면서 통한의 눈물을 뿌리지 않을 수 없었다.

홍범도의 생애에서 어느 때라고 크고 작은 시련이 따르지 않은 적이 없었지만, 이제부터는 더욱 극심한 고난의 시기가 시작되었다. 지난날에는 자신의 의지와 선택에 따라 군사를 조직하고 전략을 세워 일제와 싸웠지만, 이제는 그럴 수 없는 처지가 되고 만 것이다.

코민테른 동양비서부는 1921년 7월 자유시에 남아 있는 한인 병력을 이르쿠츠크로 이동시키려 했다. 바이칼호 부근까지 한인 부대가 이동한다는 것은 지리적으로 고국과 너무 멀리 떨어져, 결국 항일전이 불가능한 상태에 처하게 된다는 의미다.

부대원들과 마찬가지로 홍범도 역시 이 같은 코민테른의 조처에 순응하기 어려웠다. 사실상 항일전을 포기하는 것과 같았다. 하지만 자신의 부대는 이미 무장해제된 상태이고, 망명지에서 러시아군을 상대로 싸울 수도 없는 처지였다. 피눈물을 삼켜야 하는 상황이었다.

1921년 8월 말 홍범도 부대는 자유시 참변 후 남은 부대원 1천745명과 함께 이르쿠츠크로 갔다. 홍범도 부대는 다른 한인 부대와 같이 코민테른 동양비서부에 의해 소비에트 적군赤軍 제5군 직속 한인여단으로 개편되었다. 이때 범도는 제1대대 대대장으로 임명되었다.

한인 병사들은 적군으로 개편되면서 러시아제 무기를 정식으로 지급받을 수 있었다. 홍범도는 스스로 독립군 사령관임을 자임하고 있었지만 공식적으로는 이제 적군 내의 한인 빨치산(의용군) 대장이 되었다. 그의 나이 만 53세 때의 일이다.[11]

홍범도가 이르쿠츠크로 이동한 것은 '무장해제'에 이은 또 한 번의 좌절이었다. 러시아 적군에 편입된 부대 대대장의 신분이 독립군 사령관의 위치와는 성격이 같을 수 없었다. 상해파 계열의 박일리아·이용·채영 등은 병력을 수습하여 연해주에서 일본군과 러시아 적군을 상대로 치열하게 전투를 하고 있었다.

홍범도는 조선독립여단 제2연대 제1대대의 대대장으로 임명되었다. 조선독립여단은 별로 할 일이 없어서 그저 이르쿠츠크 시를 경비하는 일만 하였고 군사교육 사업을 실시하느라고 하였다. 2개 중대로 편성된 군사학교를 열어 놓았는데 이청천이 교장으로 일하고 이전 신흥학교 졸업생들이 교원으로 일하였다.
이렇게 조선독립여단은 4천여 명의 군인들을 데리고 이르쿠츠크에서 평온한 생활을 하고 있었다. 홍범도는 자기 부대를 거느리고 만주에서 노령으로 넘어와 근 일년이나 줄곧 무위도식하는 군인 생활이 짜증이 날 지경이었다. 비단 홍범도와 그의 부대 군인들만 아니라 만주에서 온 기타 부대들의 장병들은 다 이런 느낌을 품고 있었다.[12]

11) 장세윤, 앞의 책, 208~209쪽
12) 김세일, 『홍범도 : 역사기록소설 4』, 218~219쪽, 제3문학사, 1990

『홍범도 : 역사기록소설』은 러시아 출신 한인 2세인 김세일이 1959~1965년에 집필하여 카자흐스탄의 유일한 한글 신문인 『레닌기치』에 5년 동안 연재한 역사기록소설이다. 김세일은 1929년 우수리스크의 고려사범전문학교에서 공부할 때 여러 차례 홍범도의 강연을 듣고, 이후 자료 수집과 증언을 통해 이 책을 펴냈다. 소설 형식이지만 다큐멘터리여서 가치가 높다.

° 내전 종식되자 입장 바꾼 소비에트 정권

러시아의 정치 상황은 홍범도를 비롯한 한국 독립운동가들의 위상과는 관계없이 빠르게 진전되고 있었다. 10월 혁명 후 볼셰비키 정권은 혁명의 성공을 위해 한인의 지원을 필요로 했으나 한국의 독립운동에 조직적으로 지원한 것은 아니었다. 더욱이 내전이 마무리되면서는 태도가 크게 달라졌다.

> 내전에서 적군의 승리가 확실해지면서 변화하기 시작한 볼셰비키의 대한인 정책은 자유시 참변 이후 본격화되어, 한인에게 약속하였던 독립운동 지원을 중지하였을 뿐만 아니라, 한인에 대한 우호 정책도 포기하였다. 1922년 10월 25일 일본군의 최후 부대가 블라디보스토크에서 철수하고 시베리아 전쟁이 종결되자, '러시아 소비에트공화국'은 11월 16일 '극동공화국'의 영토를 통합하고 극동혁명위원회를 설치하고, 그 산하에 한

인 문제 전권위원부를 두었다. 그 최초의 임무는 한인의 국적 문제였다.[13]

러시아는 볼셰비키 정부 내전 그리고 일제와 싸울 때에는 한인 무장 부대의 지원을 필요로 해놓고, 내전이 종식되고 일본군이 철병한 후로는 완전히 태도를 바꾸었다. 한인 독립군들은 우선 국적 문제에서부터 어려움에 빠졌다.

러시아 내 한인 사회는 2개의 부류로 분리되는데, 그 하나는 러시아에 살면서도 귀국을 꿈꾸며 러시아 국적을 취득하지 않고 있던 사람들로서 민족주의적 빨치산 부대 사령관으로 된 홍범도와 한인사회당을 만들어 조선에서의 사회주의사상 고취를 도모하던 이동휘·오성목 등으로 대표되는 여호餘戶이며, 또 다른 하나는 연해주의 조선인 이민자의 자식으로 태어나 러시아 국적을 갖고 있던 남만춘·한창걸·황하일·오하묵 등으로 대표되는 원호元戶였다. 그런데 국적 문제는 혁명 후 토지 분배 문제와 직결되어 있었다.[14]

이와 같은 러시아의 한인들에 대한 적대 정책에는 몇 가지 정치적 배경이 깔려 있었다.

극동 지역 러시아인들은 일본 점령기 동안 한인들이 일본을 등에 업고 러시아인들을 괴롭혔다고 생각하였으며, 한인 등 소수민족이 애써 경작한

13) 강원식, 「한인의 항일투쟁과 스탈린」, 서대숙 편, 『한국과 러시아 관계, 평가와 전망』, 103쪽, 경남대학교 극동문제연구소, 2001

14) 같은 책, 104쪽

토지를 강탈하는 것은 차르 시대 이래 러시아인 이민을 정착시키기 위해서는 기존 한인의 존재가 방해되었기 때문이었다. 즉, 소비에트 한인을 시민으로 받아들일 경우 한인에게 대량의 토지를 공급하여야 한다는 경제적 압박이 있었기 때문에 경쟁 상대로 생각하여 추방을 원하였던 것이다.[15)]

한국 독립군에게 더욱 큰 어려움은 소련이 일본과 맺은 기본조약이었다.

특히 일·소 기본조약 5조에서 상호 간의 선전 및 파괴 활동과 그에 대한 지원을 금지한다는 내용이 규정되면서 노령에서의 항일투쟁은 물론이거니와 코민테른의 한인 사회주의운동 지원은 공식적으로 단절될 수밖에 없었으며, 그 후 1928년 여름 코민테른 제6차 대회에서 좌편향 노선이 나타나면서 항일투쟁보다는 공산주의가 강조되고 만주와 조선 내에서의 항일투쟁에 대한 관심도 급격하게 식어 갔다.[16)]

'자유시 참변'은 현지의 한인들은 물론 독립군 전사들에게는 그야말로 '참변'이었다. 당시 한인이 현지를 살펴본 기록을 일제 정보기관이 입수하여 보고한 내용이다.

연해주에 사는 한인들 중에서 가장 고통을 받고 있는 사람들은 전날의 조선 독립군으로 노령에 들어가 공산당 별동대(빨치산)로 동작하여 붉은당으로 하여금 연해주를 점령토록 해준 사람들이다. 처음에 조선 독립군이 노

15) 같은 책, 105쪽, 발췌
16) 같은 책, 107쪽

령에 들어가 붉은당과 연락하였을 때에는 붉은당은 원래 일본의 적이다. 만일 붉은당이 승리를 거두면 많은 원조를 주어서 독립운동 대성공에 이르도록 할 것이라는 희망을 갖도록 했다. 그래서 모든 전투에 죽을 힘을 다하여 싸워서 결국 한인 장교가 연해주 별동대의 총사령이 되어 한인과 러시아인들을 통솔하여 쌍성자, 블라디보스토크 등을 차례로 정복하였다. 그런데 붉은당이 연해주의 군권과 정권을 완전히 점령한 후에는 한인들의 무장을 해제하고 그들의 의식주를 돌보아 주지 않았기 때문에 수만의 군인들은 거지가 되어 사방에 흩어져 버렸다. 이들이 노령을 떠나서 중국으로 가려고 해도 출경을 허락하지 않기 때문에 모두 풍천설지風天雪地에서 얼어 죽는 귀신들이 되어 버렸다.[17]

이 무렵 홍범도의 생애에 또 한차례의 변화가 일고 있었다. 국제 정세의 변환이었다. 미국 대통령 하딩의 제안으로 1921년 11월 11일부터 1922년 2월 6일까지 워싱턴에서 '태평양회의'가 열렸다. 제1차 세계대전 전승국인 미·영·불·일이 아시아·태평양 일대의 신질서 수립을 논의하기 위해 개최한 회의였다.

이 사실이 알려지면서 대한민국임시정부를 비롯하여 독립운동 단체들은 크게 기대하면서 한인 대표 파견을 서둘렀다. 태평양회의 주제 중에는 '극동 문제 해결'이 포함되었기 때문이다.

한국 문제가 상정될 가능성이 높아 임시정부에서는 서재필·이승만 등을 파견하여 한국의 독립청원서를 제출케 했다. 그러나 태평양회의가 미·영·불·일 등 강대국의 세력을 재편성하는 것으로 귀결되고, 한국대표단

17) 『연경야화蓮京夜話』, 고경 제1272호, 국사편찬위원회, 『한국독립운동사 자료 37』, 467쪽, 2001

의 활동은 수포로 돌아가고 말았다.

◦ 모스크바의 극동민족대회에 참석하다

러시아는 태평양회의에 맞대응하여 1922년 1월 21일부터 2월 2일까지 모스크바에서 코민테른 집행위원회가 주최하는 '극동민족대회'(또는 '제1차 극동민족대회', '원동약소민족대회', '제1차 극동피압박인민대회', '근로자대회', '제1회 극동공산주의 단체 및 혁명단체 대회'로도 불렸다)를 개최하였다. 태평양회의에 크게 실망한 한국 독립운동가들은 지역과 이데올로기를 뛰어넘어 많은 사람들이 여기에 참석했다. 물론 홍범도도 참석했다.

한국인으로는 김규식·여운형·김상덕·이동휘·조봉암·김단야·김시현·김승학 등 총 56명이 참석했다. 당초 이 대회는 러시아 극동 지역 이르쿠츠크에서 개최하기로 되어 있었으나 장소가 모스크바로 바뀌었다. 대규모 국제대회를 시베리아 오지에서 여는 것이 기술적으로 쉽지 않았기 때문이었다. 당시 모스크바는 1917년 10월 혁명 이후 식민지 피압박 민족의 지도자들에게는 '혁명의 성지'처럼 인식되고 있었다.

국립 크렘린궁전에서 열린 대회의 의결권이나 심의권을 가진 각국의 대표자는 총 144명이었다. 민족별로 보면 한국이 56명으로 38%를 차지하여 가장 많고, 중국 42명, 일본 16명, 몽골 14명, 부리야트(재시베리아 몽골계 소수민족) 3명, 인도 2명 등이었다.[18)]

18) 우사연구회, 『우사 김규식 통일, 독립의 길 가다 (3)』, 211쪽, 통일뉴스, 2009

한국인이 압도적으로 많은 것은 이 대회에 그만큼 기대가 높았기 때문에 임시정부를 비롯하여 공산주의 계열, 아나키즘, 노동자 대표, 조선기독교연맹 등 국내외의 각급 독립운동 단체 지도자들이 다투어 참석한 것이다.

홍범도는 고려혁명군의 대표 자격으로 대회에 참석하고, 이때 레닌을 만나 자신의 이름이 새겨진 권총 1정과 금화 100루블을 받았다. 레닌 정부가 그의 빨치산 투쟁을 높이 평가한 것이다. 그리고 모스크바에서 이동휘와 다시 만나게 되었다.

> 홍범도는 12월 보름께 모스크바에 당도하였는데 그때까지 이동휘 일행은 모스크바에 남아 있었다. 홍범도는 이동휘 일행이 모스크바에 와 있는 것을 모르고 있었는데 이동휘는 홍범도가 극동 나라들의 혁명자 대회에 조선인 빨치산들의 대표로 온 것을 먼저 알고 그를 찾아 조선 대표단이 유숙하는 여관으로 왔다.
>
> 그들의 상봉은 인간적으로 매우 반가운 것이었다. 그들은 서로 보지 못한 지 두 해도 더 넘는다. 그동안 홍범도는 군인으로, 이동휘는 정객으로 각각 다른 분야에서 활동했지만 그들 활동의 목적은 같기 때문에 그들한테는 서로 할 말들이 많았던 것이다. 더구나 '자유시 참변'까지 생기게 되다 보니 급선무로 화제에 오른 사변들만 해도 적지 않다.[19)]

홍범도에게 이 대회는 한국 독립운동가, 각국의 민족 지도자들과 만나고, 세계관을 넓히게 되는 계기가 되었다. 특히 레닌과 트로츠키를 만나

19) 김세일, 앞의 책, 227쪽

항일투쟁 문제 등을 논의한 것은 큰 수확이었다.

> 대회를 연 지 이틀이 되어 노련(러시아 연방) 인민위원 소비에트 사무국장 본츠 브루예위츠가 조선 대표단을 찾아와서 크렘린궁전에서 대회에 온 외국 대표들을 접견하기로 되었다는 것과 총 인원수는 20명이 넘지 말아야 한다는 것을 알려 주고, 조선인 빨치산들의 앞으로는 두 사람밖에 더 허가하지 않으니 당신들끼리 두 사람을 뽑으라고 말하고 갔다.
> 그리하여 홍범도와 최고려가 그 접견에 참가하게 되었다. 그리고 조선에서 직접 온 대표는 김규식·여운형·구오남 세 사람인데 다들 그 접견에 참가하였다. 김규식은 영어로 출연까지 하였다.
> 홍범도는 최고려가 옆에 앉아서 드문드문 중요한 말들을 번역(통역)해 주니 그의 뜻을 괜찮게 이해할 수 있었다.
> 이 접견에는 국제공산당 집행위원회 총비서 사파로브와 국제공산당 극동비서부 부장 슴마 쯔키도 참가하여 레닌과 나란히 앉아 있었다.[20]

이때에 홍범도는 다수의 참가자들과 함께 단상에 앉은 레닌을 지켜보았다. 각국의 민족주의자들에게 프롤레타리아혁명을 이끈 레닌은 영웅이었다. 빨치산 대장 홍범도에게도 마찬가지였다. 그러나 다수가 함께한 자리여서 심도 있는 대화를 나누기는 어려웠다.

20) 같은 책, 226쪽

∘ 레닌에게서 권총 등 선물받다

러시아 10월 혁명의 영웅에는 레닌 외에 또 한 사람이 있었다. '무장한 예언자'라는 별칭이 붙은 트로츠키였다. 트로츠키는 1917년 2월 혁명 후 러시아로 귀국하여 레닌과 손잡고 무장봉기를 통해 1918년에는 적군을 창건하여 러시아 내전을 승리로 이끌고 1919년 코민테른 선언문을 기초했으며, 1922년 당시에는 제2인자의 위치에 있었다.

레닌과 집단 면담이 있은 지 며칠 뒤 러시아 군관이 조선인 군관을 통역으로 대동하고 홍범도를 찾아왔다. 트로츠키가 당신을 만나기를 원하여 찾아왔다는 것이다. 며칠 전 대회장에서 격정적인 연설로 독립운동가들을 감동시켰던 트로츠키였다. 대회장에 함께 있었던 여운형의 회고담이다.

> 나는 그렇게 훌륭한 웅변을 처음 들었다. 대중들은 손뼉을 치고 소리를 지르고 발을 구르면서 그야말로 사자처럼 포효하는 이 거인 앞에 미친 듯이 흥분하는 것이었다. 그의 6척이나 될 듯한 거대한 체구, 새카맣고 풍부한 머리털, 커다란 눈과 높은 코, 깊게 새겨진 입이 모두 한곳에 모여들어서 만들어진 강렬하고 급격한 표정은 누구에게 비할 수 없으리만치 우렁차고 날카롭고 굳센 성음의 좋은 특색과 함께 보기 드문 위대한 웅변가의 소질을 보증한 것을 나는 관찰할 수 있었다.[21]

여운형의 감동적인 서사처럼 홍범도 역시 인식이 크게 다르지 않았다.

21) 여운형, 「모스크바의 인상」, 『중앙』, 1936년 6월호

그런 트로츠키의 면담 제의를 받은 홍범도는 다소 흥분한 마음으로 그의 접견실로 안내되었다.

> 트로츠키는 홍범도가 오니 간단한 인사의 말을 나누고 나서, "홍범도 동무" 하고 정답게 부른 다음, "원래 내가 당신을 만나 볼 일이 있었는데 마침 어제저녁에 레닌 동무가 역시 당신을 만나 보자고 나한테 전화를 했기 때문에 내가 지금 당신을 모시고 그분한테로 가려고 합니다." 하고 말하면서 상냥한 시선으로 홍범도를 쳐다보았다.
>
> "좋습니다." 하고 홍범도는 한마디로 대답할 따름이었다. 그러고 나서 홍범도는 여러 가지 생각에 잠겨 있었다. '자유시 사변'에 대해 말썽이 많으니 레닌은 자기를 만나 보려고 할 수 있다고 홍범도는 생각하였지만, 트로츠키가 자기를 만나 보려고 할 것은 미처 생각지 못했던 것이다. 그것은 홍범도가, '자유시 사변'은 군대들 사이에서 일어난 일이기 때문에 레닌이 육해군인민위원인 트로츠키 모르게 그 문제를 취급하지 않으리라는 사실을 알지 못했기 때문이었다.
>
> 그런데 레닌도 홍범도를 만나려고 한 것이 단지 '자유시 사변' 하나 때문이 아니었다. 레닌은 조선 혁명자들을 특별히 보살펴 주었고 동정해 주었다.[22)]

'극동민족대회'에 참가한 한국의 각계 대표 56명 중에 레닌과 트로츠키를 단독으로 회견한 것은 홍범도가 유일하지 않았나 싶다. 모스크바에 도착한 한인 지도자들, 특히 노령에서 항일운동을 이끌었던 지도자들 사이

22) 김세일, 앞의 책, 235쪽

에는 '자유시 참변'에 대한 앙금이 남아 있었고, 러시아 측에서는 '상해파'에 대해서 여전히 좋지 않게 보고 있었다.

> 모스크바에 도착한 이후에도 슈미야츠키와 이르쿠츠크파는 이동휘와 상해파에 대하여 매우 적대적인 입장을 취하였다. 이들은 이동휘와 박진순 등 상해파 대표단의 활동으로 자신들이 상해파로부터 빼앗은 한인 공산주의운동과 민족혁명운동의 주도권이 흔들리고 있다고 판단했음에 틀림없다. 특히 슈미야츠키는 한인 혁명의 간판이라 할 이동휘의 명성과 권위를 깎아내리기 위하여 홍범도를 '조선 독립군의 총지휘자'처럼 소개하였고, 홍범도 역시 자유시 참변이 별 유감이 없는 사건이라고 해명하였다 한다.[23)]
> 대회 개최를 전후한 시기에 치타, 이르쿠츠크를 거쳐 모스크바에서 머물고 있었던 중국의 한 혁명가에 따르면, 당초 이동휘는 국제공산당에서 그를 신임하여 일본의 가타야마 센, 중국의 해통海通과 더불어 '조선 대표단' 단장으로서 원동민족혁명단체대표회를 주도하기로 되어 있었다 한다. 그러나 국제공산당의 동양부장으로서 대회를 총괄하는 대회 서기였던 슈미야츠키의 방해 공작으로 대회에서 끝내 배척되고 말았던 것이다.[24)]

23) 김규연, 『노병 김규연의 비망록에서』, 86쪽
24) 반병률, 앞의 책, 361쪽, 재인용

° 레닌이 준 선물, 해방 후 '배척'의 사유되기도

이와 같은 배경에서인지 홍범도는 러시아 혁명정부 2인자의 안내로 1인자 레닌을 단독으로 만나게 되고 극진한 대우를 받을 수 있었다.

> 이윽고 홍범도는 트로츠키의 안내로 통역을 데리고 레닌의 응접실로 들어갔다. 손님이 올 것을 기다리고 있던 레닌은 앉았던 의자에서 일어나 걸어 나오면서 얼굴에 미소 어린 표정을 하고 정답게 손님의 손을 잡고, "홍범도 동무, 당신을 이렇게 만나니 매우 반갑습니다. 당신의 명성을 많이 들었습니다." 하고 인사의 말을 하였다. 그러고 나서 레닌은 자기 의자에가 앉으면서 홍범도를 자기의 맞은편 의자에 앉게 하였다. 트로츠키는 레닌 곁에 앉고 통역은 레닌과 홍범도의 중간 자리에 앉았다. (……)
>
> 레닌은 우선 일본 침략군이 러시아 원동에 출병하여 무력간섭을 시작한 때부터 일본 침략군은 조선 인민과 러시아 인민의 공동한 원수가 되었다는 말을 하면서 만주에서 조선 독립군들이 일본 출정군들과 싸운 것은 러시아 인민의 항일투쟁에 커다란 도움을 주었으며, 특히 만주에서의 조선 인민의 항일투쟁에서 홍범도 부대가 특별한 전공을 세웠다는 것을 강조하였다. 레닌은 이런 말을 하고 나서, "우리 두 민족의 공동한 항일투쟁에서 홍범도 동무가 세운 전투적 공훈을 높이 평가하여 나와 트로츠키 두 사람이 협의하고 당신에게 사의를 표하기 위하여 당신을 이렇게 초청하였습니다." 하고 결론 삼아 말하였다.
>
> 이때 트로츠키가 일어나서 그 곁에 있는 벽장에서 미리 준비해 두었던 홍범도 이름을 새긴 권총, 군모와 군용 외투 한 벌을 가져왔다.
>
> 레닌은 말을 계속하였다.

| 홍범도 |
이인섭의 외손자 세르게이 솔로보치코브가 기증한 사진 자료이다. 사진의 하단에 러시아어로 홍범도의 이름(XOH HEM-до.)이 적혀 있다. ©독립기념관

> "홍범도 동무, 이미 말한 바와 같이 당신의 전투적 공훈을 표창하여 이 권총을 당신에게 드리며 이 군용 외투와 군모, 그리고 돈으로 금화 100루블을 선물로 드립니다."
> 홍범도는 레닌과 트로츠키 앞에 군인답게 기착하고 서서 그 표창과 선물을 받았다. 홍범도의 기쁨은 한없었다.[25)]

이 자리에서 홍범도는 레닌이 자유시 사변에 대해 묻자 자세히 설명하고 한민족의 항일투쟁에 관해서도 설명하면서 자신의 의견을 피력했다.

25) 김세일, 앞의 책, 236~237쪽

저는 그 사변에 참가하지 않았습니다. 저는 그 사변을 미연에 방지하려고 애를 쓴 사람입니다. 솔직히 말해서 저는 정치에는 감각이 무딥니다. 고려혁명군사의회 조선 사람인 지도자들은 이르쿠츠크파에 속한 사람들이고 사할린독립의용군 지도자들은 상해파에 속한 사람들입니다. 양측 군인들의 수효는 비슷했습니다. 총수는 5천여 명이었습니다. 고려혁명군 사령관 갈란다라시윌린은 이르쿠츠크파 사람들의 말만 듣고 사할린독립의용군 지도자들 중에서 몇몇 사람을 고려혁명군사의회 지도부 성원에 넣어 달라는 정당한 요구를 들어주지 않았기 때문에 더구나 연합이 성립되지 않았습니다.

어쨌든지 그런 문제를 가지고 끝까지 연합을 반대해 나선 것은 사할린독립의용군 지도자들의 잘못이라고 저는 생각합니다. 그리고 사할린독립의용군이 연합을 반대해 나선다고 또 그 부대가 중령으로 넘어가려고 한다는 구실까지 꾸며 가지고 무장해제시키고, 군인들은 어느 목재소에 압송했다가 강제노동을 하게 하고 그의 군관들은 어느 감옥에서 감옥살이를 하게 하였을 뿐만 아니라 무장해제를 할 때에 100여 명의 무고한 군인들을 죽게 한 것은 천인공노할 범죄적 행동이라고 인정합니다.[26)]

홍범도는 성공적인 피압박민족대회를 마치고 1922년 2월 중순 다시 이르쿠츠크로 돌아왔다. 하지만 이때에 레닌을 만나고 권총과 친필 서명한 '조선군대장'이라는 증명서를 선물로 받은 것이 러시아 내의 반대 세력은 물론, 해방 후 한때 한국 사회에서 그가 '배척'되는 요인으로 작용했다.

26) 같은 책, 238쪽

11장

협동조합 일구며 재기 노렸으나

암살 위기 모면, 밀정들에 시달리다

모스크바의 동방피압박민족대회에 참석했던 홍범도는 1922년 2월 중순 이르쿠츠크로 돌아왔다. 레닌과 트로츠키로부터 극진한 환대를 받았지만, 그가 처한 현실은 척박하기 그지없었다.

> 그는 1922년 6월 자유시 근처의 블라고베셴스크에서 이동휘·문창범 등과 함께 한인민족운동 단체 고려중앙정청高麗中央政廳의 조직에 참여하였고, 그해 9월 1일에는 치타에서 고려중앙정청의 정식 대표자회의에 참석하여 한인 사회의 자치 문제에 대해 협의하였다.[1]

러시아의 정세는 홍범도에게 불리한 방향으로 전개되었다. 레닌은 동방피압박민족대회가 끝난 그해 5월 22일 요양지 고리키에서 심한 발작을 일으켰다. 그리고 투병 끝에 1923년 1월 사망했다. 홍범도에게 우호적이었던 트로츠키도 살벌한 권력투쟁 속에서 숙청되고 러시아공산당 서기장 스탈린이 집권하여 소비에트사회주의공화국연방(소련) 정부를 출범시켰다. 한인 문제는 대단히 불리하게 전개되었다. 극동 지역에서 일·소 조약에 따라 1922년 10월 25일 철수한 일본군이 재침입하는 것을 막기 위함이라는 명분으로 한인 무장병력을 강력하게 통제한 것이다.

홍범도는 중대한 선택의 기로에 서게 되었다. 극동에 머무르면서 기회를 보아 다시 빨치산투쟁을 시작하느냐, 중국 영내로 돌아가서 새로운 투쟁을 하느냐의 갈림길이었다. 1923년은 그의 나이 55세, 당시의 평균 수명으로는 노년기에 접어든 때였다. 둘째 아들을 잃은 뒤로는 정신적으로도 많이 피로하고 외로워했다. 손자를 볼 나이에 사고무친, 혈혈단신의 처지였다.

홍범도는 1923년 2월부터 머물던 이르쿠츠크를 떠나 치타에서 4~5개월 체류하고, 8월 1일부터 블라고베셴스크를 거쳐 하바롭스크로 나왔다. 목적은 행정 당국과 접촉하며 이만 근처의 토지를 지급받아 제대한 군인 동지들과 농사를 지으며 때를 기다리려는 계획이었다. 그런 와중에 하마터면 목숨을 잃을 뻔한 봉변을 당했다.

> 홍범도는 기차에서 내려 시내로 들어가려고 경편마차들이 서 있는 데로 천천히 걸어가는데 불시에 그의 앞을 가로막는 두 젊은 사람이 나타났다.

1) 장세윤, 『홍범도 생애와 독립전쟁』, 독립기념관, 210쪽, 1997

이전에 박일리아 부대에서 복무하다가 '자유시 사변' 때 도망친 소문난 망나니들인 김오남이란 놈과 김창수란 놈이었다. 그들은 다짜고짜로 피장으로 홍범도의 머리를 마구 쳐 죽이려고 서둘렀다.
그러나 홍범도는 피장에 맞아 이빨이 두 대가 부러지고는 다행히 정신을 잃지 않게 되어 옆구리에 찼던 권총을 제꺽 끄집어내어 그놈들을 그 즉석에서 쏴 죽이고 민경서에 붙잡혀 갔다가 인차(바로-필자) 노여(풀려-필자) 나왔다.[2]

홍범도는 처음에 이들이 불량배인 줄 알았다. 경찰서에 신고해 자초지종을 설명하고 정당방위가 인정되어 곧 풀려나왔다. 그런데 이들은 단순한 불량배가 아니었다.

홍범도는 그놈들의 행동을 그저 불량배들의 행실로 인정하고 거기에 큰 의미를 부여하지 않았다. 사실인즉, 그것은 불량자들의 행동이 아니었다. '자유시 사변' 때 도망친 소위 사특의용군 일부 지도자들과 그들의 추종자들 중에는 숨어 다니면서 자기들의 잘못을 뉘우치지 않고 언제든지 한번 보복해(줄 속셈으로-필자) 홍범도가 자기들 편에 서서 고려혁명군과 싸워주지 않았다고 비난까지 한다.
그러던 차에 홍범도가 모스크바에 가서 레닌을 접견하고 그이에게 금판에 그의 이름을 새겨붙인, 보통 '금단포'라고 부르는 권총을 표창받아 가지고 왔다는 소문은 그들의 격분을 자아내기까지 하였다.
그들은 마치 '자유시 사변' 때 홍범도가 갈란다라시윌린과 한편을 하여 사

2) 김세일, 『홍범도 : 역사기록소설 4』, 256쪽, 제3문학사, 1990

특의용군 군인들을 죽인 값으로 레닌에게서 그런 선물을 받았다는 허무한 말까지 날조해 하고 있다. 이렇게 말하고 이렇게 생각하는 사람들이 홍범도를 해치려고 얼마든지 서둘 수 있는 것이다.[3]

홍범도로서는 참으로 감당하기 어려운, 난감한 상황이었다. 동족 간의 유혈을 피하고자 했던 행동이 반대파에게서 테러를 당해야 하는 보복으로 돌아왔다.

스탈린 정권의 초기여서 여전히 레닌으로부터 받은 '증표'들은 소련 사회에서 약효가 있었다. 지방의 행정기관에서는 홀대하지 않고 홍범도의 요청을 들어주었다. 왕년에 일본군과 싸운 빨치산 대장의 경력 소문도 자자했다.

전우들과 농업조합 만들어 둔전 활동

홍범도는 하바롭스크에서 여러 날을 묵으면서도 소비에트 집행위원회의 해당 기관들을 찾아다니며 농업조합 조직과 관련된 모든 문제를 협의하였다. 기관에서는 홍범도가 가져온 소비에트 집행위원회의 지령서들을 읽고 나서 구역토지부에 맡겨 사인발이라는 곳에 있는 수백 헥타르의 처녀지를 떼어 홍범도가 조직한 빨치산 농업조합에 넘겨주게 하였다.[4]

3) 같은 책, 256~257쪽
4) 같은 책, 257쪽

홍범도는 50여 명의 옛 전우들과 함께 농업조합을 만들고, 소련 정부로부터 개간 허가를 받아 냈다. 이곳에서 둔전을 하면서 때를 기다린다는 계획이었다. 농업조합을 조직할 때 홍범도는 레닌에게서 받은 금화 100루블을 몽땅 여기에 기부했다.

> 1923년 이후 1937년까지 홍범도가 집단농장에서 종사한 것을 정리하면 다음과 같다. 이만 사인발(1923~1926년), 이만 와구통 양봉조합(1927~1928년), 스파스크 구역 진동촌 빨치산 알체리[선봉조합](1928~1930년), 한카이 구역 '한카이 별' 코무나(지커우재 콤무나와 연합, 1937년), 신두힌네츠촌(1932~1933년), 수청水淸 스코토브, '레닌길' 콜호즈와 연합, 1937년 중앙아시아 카자흐스탄 안쿠르간 시리다리아 강 건너편의 사나리크셀 소비에트(하잘리스크 구역)로 이주하였다.[5)]

이 기간 홍범도는 양봉·농업 협동조합을 만들어 운영하는 등 여러 가지 사업을 시도했으나 큰 성과를 내지 못하였다. 소련에서 사회주의 체제가 진행되면서 판로가 막혀 버린 까닭이다.

홍범도는 연해주에서 유일한 집단농장인 농업조합이 어느 정도 자리를 잡게 되자 새로 들어온 청년들에게 틈나는 대로 사격술을 비롯하여 군사훈련을 시켰다. 마침 소련 정부에서는 국방 사업을 강화하느라고 각 지방에 정식 군대 비슷한 '특수부대'를 편성하여 퇴역 군인들이 청년들을 훈련시키도록 하였다. 홍범도로서는 모처럼 신나는 일이었다.

반면에 골치 아픈 일도 적지 않았다. 홍범도를 비롯하여 조선인 조합원

5) 『홍범도 일지』(리함덕 본), 27~29쪽, 반병률, 「홍범도 장군의 무장독립운동과 러시아 관계」, 발표문, 51쪽

대부분이 무국적자들이었다. 이를 빌미로 농업조합을 넘보는 자들이 있었다. 홍범도와 동지들은 소련 중앙정부에 과거 봉오동·청산리 대첩의 내용을 자세히 적어서, 조선 빨치산들의 영웅적 항일투쟁을 소개하면서, 소련에 거주하는 모든 조선인에게 소련 공민권(소련 국적)을 보장하라고 제의했다. 국적이 없으면 농토는 물론 각종 배급에서도 제외되기 때문이었다.

> 그런데 웬일인지 모스크바에서는 오랫동안 잠잠하고 있었다. 그러다가 1923년 8월에 소련 국가주석 칼라닌이 연해주로 오게 되었다.
> 연해주 주집행위원회는 칼라닌의 직접 참가하에 연해주에 거주하는 전체 조선 사람들을 소련 공민으로 받는다는 결정을 채택하였다.
> 이와 때를 같이하여 원동변강혁명위원회는 토지 없는 조선인 농민들에게 토지를 분여함에 대한 결정을 채택하면서 토지가 부족한 지방들에서는 국가에서 매호에 제정한 토지 기준 면적을 초과하는 러시아인 부농들과 조선인 부농들의 토지를 떼어 놓아 토지 없는 농민에게 분여하라는 규정까지 제정하였다.[6)]

이에 대한 저항이 만만치 않았다. 지역의 반소 세력과 일찍부터 러시아 공민권을 취득한 한인 부자들의 저항도 있었다. 이만 지역의 조선인 농민들은 1924년에야 토지 문제와 국적 문제를 완전히 해결할 수 있었다. 이 해에 홍범도는 암살 위기를 겪고, 동포들의 숙원을 해결하는 희비가 겹치는 시간을 보냈다.

6) 김세일, 『홍범도 : 역사기록소설 5』, 88쪽, 제3문학사, 1990

상처 18년 만에 이인복과 재혼

유목민에게 안주가 고통이듯이 무장에게 안일은 고통이었다. 만주와 드넓은 연해주를 누비면서 독립군을 호령하며 일본군과 싸웠던 홍범도가 농업조합에서 농사를 짓고 벌꿀을 치는 생활은 정신적으로 힘든 생활이었다.

물론 황무지를 개간하여 농토로 만드는 것은 보통 어려운 일이 아니었다. 게다가 홍범도는 성격상 웃전으로 눌러앉아서 일꾼들을 지시하는 따위는 딱 질색이었다. 그래서 누구보다 새벽 일찍 일어나 농기구를 들고 밤늦도록 땅을 팠다. 매사에 모범이었고 어려운 일을 손수 처리했다. 따라서 그를 군부대에서처럼 따르는 사람이 많았고, 과거의 투쟁 경력이 알려진지라 존경의 대상이 되었다. 그럴수록 홍범도는 육신을 아끼지 않고 열심히 노력했다. 그러나 노역과 함께 건강이 많이 상했다.

> 홍범도는 특히 1924년에 밤도 낮으로 삼아 일하면서 온갖 고달픔을 이겨 나가느라고 몹시 지쳤다. 그의 건강은 형언할 수 없이 나빠졌다. 그의 전우들은 그의 건강이 이렇게 나빠진 원인들 중의 다른 하나는 그가 단칸짜리 집에서 혼자 살면서 일이 바빠서 별로 새가 없으니 더운 음식을 끓여 먹지 못하고 그저 구역 소재지에 가서 빵을 잔뜩 사다 놓고 남들이 가져다주는 배추김치 같은 것을 먹으며 닥치는 대로 살아가다 보니 더구나 그렇게 된 것이라고 인정하였다.[7]

7) 같은 책, 89쪽

| 부인 이인복 여사, 손녀 예카테리나와 함께한 홍범도 장군 |

1908년 5월 일제 주구의 모진 고문으로 아내를 잃은 지 18년이 지났다. 그사이 일제와 싸우고 자유시 참변 등을 겪느라 몸을 돌볼 틈이 없었다. 여기에 큰아들은 전사당하고 둘째 아들은 병사했다. 그리고 자신은 지금 조국 독립 해방 전장에서 한 발 물러나 있었다. 나날이 힘겨운 노동에 먹거리는 신통치 않았다. 건강이 상할 수밖에 없었다.

1926년에 들어 주변에서 좋은 혼처가 있다면서 중매에 나섰다. 이웃 마을에 사는 여인인데, 오십 전후의 나이에 남편이 빨치산으로 투쟁하다가 전사하고, 결혼한 외동딸은 출산하다가 사망하여, 손녀를 데리고 외롭게 살고 있었다. 이인복이라는 이 여성은 한글과 러시아 글도 어느 정도 깨우친 데다, 인성이 착하고 어질다는 평이었다.

홍범도는 이인복과 재혼하여 18년 홀아비 생활에 종지부를 찍었다. 조합원들이 홍범도의 낡은 집을 손질하고 새 식구와 두어 달 먹을 수 있는 식량을 가져다주었다. 두 사람은 아무런 예식도 없이 마을 주민들과 약간의 음식을 나누고 부부가 되었다.

새 가정을 꾸린 후에도 농업조합의 '은거' 생활은 쉽지 않았다. 일진회 활동을 하다가 홍범도에게 처단된 친일파의 아들이 아버지의 원수를 갚는다고 마을로 잠입하고, 일제의 밀정도 끊이지 않고 주변을 맴돌았다.

이런 일은 그때마다 잘 대처하여 무사히 넘길 수 있었다. 하지만 농업조합이 제법 자리를 잡게 되면서 지역의 관리들이 찾아와서 국가의 땅이라고 하면서 국가가 이를 환수하겠다고 하는 데는 달리 막아 낼 방법이 없었다.

홍범도는 1927년 10월 소련공산당에 입당했다. 공산주의에 동조해서라기보다 일제와 싸웠던 나이 든 빨치산 동지들을 이끌고 집단농장을 유지하려면 당원 자격이 필요하다는 현실적 이유 때문이었다. 이때에 받은 당증 번호는 578492번이었다. 소련은 스탈린 체제가 강화되면서 소수민족에 대한 차별이 심해졌다. 레닌으로부터 받은 증표도, 소련공산당 당원증도 별로 효력이 없었다.

홍범도는 1927년 7월 그동안 동지들과 피땀 흘려 개간한 카잘린의 농지를 떠나 이만 남쪽 스파스크의 진동촌으로 옮겨 다시 황무지를 개간하며 새 농토를 일구어야 했다. 땅은 카잘린에 못지않게 비옥했지만, 이번에는 러시아인들의 다른 집단농장에서 수로를 막는 등 행패가 심해 견디기 어려웠다.

∘ 소련 정세 변화로 개간한 땅 빼앗기다

홍범도와 그의 동지들은 1929년 겨울 피눈물을 흘리며 다시 중·소 국경지대인 흥개호 부근의 카멘노 뇌발노프츠원 치머우에 있는 콤비나트로 옮겨 짐을 풀었다. 또 새로운 개간 작업이 시작되었다. 나라 없는 망국민에게는 정주할 땅이 없었다. 황무지를 개간하여 어느 정도 소출을 낼 만하면 관리들이 나타나 농지를 빼앗고 쫓아냈다. 그러기를 몇 차례나 반복했다.

> 홍범도는 부득이 조합원들을 데리고 스파스크 진동촌 부근에 와서 얼마 안 되는 황무지를 새로 개간하여 벼농사를 하게 되었다. 그러나 '다리뢰쓰' 소프호즈(국영농장)에서 물을 잘 주지 않아 폐농이 되다시피 하였다. 이렇게 되니 수십 명이 되는 홍범도 전우들을 내놓고는 다른 사람들은 거의 다 조합에서 나가 버렸다. 홍범도는 마음이 불안해짐을 금할 수 없었다. 조합원 총회를 열어 말하였다. "우리가 여기로 올 적에는 벼농사를 해보자고 왔는데 소프호즈에서 물을 잘 주지 않아 이 모양이 되었단 말이오. 그런데 돌아오는 해에도 역시 내 생각엔 이럴 것 같으니 암만해도 또 다른 곳으로 이사해 가야 하겠소."[8)]

이렇게 하여 새로 옮긴 곳이 콤비나트르였다. 이 무렵에 그나마 위안이 되는 일이 있었다. 1929년 겨울에 정년퇴직하면서 한인 부대의 '명예군인'으로 추대된 것이다.

8) 같은 책, 168~169쪽

1929년 겨울에 부근의 소왕령(우수리스크) 소재 한인 제76연대의 명예군인으로 추대된 사실이었다. 한인 76연대는 이르쿠츠크에서 적군으로 개편되었던 한인 부대가 우수리스크로 옮겨 온 뒤 연해주 지방의 한인 청년들을 흡수하여 개편되었으므로 모범적 민족 군대로 명성이 높았다. 76연대는 10여 년 동안 존재하면서 수천의 한인 정예 군인을 양성하였고, 수백 명의 한인 장교들을 배출하였다.

당시 소왕령에는 상당수의 한인들이 거주하고 있었으며, 한인 부대는 물론 다수의 학교 특히 고려사범전문학교와 벼재배업전문학교까지 세워졌다. 76연대의 명예군인 홍범도는 3.1운동 기념일이나 76연대 창립기념일, 8월 29일 국치일 등에는 으레 부대나 학교에 초대되어 동포들의 애국심을 기르는 강연을 하곤 하였다.

그의 강연은 적과의 전투담이었으나, 동포들의 단합과 분발을 촉구하는 내용도 있었다. 이미 60이 넘은 노인인 그였지만 피 끓는 청년들 앞에 서면 눈에 정기가 돌고 목소리는 높아졌으며 두 주먹이 불끈 쥐어졌다. 강단에 설 때에는 언제나 군복 차림이었으며 레닌이 준 권총을 허리에 차고 있었다.[9]

홍범도는 전형적인 군인이었다. 평소에는 시름시름 하다가도 군복을 입고 연단에만 서면 피가 끓고 활력이 넘쳐 포효했다. 우리에 갇히다시피 한 호랑이 홍범도에게 이 시기는 좌절과 울분의 세월이었다. 그나마 즐거움이란 새 부인이 데려온 손녀딸의 재롱이었다. 홍범도는 이 손녀를 각별히 사랑했다.

9) 장세윤, 앞의 책, 214~215쪽

홍범도의 거듭되는 거주지 이주는 지방행정부의 간섭뿐만이 아닌 소련 중앙정부의 변화된 정책 때문이기도 했다.

> 1920년대 후반부터 극동 남부에서 토지를 갖고 있지 않는 한인을 대상으로 북방으로 이주시키는 정책이 검토되기 시작하였다. 1926년 전 러시아 중앙집행위원회는 한인에게 토지 분배에 관해 특별한 방법을 정하였다. 그것은 조선 국경에서부터 하바롭스크까지의 지역에서 금후 한인에 대한 토지 분배를 금지하고, 그곳에 사는 토지 없는 한인을 하바롭스크 관구(하바롭스크 이북) 등으로 이주시키고 한인이 점유하고 있던 토지에는 러시아공화국의 다른 지역으로부터의 이민을 이식시킨다는 것이었다.[10)]

홍범도는 1929년 겨울부터 1933년까지 콤비나트에서 지도자로 일하고, 1934년부터 1937년까지 블라디보스토크 근처 수청(水淸, 노우니콜라에프카)의 스코토브 지역의 농업 협동조합에서 수직원으로 일했다.

날이 갈수록 한인에 대한 소련 정부의 적대 정책이 강화되었다. 1931년 9월 18일 일본군의 도발로 만주사변이 발발하고, 1932년 3월 1일에는 '만주국'이 수립되자 소련은 일본의 팽창에 대해 극도의 우려를 갖게 되었다. 소련 당국은 만주사변 직후부터 극동 지역의 일본인에 대한 감시와 함께 한인의 스파이 활동 가능성에 대한 의구심과 그로 인한 감시 활동도 강화했다.

이래저래 러시아령의 한인들은 어려움이 가중되고, 따라서 홍범도의 꿈은 멀어져 갔다. 그의 나이 어느덧 69세에 이르렀다. 홍범도의 꿈을 빼

10) 원식, 「한인의 항일투쟁과 스탈린」, 서대숙 편, 『한국과 러시아 관계, 평가와 전망』, 110~111쪽, 재인용

앗는 것은 극동 정세의 변화와 함께 육신을 좀먹어 가는 세월이었다.

이 시기에 홍범도를 만난 적이 있는 정태는 『레닌기치』에서 다음과 같이 기술했다.

> 농부로서 홍범도 대장은 시넬(군용 외투)과 또는 길다란 가죽끈을 어깨에 걸쳐 멘 야전가방은 벗지 않았다. 가방 속에는 나간 권총이 있었다.
>
> 레닌에게서 선물로 받은 것이란다.
>
> "아, 선생님, 어찌 그렇게 일하십니까? 시넬을 입고 가방을 멘 채……."
>
> "이 홍범도는 시넬과 가방을 벗어 놓고는 밥도 못 먹는다오." 하는 그는 조선 낫으로 그냥 가을(추수)을 하였다.
>
> "선생님, 제가 좀 도와드릴까요?"
>
> "도와? …… 왜놈들을 벨 때 돕자는 사람이 있으면 눈물나게 반가웠지만 조를 벨 때 돕자는 건 그리 반갑지 않어."[11]

그는 변함없는 독립군이었다. 그러나 정세는 이런 생활마저도 허용하지 않았다. 극동 지역의 한인(고려인)들에게 거대한 먹구름이 몰려오고 있었다.

11) 『레닌기치』, 1968년 8월 27일자

12장 광복을 2년 앞두고 파란만장한 생을 마감하다

° 스탈린의 폭거로 카자흐스탄에 강제 이주

평범한 사람도 한세상을 살다 보면 기복과 곡절이 있기 마련이다. 필부라도 시대 상황의 변화와 영향을 받게 된다. 하물며 한 시대의 지도적 인물들에게 기복과 곡절은 필연적이다. '하늘을 나는 장군', '빨치산 대장', 역전의 항일투사 홍범도의 노년은 불우했다. 자신의 의지와는 상관없이 소련 정부의 정책에 의한 고난이었다. 그나마 조국과 가까운 러시아 극동에서 동포들과 조선말을 하면서 살아가던 노후마저도 허용되지 못하고 머나먼 중앙아시아로 추방당하게 된 것이다.

근대 세계사에서 초유의 '민족 강제 집단 이주'는 스탈린에 의해 자행되었다. 극동 지역의 한인이 그 첫 대상이었다. 러시아가 일제와 싸우고,

내전 당시에는 다수의 한인이 적군파에 협력하여 볼셰비키 정권이 수립되었는데도 스탈린 정권은 한인을 적대시하면서 중앙아시아로 쫓아냈다.

천민으로 태어나 비범한 항일투쟁을 전개하다가 중앙아시아로 쫓겨가 범인으로 살아야 했던 홍범도의 말년을 조명하기 위해 스탈린의 폭압과, 그가 생애의 마지막 6년여를 보낸 카자흐스탄에서의 삶을 살펴보자.

당시 한인들에게 그 이름마저도 생소하기만 했던 카자흐스탄은 중앙아시아의 북부에 위치해 있다. 1822년 러시아에 합병되어 1920년 키르기스 자치주로서 소비에트공화국의 일부가 되었다가 1936년에 아예 소비에트 사회주의공화국으로 편입되었다.

272만 4천900제곱킬로미터의 광대한 영토를 가진 이 나라는 지리적으로 러시아, 투르크메니스탄, 우즈베키스탄, 키르기스스탄, 중국과 국경을 맞대고, 평지·고지·산악지대로 이루어졌으며 건조한 대륙성기후를 띠고 있다. 카자흐어, 러시아어를 쓰고, 종교는 이슬람교, 러시아정교가 주를 이루며, 민족 분포를 보면 카자흐인 63.1%, 러시아인 23.7%, 우즈베크인 2.8%, 우크라이나인 2.1%, 기타 8.3%이다.(2012년 기준 인구 1천773만 명 남짓)

트로츠키파를 제거하고 부하린 등의 우파마저 당의 의사결정 기구에서 추방한 스탈린은 1인 독재체제를 구축하면서 내부 숙청과 소수민족 격리 정책을 자행했다.

소련의 1930년대는 추방과 숙청의 시대였다. 그 최초의 희생자는 쿨라크로 낙인찍힌 부농들이었다. 그들은 러시아 북부, 시베리아, 우랄, 카자흐스탄 등으로 이주되어 이동의 자유를 박탈당하였다. 그 수는 강제수용소와 감옥에 들어가 있던 사람을 제외해도 1932년 1월 140만 명이었다고 한다. 한인의 강제 이주는 하나의 민족 전체를 대적협력對敵協力 가능성과 스파이 활동 때문에 통째로 추방한 최초의 예로서 다른 민족들에게 보여진 공포의 견본이었다.[1]

한편 일제가 1937년 7월 7일 중국 베이징 교외 노구교에서 군사행동을 도발함으로써 중일전쟁이 시작되었다. 선전포고도 없이 시작된 일제의 침략전쟁은 베이징·톈진에 이어 국민정부의 난징을 점령하면서 30만 명이 넘는 무고한 시민을 살육하는 등 야만적으로 전개되었다. 일제가 중국을 침략하자 소련과 중국은 상호 불가침조약을 체결하는 한편, 8월 21일 소련공산당 중앙위원회와 중앙인민위원회는 극동에 거주하는 모든 한인(고려인)의 강제 이주를 결정했다.

이른바 「극동 지방 국경 부근 구역에서 고려인 거주민을 이주시키는 문제에 관하여」라는 결의문 「NO, 1428~326CC, 1937년 8월 21일」의 명령서가 소련 중앙위원회에서 채택되고, 이것을 당서기 스탈린과 중앙인민위원장 몰로토프가 서명 발효하였다.[2]

이 문건을 소개한다.

소련 정부의 극비문서(특별 File)

명령서 NO, 1428~326CC

1) 강원식, 「한인의 항일투쟁과 스탈린」, 서대숙 편, 『한국과 러시아 관계, 평가와 전망』, 114쪽, 경남대학교 극동문제연구소, 2001

2) 『한국과 러시아 : 관계와 변화』, 120~126쪽, 국학자료원, 1999

소련인민위원회 대표자회의, 볼셰비키 전소련공산당 중앙위원회
1937년 8월 21일

극동 국경지대 고려인들의 추방에 관하여

소련인민위원대표자회의와 볼셰비키 전소련중앙위원회는 다음과 같이 명령을 내린다.

일본의 간첩 행위 침투를 차단하기 위하여 극동 지역에 다음과 같은 조치를 시행한다.

① 볼셰비키 전소련 공산당극동지역위원회·지역집행위원회·극동 지역 내무인민위원부 관리국으로 하여금 극동의 국경지대, 즉 포시에트·물로토프·그로체코포·한카이·호톨체르니코프·스파스크·쉬마코프·포스티셰프·비킨·바젬스키·하바롭스크·수이푼키로프스키·칼리닌·라조·소보드넨스크·블라고베셴스크·탐보프·미하일로프·하르하린스키·스탈린스크·블류헤로보의 모든 고려 주민들을 추방하여 남 카자흐스탄 주, 아랄해와 발하시 지역, 우즈베키스탄공화국에 이주시키도록 명한다. 추방은 포시에트 구역과 그로체코포에 이웃해 있는 구역들로부터 시작한다.

② 추방에 즉시 착수하여 1938년 1월 1일 전에 끝마치도록 한다.

③ 이주 대상이 되는 고려인들로 하여금 이주 시 재산·농업용구·가금家禽을 가지고 가도록 한다.

④ 이주당하는 자들이 남겨 두고 가는 동산·부동산·파종된 종자들의 가격을 그들에게 보상한다.

⑤ 이주당하는 고려인들이 국경 너머로 나가기를 원한다면, 국경 통과 절차를 간략화함으로써 그들이 국경을 넘는 것을 방해하지 않는다.

⑥ 소련 내무인민위원부는 추방과 관련하여 고려인들 측으로부터 발생할 수 있는 난폭 행위나 무질서에 대비한 조치를 취한다.

⑦ 카자흐스탄공화국과 우즈베키스탄공화국의 인민위원회로 하여금 이주민들을 정주시키기 위한 구역과 지점을 즉시 정하고 그들에게 필요한 원조를 행함으로써 새로운 장소에서의 경제적·산업적 적응을 보장하는 정책을 세우도록 한다.

⑧ 교통인민위원부로 하여금 극동 지역 집행위원회의 신청에 따라, 이주당하는 고려인들과 그들의 재산을 극동 지역에 카자흐공화국과 우즈베키스탄공화국으로 실어 나르기 위한 차량을 알맞은 시기에 내어주는 것을 보장토록 한다.

⑨ 볼셰비키 전소련공산당 극동지역위원회와 극동 지역 집행위원회로 하여금 추방에 처해지는 물자와 사람의 수량을 3일 이내에 보고하도록 한다.

⑩ 추방 방법, 이주 대상 지역으로부터 출발하는 인원수, 정주 지역에 도착하는 인원수, 국경 밖으로 내보내지는 인원수를 전신을 통해 열흘 안에 걸쳐 보고한다.

⑪ 고려인들이 떠날 지역 내에 국경 수비를 강화하기 위해 국경 수비 병력을 3천으로 늘린다.

⑫ 소련 내무인민위원부로 하여금 국경 수비 대원들을 고려인들이 살던 주거지에 배치하도록 허락한다.

소련인민위원대표자회의 의장 몰로토프

볼셰비키 전소련공산당중앙위원회 서기 스탈린[3)]

○ 극동 러시아 한인 17만여 명 강제 추방

고려인들은 강제 이주를 당하기 1주일 전 또는 지역에 따라서는 2~3일 전에 이주 준비를 통보받았다. 이주 통보 시 부동산을 그대로 두고 가고 2~3일간의 식사를 준비하라고 했다. 이주 준비를 통보한 후 여행에 필요한 증명서를 압수하고 심지어 마을과 마을 간의 왕래도 중지시키고 타 지역 친척 방문으로 간 사람은 그곳에서 이주 열차에 승차하라고 했다. 이주 후원금으로 각 호당 370루블과 1인당 150루블을 지불했으나 이것을 지급받지 못한 사람도 많았다.

> 지역에 따라서는 가옥이나 토지를 담보로 수령증을 발급하고 새로 정착할 곳에서 토지와 가옥을 무상으로 지급한다고 약속하였으나 이것을 지킨 곳이 없었다. 이주민들에게 행선지도 말하지 않고 다만 멀리 떠난다는 것과 출발 일자만 통보한 것이었다.[4)]

홍범도와 함께 극동에서 중앙아시아로 강제 이주를 당한 고려인(한인)은 총 3만 6천442가구의 17만 1천781명이었다. 1926년의 인구조사에 따르면 러시아 거주 한인 인구가 총 16만 8천9명이었는데, 10년 후 1만여 명이 증가했다면, 한인 전체가 강제 이주를 당한 셈이다.

소련 정부는 야만적인 방법을 동원하여 고려인들을 이주시켰다. 총 124대의 수송 열차가 동원되었는데, 이는 객차와 화물차, 가축을 실은 가

3) 리 블라디미르, 「재소 고려민족의 항일운동」, 『한국 독립운동과 윤봉길 의사』, 매헌 윤봉길 의사 의거 60주년 기념국제학술회의 보고서, 272~274쪽, 1992

4) 윤병석, 『해외 동포의 원류』, 196~197쪽, 집문당, 2005

축 운반차로 나누어졌다.

> 이주 출발 당일 군인이 마을을 포위하고 한 사람의 낙오자도 없이 모조리 열차에 승차케 하였다. 고려인들은 지고, 이고, 들고 갈 수 있는 것은 닥치는 대로 열차에 실었다. 다행히 기차역에서 가까운 곳에 거주하는 사람들은 수레에 물건을 싣고 열차까지 가져간 사람도 있었다.
> 병원에 입원한 사람도 퇴원시킨 후 모두 열차에 실렸다. 이주 대상자는 고려인이면 남녀노소 가릴 것도 없이 전부였고, 노약과 임신부 심지어 병원 입원자까지 예외일 수 없었다. 또한 소련 각종 기관에 근무하는 사람이나 소련군에 복무하고 있던 사람은 해임 또는 제대시켜 이주시켰다.[5)]

고려인들은 그야말로 '아닌 밤중에 홍두깨' 격으로, 아무런 준비나 사전 지식도 없이 2만 리, 8천여 킬로미터나 떨어진 반사막지대의 중앙아시아로 추방되었다. 당시 대학생이었던 한 이주자에 대한 기록이다.

> 1937년 9월 중순 어느 날, 블라디보스토크 조선사범대학 재학 중인 정상진 군(20, 일명 정률)은 대학 교정에 집합하라는 학교 당국의 지시를 받았다. 영문을 몰라 수군거리며 모인 학생들은 2백 명가량 되었다. 교단에는 시당市黨위원 간부인 러시아인이 당당한 체구로 버티고 있었다. 그는 학생들이 정렬할 때까지 기다리다가 말문을 열었다.
> "조선 사람들은 곧 원동에서 이주하게 되었다. 조선, 만주에서 조선인 첩자들이 침투해 오고 있는데, 조선인이 이곳에 있으면 간첩과 구분할 수 없

5) 연국회, 「소련-중앙아시아 강제 이주의 수난사」, 『역사비평』, 계간 4호, 220쪽, 1991년 가을호

다. 조선사범대학도 함께 이주한다. 여러분은 국가의 동량으로서 학교 도서와 비품을 운반하도록 되어 있다."

학생들은 술렁이는 모습이 역력했으나 누구 하나 소리 내어 이의를 제기하지 않았다. 정 군은 다음 날부터 도서관의 서가 등을 허름한 창고로 옮기는 작업을 했다. 10일 후쯤 정 군은 어머니와 세 동생 옥분(17), 옥금(14), 영철(10)을 뒤로 한 채 기차역으로 향했다. 아버지는 이미 한 달 전쯤에 많은 조선인 인텔리켄치아들의 운명이 그랬듯이 당국에 체포되었다. 가족들의 흐느끼는 울음소리는 역에 도착할 때까지 그의 귓전에서 맴돌았다. 정 군을 기다리는 열차는 30칸가량 연결된 긴 화물차였다. 조선사범대생들은 러시아인 호송 민경대원들이 지시하는 대로 묵묵히 기차에 올라탔다. 반항의 기색을 보이는 사람은 아무도 없었다.[6]

소련 정부의 고려인 강제 이주 과정은 필설로 형용하기 어려운 야만의 극치였다. 17만여 명의 이주자 중에는 홍범도와 그의 가족 그리고 빨치산 동지들도 빠지지 않았다.

고려인들을 실은 열차는 객차와 화물차 그리고 가축을 실은 가축 운반차였다. 객차에 실린 사람은 신문사 직원과 극단원 그리고 사범학교 교수와 학생 등 이른바 엘리트 계층에 속하는 사람들이었으니 이들은 1천여 명에 불과했다. 이들을 제외한 모든 고려인들은 화물차나 가축 운반차에 실렸으며 보다 많은 사람이 가축 운반차에 실렸다.

가축 운반차는 가축의 분뇨 냄새 때문에 바닥과 벽을 널빤지로 막은 것이었고 널빤지의 사이가 벌어져 있어 열차가 달리면 사방에서 바람이 들

6) 앞의 책, 71~74쪽, 발췌

어오는 것이었다. 이러한 가축 운반차와 화물차를 2층이 되게 중간에 선반을 만들어 아래와 위에 각기 다른 가구가 있게 하여 한 화차에 4칸을 만들고 한 칸에 한 가구가 사용하게 하였다. 사람이 자는 곳은 바닥에 짚을 깐 것이 고작이었다.[7)]

∘ 한국어 사용 및 거주 이전 금지 등 탄압

고려인들을 실은 열차는 10~11월의 추운 날씨에 시베리아 횡단열차를 따라 한 달여를 달렸다. 난방이 안 되는 열차 안은 추위와 굶주림, 분뇨 냄새가 진동하는, 그야말로 생지옥이었다. 열차가 충돌하여 70여 명의 사상자가 나기도 하고 짧으면 몇 시간, 길면 며칠씩, 열차가 움직이지 않을 때도 다반사였다.

> 기차는 끝없이 달리기만 했다. (……) 기차가 멈출 때마다 학생들은 우르르 뛰어내려 대소변을 보았다. 처음에는 시선을 피해 기차에서 멀리 또는 차 밑으로 기어들어 볼일을 봤으나 그것도 잠시뿐, 나중에는 서너 발자국 걸어가는 것이 고작이었다. 기차가 섰다 하면 주변은 금세 오물투성이가 되고 냄새가 진동했다. 기차는 때로 몇 시간 심지어 며칠씩 움직이지 않은 때도 있었다.[8)]

7) 윤병석, 앞의 책, 197~198쪽
8) 연국회, 앞의 책, 321쪽

40명 정도가 한 칸에 탔는데 위생시설이 되어 있지 않아 적리(赤痢, 이질의 일종, 필자)가 번졌다. 한 달 동안 목욕을 못 하니 부스럼 등 피부병이 번지기도 했다. 어린이, 노인들이 먼저 죽어 나갔다. 기차가 서면 시체는 옷이나 천에 싸서 관도 없이 아무 데나 묻었다. 밤에 묻기도 해 그 후 묘를 찾으러 갔던 사람들이 허탕치고 눈물만 뿌리고 왔다는 이야기를 들은 적도 있다.[9]

한 달이 넘는 긴 여정 끝에 고려인들은 목적지인 우즈베키스탄공화국에 1만 6천272가구, 7만 6천525명이, 카자흐스탄공화국에 2만 170가구, 9만 5천256명이 분산 배치되었다. 두 나라는 소련연방공화국으로 고려인들이 도착한 곳은 천산산맥의 고원지대였다. 여름에는 몹시 덥고 겨울에는 몹시 추운 반사막의 황량한 지대여서, 제정帝政러시아 시대부터 원주민 이외에 유럽인의 유배지로 유명한 곳이다.[10]

홍범도는 카자흐스탄의 시르다리아 강 근처의 잘 아르이크 마을에 배정되었다. 여기서 반년쯤 지내다가 이듬해 4월 초에 크질오르다로 이주했다.

홍범도가 크질오르다로 이사한 것은 여기에서 자기의 여생을 조금이라도 보람 있게 보내려는 의도에서였다. 이 도시에는 조선 이주민이 만든 『레닌기치』 신문사가 있었고, 쫓겨 온 조선사범대학이 있었고, 조선극장이 세워졌다.

황량한 반사막지대에 내팽개쳐진 고려인들은 억척스럽게 움막집을 짓

9) 『레닌기치』, 1989년 5월 3일자
10) 윤병석, 앞의 책, 199쪽

고 땅을 파면서 새 생활의 터전을 닦았다. 기후가 맞지 않아 풍토병에 시달리면서도 조선 민족의 끈기를 발휘했다. 그런데 엎친 데 덮친 격으로 소련 정부의 고려인들에 대한 학대 정책은 계속되었다.

강제 이주를 당한 다음 해인 1938년 스탈린은 특명으로 한국어를 소련 내 소수민족의 언어에서 제외시켜 버렸다. 따라서 한국어 교사를 양성하는 사범학교를 위시하여 모든 고려인학교가 러시아학교로 전환되고 한국어를 수업하던 교원은 다른 과목을 수업하거나 다른 직장을 가져야 했다. 또한 고려인들은 적성민족이기에 거주하는 공화국 이외의 타지에 여행하는 것이 금지되었으며, 더구나 군인으로 복무할 수도 없게 하였다.

이러한 학대와 고생을 무릅쓰고 고려인들은 이주한 다음 해 봄이 되자 운하를 파고 강물을 끌어들여 논을 만들어 가져간 벼를 심었다. 이곳 기후는 열대성기후라 물만 충분하면 벼농사에는 더없이 좋은 조건을 갖추었다. 다행히 물은 비가 오지 않더라도 만년설을 이고 있는 천산산맥에서 흘러내리는 하천의 물량이 풍부하였다.[11]

고려인들은 이곳에서 여러 가지 일에 종사하면서 뿌리를 내렸다. 생활 정착 형태는 4가지로 크게 분류할 수 있다. ① 집단농장 등 농사에 종사한 사람들 ② 일반 노동자가 된 사람들 ③ 얼마 후 거주 이전이 허용되어 도시로 나가 정신근로자가 된 사람들 ④ 소수이기는 하나 원동으로 되돌아간 사람들이다.[12]

11) 같은 책, 200~201쪽
12) 연국희, 앞의 책, 225쪽

조선 사람들은 괭이와 삽으로 땅벌레처럼 일해, 갈대숲과 황무지를 일구었다. 얼마 후 버려졌던 땅이 옥토로 변했다. 첫 벼 재배기지가 된 것이다. 이어 옥수수, 목화가 조선인들에 의해 생산되었다. 현지인들은 억척스러운 그들을 경외의 눈으로 지켜보았다.

그나마 홍범도의 경우는 대부분의 농민·노동자들의 경우와는 약간 달랐다. 소액이지만 연금을 받아 기본적인 생계는 유지할 수 있었다. 그는 1929년부터 소액의 연금을 받기 시작했다.

> 그는 연금 생활을 하면서 마음이 허전할 때면 『레닌기치』 신문사를 찾아가서 세계 형편에 대한 이야기도 듣고 조선극장에서 연극을 하는 때면 아내와 손녀를 데리고 드문드문 연극 구경을 다니곤 하였다. 이것이 바로 홍범도가 식구를 데리고 연금 생활을 하면서 살아가는 재미의 전부라고 할 수 있다.[13)]

홍범도는 이주 과정에서 손녀사위를 잃었던 것 같다. 『레닌기치』 1938년 6월 10일자에 손녀사위 송용준을 찾는다는 광고를 게재했기 때문이다. 송용준을 찾았는지는 확인되지 않는다. 고려인 사회는 변화도 많았고 희생자도 적지 않았다.

> 1931~1933년 사이 기아·전염병 그리고 기타 다른 재앙으로 인해 직접적 손실을 입은 사람은 카자흐스탄에서만도 약 200만 명에 달했다. 103만 명이 다른 공화국으로 이민을 떠났는데, 그중 61만 6천 명은 되돌아올

13) 김세일, 『홍범도 : 역사기록소설 5』, 제3문학사, 243~244쪽, 1990

수 없는 유목지로 옮겨 갔다. 지역 내에서 부분적으로 보충할 수 있었던 노동 자원의 심각한 부족이 이주자들로 인해 초래되었다. 특히 카자흐스탄의 남쪽 주들과 중앙아시아 공화국들에 의해 이주자 배치는 이주 한인들의 전통적인 농업 활동, 즉 벼농사와 채소재배의 종사를 염두에 두고 있었다.[14)]

° '전선에 보내 달라' 간청하다

고려인들은 척박한 카자흐스탄 사막지대를 개간해 벼 등 여러 가지 농작물을 심었다. 근면함과 성실성으로 다소의 소출을 얻게 되고, 노동자들도 역량을 발휘해 지역사회에서 평가를 받았다.

조선인들은 '농업의 명수'가 되었다. 벼농사의 기초적인 실적으로 김만삼 씨 등 300여 명의 사회주의 노동 영웅이 배출되었다. 타슈켄트 시 폴랴르나이야스베스다 집단농장 관리원장 김병화 씨는 노동 영웅 칭호까지 받았으며, 그가 세상을 떠난 후 그 집단농장은 김병화 씨의 이름을 따게 되었다.[15)]

홍범도는 이제 칠십 고령에 접어들었다. 텃밭을 가꾸고 소련 정부가 주

14) 김게르만(카자흐공화국 과학아카데미 동양학센터 역사학 박사), 「카자흐스탄 한인 사회의 형성과 발전」, 『한국민족운동사연구』 7, 49~50쪽, 1993

15) 『레닌기치』, 연국회, 앞의 책, 225쪽

는 연금으로 근근이 생활은 꾸려 갈 수 있었지만, 하릴없이 늙어 가는 자신의 모습에 안타까워했다. 그러던 중 1941년 6월 일본과 동맹 관계인 독일이 소련을 기습공격하는 독·소전쟁이 발발했다. 이에 앞서 4월에는 일·소 불가침조약을 맺어 일제는 소련을 묶어 두고자 했지만, 독일의 히틀러가 이와는 달리 소련을 침공한 것이다.

홍범도는 노구를 이끌고 주 당위원회를 찾아가 정규군으로 입대할 터이니 전선에 보내 줄 것을 간청했다. 일본의 동맹국인 독일은 바로 적국이라는 인식에서였다. 그러나 73세의 고령이 정규군으로 참전하는 것은 받아들여지지 않았다.

이 자리에서 홍범도는 소련 군인들에게 자신의 백발백중의 사격 솜씨를 시범했지만 여전히 '현역 징집'은 거부되었다. 그러던 어느 날 한인 연출가 태장춘이 집으로 찾아왔다.

> 홍범도가 식구들을 데리고 어렵게 살아가는 것을 알고 그에게 도움의 손길을 뻗친 사람은 조선극장 총연출가 태장춘 씨였다. 그는 우선 홍범도를 극장에서 그리 힘들지 않은 일인 수위 직책을 맡아 보게 하고 봉급이 그리 많지는 않지만 연금에 보태어 살게 하였고 봄이면 그가 다루는 뙤약밭(텃밭)을 파주기도 하였다.[16]

태장춘을 만난 것은 홍범도 자신에게는 물론 항일운동사를 연구하는 사람들에게 큰 행운이다. 그의 간청으로 홍범도는 소략하게나마 파란곡절에 찬 자신의 생애를 돌아보는 일지를 쓰게 되고, 태장춘은 이것을 바

16) 김세일, 앞의 책, 244쪽

탕으로 희곡을 써서 「의병들」(나중에 「홍범도」로 개제)이라는 연극을 공연하기에 이르렀다.

> 국립조선극장(1932년 블라디보스토크에서 정식으로 창립된 단체) 창시자의 한 사람인 태장춘은 항일 무장투쟁의 영웅 홍범도를 지켜보면서 그의 투쟁 경험을 되살려 연극으로 공연하는 방법을 궁리하게 되었다. 독·소전쟁 발발 이후 소련에서는 전쟁을 지원하는 일이 온 국민의 임무로 부각되고 있었다.
> 따라서 태장춘은 적대국 독일의 동맹국 일본과 싸웠던 홍범도의 투쟁을 연극으로 공연함으로써 민중의 항전 의지를 높이고, 또한 일본의 간첩이라는 억울한 누명을 쓰고 중앙아시아로 강제 이주당한 한인들의 한을 풀어 줄 결심이었다.
> 태장춘은 작품 구성을 위한 준비 단계로서 홍범도와 자주 만나 그의 생애와 빨치산 활동에 관해 이야기하였다.[17)]

이것이 계기가 되어 홍범도는 일지를 집필하게 되고, 태장춘은 이를 바탕으로 희곡을 써서 1942년 초반에 공연했다. 처음에 홍범도는 일지를 쓰는 것이나 연극 공연을 극구 사양했다. 항일 전선에서 수많은 청년들이 피를 뿌렸는데, 아직까지 살아남은 자신이 전공을 독차지하는 것은 바람직하지 못하다는 겸사였다.

> 장군님, 그렇게 생각지 마셔요. 지금은 우리가 원동에서 여기로 실려 오던

17) 장세윤, 『홍범도 생애와 독립전쟁』, 독립기념관, 219쪽, 1997

때와 다릅니다. 지금은 우리가 독일 놈들과 싸우고 있으며 또 왜놈들이 우리한테 당장 달려들 수 있는 형편입니다. (……) 지금 로씨아(러시아) 극장에서는 이전에 독일 놈들과 왜놈들을 반대해 싸우던 연극이나 영화들을 많이 만들어 놉니다.

우리 극장은 조선극장이니 장군님이 왜놈들과 싸우던 연극을 왜 못 놀리겠습니까? 내가 벌써 해당한 기관들에 가서 여기에 대해 이야기했습니다. 그러니 장군님은 아무런 근심도 하지 마십시오.[18]

태장춘의 간절한 설득이 효력을 받아 마침내 『홍범도 일지』가 완성되고 연극이 공연되었다.

이렇게 되어 홍범도가 자기의 일지를 쓰게 되었고 태장춘이 희곡 『홍범도』를 써서 홍범도 생전에 무대에 올리게 되었고, 홍범도 자신이 직접 이 연극을 구경할 수 있었다. 참으로 희연한 일이었다.

그러나 얼마 지나지 않아 조선극장은 크질오르다를 떠나 알마타 주 우스토베라는 곳으로 옮겨 갔다. 한집 식솔처럼 정답게 지내던 조선극장이 크질오르다를 떠나게 되니 홍범도는 매우 섭섭하였다.[19]

홍범도는 자신을 주역으로 하는 연극을 관람하고 소감을 묻는 태장춘에게 자기를 너무 추켜세우지 말도록 당부했다. 평소 겸손한 품성 그대로였다. 연극은 제2차 세계대전 중 일본을 적국으로 하는 스토리로서 고려인들뿐만 아니라 현지인들에게도 큰 감명을 주었다. 이 무렵 홍범도는 시

18) 김세일, 앞의 책, 245쪽
19) 같은 책, 246쪽

름시름 앓기 시작했다. 노환이었다. 정신적인 실의가 노환을 재촉했을 것이다.

1943년에 들어 제2차 세계대전은 막바지로 치닫고 있었다. 이해 2월 독일군이 스탈린그라드에서 항복하고, 9월에 추축국의 일원이던 이탈리아가 연합국에 항복했다. 일제의 패망이 눈앞에 보이는 시점이었다.

하지만 가혹했던 운명의 여신은 홍범도에게 일제 패망의 모습을 보여주지 않고 먼저 그의 삶을 거둬 갔다. 무릇 대부분의 혁명가는 결실을 보지 못하는 경우가 태반이다. 싸우는 과정에서 혁명가의 역할은 끝나는가 보다.

° 75세 일기로 거인은 쓰러지다

1943년 10월 25일 홍범도는 75세의 나이로 크질오르다 산체프나야 거리 제2번지에 있는 자기 집에서 아내와 손녀, 동료들이 지켜보는 가운데 눈을 감았다. 장렬한 생애였다. 파란만장한 삶이었다.

동시대의 한국인 중에 그와 같이 초지일관하여 항일 무장투쟁을 전개한 이도 흔치 않았다. 무장전쟁의 1인자요, 일제가 가장 두려워했던 인물이었다. 말년에 이르러 구소련에 의해 이역만리로 이주되어 '머리 깎인 삼손'이 되었지만, 한시도 조국 해방의 염원을 접은 적이 없었다.

그가 숨지고 한 달여가 지난 11월 27일 연합국 측의 루스벨트 미국 대통령, 처칠 영국 수상, 장제스 중국 총통이 이집트 카이로에서 회담을 갖고 일제의 패망을 전제로 전후 국제 문제를 논의했다. 이 자리에서 세 영수는 "현재 한국인이 노예 상태에 놓여 있음을 유의하여 앞으로 한국을 자유 독립 국가로 할 결의를 가진다."라는 역사적인 「카이로선언」을 채택했다.

이와 같이 조국 독립의 반가운 소식을 듣지 못한 채 홍범도가 파란 많은 삶을 마감한 것은 역시 혁명가에게 주어진 숙명이었다. 그는 항일전의 맹장, 독립전쟁의 영웅이면서도 군림하지 않았다. 일상이나 전쟁 중에도 병졸들과 똑같이 먹고 자면서 생활했다. 해서 '계급장 없는 장군'으로 불리고, '백두산 호랑이'가 되고, '비장군'의 신화를 낳게 했다.

홍범도는 숨지기 며칠 전, 옛 동지들을 자기 집으로 불러 기르던 돼지를 잡아 잔치를 베풀었다. 속내는 일제의 패망을 예상하면서 노병들을 격려하는 잔치였을 것이다.

그의 유해는 마을 인근 공동묘지에 안장되었다. 그리고 서거 8년째인 1951년 『레닌기치』 신문사와 고인의 동지들, 유지들이 모여 분묘수리위원회를 구성하고, 성금을 모아 퇴락한 묘소를 정비하고 새로 묘비를 세웠다. 비석에 새겨진 내용은 다음과 같다.

> 저명한 조선 빨치산 대장 홍범도. 1868년 8월 27일 조선 평양 서문안 문열사 앞에서 탄생하였고, 1943년 10월 25일 소련 크질오르다 시에서 사망(시내 공동묘지에 안장).
> 사진 : 1922년 정월에 이르쿠츠크에서 찍힌 것, 총과 군복은 레닌 동지에게서 상금으로 받은 것임. 그는 1927년 소련공산당원이고 개별적 은급수령자.
> 1958년 8월 15일 고인의 친우 리인섭 묘의 비문 : 조선의 자유 독립을 위하여 제국주의 일본을 반대한 투쟁에 헌신한 조선 빨치산 대장 홍범도

의 이름은 천추만대에 길이길이 전하여지리다.

1951년 10월 25일 『레닌기치』 신문사 동인, 고인의 전우 및 시내유지한 조선 일동 건립(鐵碑), 전면에 저명한 조선 빨치산 대장 홍범도 묘.

이와 더불어 홍범도와 의병전쟁으로부터 빨치산 투쟁을 함께 했던 이인섭이 홍범도의 자료를 수집하여 「조선 인민의 전설적 영웅 홍범도를 추억하면서」라는 기록물을 남겼다.

이인섭이 홍범도에 관한 기록을 모으기 시작한 것은 그가 1951년 홍범도의 분묘수리위원회에 참여하면서였다. 즉, 1943년에 사망한 홍범도의 묘가 8년이 지나면서 심히 훼손되자 크질오르다의 유지들이 성금을 모아 묘를 수리했던 것이다. 이인섭은 당시 홍범도의 전우들의 위탁에 의하여 1951년부터 홍범도에 대한 회상기 등의 자료들을 수집하였고, 카자흐스탄 우스토베에 있던 고려극장(조선극장)의 배우이자 서기였던 김진으로부터 홍범도의 '일지와 사진'을 받았고, 하바롭스크의 장리호가 보내 준 홍범도의 장년 시대 사진과 담화 내용을 종합하여 『홍범도 장군』을 집필하기에 이르렀던 것이다.[20]

홍범도가 직접 구술한 『홍범도 일지』와 앞에서 소개한 이인섭의 기록 등을 바탕으로 모스크바 거주 고려인 작가 김세일(김 세르게이 표도르비치)이 1965년부터 1965년에 걸쳐 『레닌기치』에 「소설 홍범도」의 제목으로 연재했다.

20) 이인섭, 「조선인민의 전설적 영웅 홍범도를 추억하면서」(수고본), 1~4쪽, 반병률, 「'홍범도 일기' 판본 검토와 쟁점」, 『한국독립운동사연구』 제31집, 437쪽, 독립기념관, 2008

이 같은 사실을 국내에서는 까맣게 모르고 있었다. 그러다 한글학자이며 중앙아시아 고려인 연구의 선구자인 고송무가 1989년 8월 서울을 방문할 때에 이 소설 원고를 가져와 『홍범도 : 역사기록소설』이라는 제목으로 그해 11월에 제3문학사에서 1~3권, 1년 후인 1990년 11월 4~5권이 각각 출판되었다.

『홍범도 : 역사기록소설』의 제5권에는 고송무가 『홍범도 일기』를 『홍범도의 일지』라는 이름으로 첨부하여 소개하면서 고송무가 표지에 "『홍범도의 일지』, 이함덕(극작가 태장춘 씨 부인) 씨가 옮겨 쓴 것을 김세일 선생이 다시 옮겨 쓴 것이다."라고 설명을 했다.[21]

김세일이 굳이 '역사기록소설'이라고 표기한 것은, 홍범도에 대한 픽션(소설)의 의미보다는 작가 스스로의 겸양의 뜻이 담겼다. 러시아에서는 역사 다큐멘터리를 '소설'로 표기한 경우가 많다고 한다. 따라서 『홍범도 : 역사기록소설』은 픽션의 부문이 전혀 가미되지 않았다고 장담하기는 어렵지 만 대부분 사실에 근거한 기록임을 살피게 한다.

21) 반병률, 「홍범도 장군의 무장독립운동과 러시아 관계」, 발표문, 발췌

▮ 부록 1

홍범도 장군을 추억하면서

전문 연구가들이 바라보는 홍범도

• 송우혜

국난을 당한 나라에서 산야의 이름 없는 백성으로서 스스로 몸을 일으켜 원수와 투쟁함으로써 백성들로부터 주어진 '장군'의 칭호로 불린 홍범도. 그는 사람됨이 소박하고 성실하며 청렴하고 명예를 탐하지 않았다고 한다.

대의를 위해서는 다른 사람에게 몸을 굽히는 것을 꺼리지 않아서, 봉오동전투 전에 국민회의 군사조직이 최진동의 부대와 연합할 때는 최진동의 아래 지위에, 청산리전투 후에 밀산에서 전체 독립군이 통합할 때에는 서일의 아래 지위에 앉는 것을 사양하지 않았다.

그동안 청산리전투와 홍범도 장군의 참모습이 참으로 너무나 오랫동안 가려져 왔다.[1)]

• **윤병석**

홍범도는 한국 독립운동사에서 뚜렷한 위치를 점하고 있는 인물이다. 그는 의병항전 못지않게 일반에게 봉오동 승첩으로 상징되는 독립군 항전으로 잘 알려져 있다. 이러한 이유에서인지 독립군으로 전신하기 이전의 그가, 기울어 가던 국운을 눈앞에 두던 시절에 유명한 의병장으로 큰 활약을 했던 사실이 칭예되기는 드물다. 그는 독립군 항전에 못지않게 구한말의 의병사에서도 중요시되는 인물이다.[2)]

• **장세윤**

홍범도의 사상적 편력에 대하여는 학설이 구구하다. 남한 학계에서는 대체로 홍범도를 투철한 민족주의자로 인식하고 있는 실정이다. 반면에 연변과 소련 등지의 일각에서는 그를 프롤레타리아 출신으로 거병하여 일제와 싸우다가 나중에 사회주의자로 전향 발전한 모범적 사례로서의 영웅적 인물로 파악하고 있다. 필자는 여기에 대하여 확실한 단정을 내릴 수는 없다. 그러나 홍범도의 출신 성분과 성품, 행적을 미루어 추측해 볼 때 그가 체계적으로 완비된 사회주의 이론이나 사상에 입각하여 행동하지는 않았다고 하더라도 그러한 이념에 동조할 개연성은 충분히 있었을 것으로 본다. 더구나 그가 공산당에 입당하였음을 상기해 보면 이 문제는 두말할 필요도 없다.

하지만 우리에게 더 중요한 문제는 그의 이념이 무엇인가를 구태여 무리하게 재단하기보다는 그의 철저한 항쟁과 투철한 애국심이 어디서 연유하고 결국 무엇을 위한 것이었겠느냐 하는 것을 규명하는 일이라고 생

1) 송우혜, 「청산리전투와 홍범도 장군」, 『신동아』, 464쪽, 1984년 9월호
2) 윤병석, 『한말의병전열전』, 322쪽, 독립기념관, 1991

각된다. 왜냐하면 홍범도는 이론이나 사상을 앞세우고 행동한 사람이 아니라 철두철미하게 실천적 투쟁으로써 구국항쟁의 대열에 앞장선 사람이었기 때문이다.[3)]

• **장석홍**

독립전쟁사에서 찬란한 금자탑을 이룩한 홍범도는 1907년 의병을 일으켜 1920년 봉오동전투와 청산리대첩에 이르기까지, 오로지 '독립전쟁'을 최고 방략으로 삼아 실천한 독립운동가였다.

오랫동안 독립전쟁의 '전설'로 전해지던 홍범도가 학계의 주목을 받은 것은 1980년대에 이르러서였다. 청산리대첩에서의 역할이 규명되고, 구소련 연해주로 넘어간 이후의 행적이 비교적 소상하게 밝혀지면서 홍범도의 역사상을 정립할 수 있게 되었다.

그렇지만 봉오동전투와 청산리대첩을 승리로 이끈 홍범도 독립군의 조직 기반과 구성원의 실체를 밝히는 것은 아직도 과제로 남아 있다.

독립전쟁의 전투 상황을 규명하는 것도 중요하지만, 독립전쟁의 주체인 독립군이 어떻게 형성되었으며, 그 구성원들의 성격을 밝히는 것 역시 중요한 과제라 할 수 있다. 그동안 독립군 형성과 관련해서는 개별 독립군 단체 내지 독립군 양성소인 몇몇 사관학교, 만주 지역의 한인 사회를 바탕으로 성립된 민족학교를 통해 배출한 독립군 등의 양상을 원론적 수준에서 규명한 바 있으나, 보다 구체적이며 종합적 관점에서 다룰 필요가 있다고 생각한다.[4)]

3) 장세윤, 「'홍범도 일지'를 통해 본 홍범도의 생애와 항일무장투쟁」, 『한국독립운동사연구』 제5집, 270~271쪽, 독립기념관

4) 장석홍, 「3.1운동 전후 만주독립군 형성과 홍범도 장군」, (사)여천 홍범도장군기념사업회, 『여천 홍범도 장군 순국 69주기 추모식 및 학술회의 발표 논문집』, 157쪽, 2012

• 김주용

홍범도는 군인으로 지녀야 할 목표를 분명하게 설정하고 이를 실천한 용장이었다. 비록 그가 대한제국 무관학교를 거친 정통 무관 집안 출신은 아닐지라도 군대 경험과 산포수대의 경험을 최대한 발휘하여 의병전, 봉오동전투와 청산리대첩에서 보여 주었던 전투의 최종 목표인 '적의 섬멸'을 위해 정진하였음은 그의 장기간의 항일투쟁에서 보여 준 또 다른 특징이라고 할 수 있다.

바로 군인의 목표를 설정하고 이를 충실하게 실행하였다는 점에서 홍범도는 진정한 군인이자 보편적 인류애를 전개한 실천가였다. 그가 오늘날에도 이역만리에 묻혀 있지만 한국인에게 가까이 있는 이유가 바로 여기에 있다고 할 수 있다.[5)]

• 신용하

홍범도 의병부대의 대한독립군으로서의 전환 발전은 '의병에서 독립군으로의 전환 발전'한 하나의 전형적 경우라고 볼 수 있으며, 그 특징은 매우 민첩한 선제성先制性이라고 하겠다.

맨 먼저 독립군을 조직했고, 맨 먼저 국내진공작전을 단행했으며, 매우 적극적·능동적으로 공세적 위치에 선 것을 이 유형의 큰 특징으로 볼 수 있지 않을까 한다.[6)]

• 박영석

조국 광복을 위한 홍범도의 민족의식과 독립정신은 의병정신에서 비롯

5) 김주용, 「홍범도 장군의 항일운동의 역사적 의의」, 앞의 책, 68쪽
6) 신용하, 『의병과 독립군의 무장독립운동』, 198쪽, 지식산업사, 2003

되었고, 그리고 독립전쟁을 계속하는 가운데 애국심이 더욱 굳어졌다고 보여진다. 물론 이러한 독립정신은 특히 봉오동·청산리 독립전쟁의 대승에서 얻어졌다고 보여지고, 양대 독립전쟁은 한민족에게 우리도 일본군에게 대승할 수 있고, 계속 투쟁하면 반드시 한국에서 일제를 구축하여 조국 광복을 이룰 수 있다는 확신을 심어 준 데 큰 의의가 있다고 생각된다.[7)]

• **김동환**

홍범도 항일투쟁의 배경에는 늘 단군정신과 더불어, 그러한 뜻을 함께한 동지들이 있었다. 일제하 단군이란 이념과 종교를 초월한 중심이었다. 의병 활동에서도 이러한 분위기가 발견됨을 보았다. 즉, 해산 의병의 재집결체인 대한독립단이 「대한독립단 선언문」을 발표한 날이 바로 단군 어천절인 음력 3월 15일(양력 4월 15일)이었다. 단군정신을 중심으로 단결을 맹세한 것이다.[8)]

• **고송무**

홍범도 장군의 얼굴 오른쪽 볼수염이 다른 사람들과는 달리 위로 자랐더랬소. 그것은 왜냐하면 너무나도 총을 많이 쏘았기에, 총을 쏠 때마다 총탁을 오른쪽에 대기 위해 오른쪽 볼을 스쳐 겨냥하면서 올렸기 때문이오. 총 쏠 내기도 몇 번 해보았는데 정말 명포수였소. 노년임에도 불구하고 우리 젊은 것들이 어쩔 수 없었소. 극장 수위로 일하실 때 우리는 처음

7) 박영석, 『재만 한인 독립운동사 연구』, 246쪽, 일조각, 1988
8) 김동환, 「홍범도 항일투쟁의 이념적 배경」, 『봉오동전투 전승 91주년 학술회의 자료집』, 64쪽, 2011

그가 그 전설적인 영웅인, 일제에 있어서는 범인인 홍범도인 줄 몰랐더랬소. 김세일이 소설을 쓰고 태장춘이 희곡을 쓰고 하면서부터 우리는 알게 되었고 그를 무한히 존경하였소. 그는 자기에 대하여 자랑하는 것을 좋아하지 않는 겸손한 분이었소.[9)]

카자흐스탄의 홍범도 관련 자료

다음은 카자흐스탄 크질오르다 시 문서보관소에 소장되어 있는 홍범도 관련 문서철 내용을 번역한 것이다.

> 직업 : 혁명가
> 이 사람에 대해서는 독자를 사로잡는 책을 쓸 수도 있고(실제로 이런 글이 『레닌기치』에 나오고 있음), 훌륭한 전기를 낼 수도 있을 것이다. 그러나 우리는 다음과 같은 결정을 내리게 되었다. 즉, 이 사람으로 하여금 스스로 자신에 대하여 말하게 하자는 것과 독자들로 하여금 '빨치산의 대열에 들어 있는 사람'이라는 짧은 구절의 이면에 깔려 있는 의미를 스스로 되새기게 하자는 것이다.
> 첫째로 명기할 사항은 '직업 : 직업적 혁명가'라는 사실이다. 이 사람은 그와 같이 긴장, 걱정, 궁핍 그리고 위험으로 가득찬 생을 살았던 것이다. 이러한 삶은 노동자들을 해방시키기 위해 자신을 남김없이 불사르겠다는 위대한 목표와 진정으로 사랑할 줄 알고 증오할 줄 아는 강한 정신력의 소유자만이 할 수 있는 것이다.

9) 고송무, 「안 미하일 쓰쩨빠 노위츠(카자흐스탄 조선극장 배우) 증언」, 『쏘련의 한인들』, 39쪽

우리는 홍범도의 자서전과 그에 대한 조회 사항들에서 발췌한 것을 다음과 같이 공개한다. 이 서류들의 원본은 러시아사회주의연방(원동) 국립중앙문서보관소와 톰스크에 보관되어 있다.

붉은 전위대 및 붉은 빨치산 조회서 제05606호

성명 : 홍범도

난 해, 달, 날 : 1868년 8월 27일

민족 및 출생지 : 조선 사람, 조선 평양

사회 신분 : 무산 농민

교육 : 일반, 군사, 전문-독학

직업 : (전문) 혁명가

연금 생활 시작년도 : 1929년

당 가입 및 당증 번호 : BKll(6)no No, 57842〔소련공산당(볼셰비키) 빼/ 베 제578492〕

가족 사항 : 부인, 이인복 60세

1919~1920년 사이 빨치산 부대에 소속되어 있었음.

1921~1922년 사이 위와 같음.

포상 회수 및 내용 : 무기 및 돈. 1922년 모스크바에서 금화 100루블 포상받음.

일반교육 및 정치교육을 받기 위해 다닌 학교 : 정치 학교

서명 : 홍범도[10)]

10) 김세일, 『홍범도 : 역사기록소설 4』, 제3문학사, 260~ 263쪽, 1990

'김규연 비망록'의 홍범도

홍범도는 북선 평안도 평양 출생이다. 조선이 합방 전 함경북도 의병운동이 극성한 때에 홍범도는 삼수, 갑산 등지에서 일본 군대 연락병들을 습격하는 데 명성이 있었다. 그러자 지원군들 모아드니 부대적으로 행동하게 되었다. 홍범도는 백발백중의 명포수이고 부대적 편성 지도 능력은 없는 중세기 무사와 같은 장군이다. 그러자 일본 군대의 수색부대가 삼수 갑산 등지를 침입한다. 형세 불리하였다.

두세 사람 명포수로 산짐승 잡듯이 일본군 연락교통병들 북청 함흥으로 갑산 산골로 내왕하는 것을 습격하기는 편리하였지만 부대로 충돌하기는 불편리하였다. 뿐만 아니라 수색대에 붙들릴 수도 있었다. 그래서 이병채와 두 사람이 연해주 노보키예프스크로 피신하여 왔다.

1919년 3.1운동이 조선에 발발할 때에 홍범도는 조선에 가서 일본군과 싸우겠다고 결심하는 것을 간도 '국민회'에서 군인 한 부대를 홍범도 명의하에 주었다. 간도 '국민회'에서 박경칠을 참모장으로 지정하여 주었다. 한 달 후에 박경칠은 탈퇴하여 훈춘 구역 '신민단' 군사부에 와서 한경세, 신우여, 이승조 등과 함께 일하였다.

그리고 홍범도는 군인 부대와 간도에 있다가 마침 봉오골전쟁에 참가하였고 그 후 백두산 뒤에 갔다가 일본군 간도 토벌 시에 남만, 북만, 산으로 피란하여 자유시에 왔다가 자유시 토벌에 군대들이 무장해제 당한 후 홍범도는 단신으로 레닌에게 대접받으면서 모스크바까지 행세하면서 자유시 토벌이 유감이 없는 듯이 시키는 대로 말하며 돌아다니는 것이었다.

슈미츠키 일파는 홍범도는 조선 독립군의 총지휘자처럼 떠들어 소개하면서 자기들 범죄사변을 완화시키려고 홍범도의 변호 비판을 요구하는 충동이었다. 홍범도가 영솔하고 자유시에 왔던 부대는 우스문에서 석방되어 백당숙청전쟁에 참가하였다. 홍범도 개인은 원동 빨치산 전쟁엔 직접 참가한 일이 없다.[11)]

이인섭의 홍범도 회상기

크질오르다 시립공동묘지를 방문하는 사람들은 "전설적인 빨치산 지휘관인 고려 사람 홍범도 선생이 이곳에 묻혀 있다."라는 글이 새겨진 묘비를 볼 수 있다.

나는 홍범도의 혁명적 활동에 대하여 『레닌기치』 독자 여러분들에게 소개한다.

홍범도는 여러 독립운동가들 중에서도 특별한 위치를 차지하고 있다. 그는 한반도에서와 원동 지방에서 벌어진 일제와의 투쟁에서 아주 유명한 영웅적 무사의 한 분이시다.

그는 1868년에 평양시의 한 빈농의 가정에서 태어났다. 일찍 부모를 여읜 그는 9세 때 고아의 신세로 삶을 위해 남의 집 머슴살이를 하였으며, 15세 때 그는 조선군에 자원 입대하여 나팔수로 복무하였다. 18세 때 군에서 제대한 후 황해도에서 어느 개인 기업가 밑에서 고용살이를 하였다. 그 후 3년 동안 제지공장에서 일한 적도 있었는데 작업 조건이 열악하고 때로는 보수도 제때에 받지 못하였다. 7개월간 보수를 받지 못하자 그로 하여금 주인에 대한 증오심을 불러일으키게 되어 주인을 살해하고 어느 목사의 옷을 얻어 입고 금강산 속으로 피신했다.

11) 김규연 비망록, 「내전기(1918~1922) 한인 항일혁명가의 수기」, 박환, 『재소 한인민족운동사』, 홍범도 부분, 297~298쪽, 국학자료원, 1998

1894~1895년 청일전쟁 시 그는 한반도에서 항일투쟁 빨치산 부대를 조직, 3년 동안 항일투쟁을 전개하였다. 이 투쟁에서 일본 정규군에 밀려 북으로 퇴각, 갑산 지역에서 애국적인 항일투쟁을 계속하였다.

1905년 러시아혁명 전쟁의 여파가 원동 지역에까지 미쳤으며 노·일 전쟁의 영향이 일반 근로대중에까지 미치고 러시아 차르의 억압은 러시아 전역에 심화되었다. 특히 국경 근방의 주민들이 온갖 어려움을 겪게 되었다. 그런 가운데에서도 국경 지역에 거주하는 한인들 사이에는 일본의 한반도 침략에 반대하는 항일 부대들이 생겨났다.

1905년~1906년에 일본 제국주의자들의 침략적 야욕에 대항하는 운동이 강화되었다. 1905년 초에 '포시에트' 구역에서 이 지역의 지휘관인 최표트르(최재형)의 지도하에 항일운동 단체가 조직되었다. 최재형은 한때 한반도에서 오 모씨 지주 밑의 머슴이었다. 그는 주로 두만강 지역에서 항일투쟁을 전개하였다. 그 당시 허재옥, 홍범도, 윤동섭, 오성태, 채동선, 신돌석 등이 지휘하는 부대들이 명성을 떨쳤다.

항일투쟁은 1907~1910년에 가장 날카롭게 전개되었다. 당시 함경도, 황해도, 평안도 지역에서 항일투쟁이 가장 용감하게 전개되었으며 이러한 사실들은 그 당시 조선과 일본의 출판물에 보도되었다. 이러한 투쟁은 세계적으로 제국주의 침략자들에 대한 공격이었으며 제1차 러시아혁명이 일어나게 된 원인이 되었다고도 말할 수 있다. 그러나 훌륭한 지도자가 없고 훈련이 미숙한 빨치산운동은 일본의 정규군과의 투쟁에서 큰 성과를 거두지 못하였다.

일본군의 추격에 퇴각한 홍범도는 1907년 10월 9일 국경을 넘어 프리모리예 부근 포시에트 구역에 자리 잡게 되었다. 이 지역에서 그는 1910년 3월에 새 빨치산 부대를 조직하였다. 프리모리예 주위에 거주하던 조선인 근로자들은 무기를 구하기 위하여 4천80루블의 의연금을 거두었다. 이 돈의 일부로 총 40자루를 구입하였으며 나머지 돈 일부를 박기만이라는 농부에게 빼앗기자 분노한 홍범도는 그를 살해하였다.

박기만의 지지자들은 홍범도를 체포하여 14일 동안 온갖 고통을 가하였으며 박기만의 패거리들인 문창범, 안준현, 최순경 등이 홍범도를 교살하려 할 때 다행히도 카자흐크 마병들이 와서 그를 구원하였다.

이러한 난관을 극복하면서도 그는 다시 부대를 조직하여 국경을 넘어 한반도 북부 지역에서 항일투쟁을 위한 작전을 벌이게 되었다. 1919년에 그는 다시 프리모리예 지역으로 돌아왔다. 그곳에서 다시 빨치산 부대를 조직하였는데 인원이 1천여 명 되었으며 그중에는 이바노비치, 코-사, 클리멘츠크 등 러시아 빨치산 부대도 편입되었다. 새로 편성된 홍범도 부대는 원동 프리모리예 지방과 중국(지금의 연변조선족자치주) 등지에서 1920년 말까지 항일투쟁을 전개하였다.

1921년 2월 6일 홍범도는 자기 부대를 이끌고 '이만역' 국경 지역을 넘어 이르쿠츠크를 향해 떠났다. 그곳에서 외세와 투쟁하는 제5국제 군부대에 가담하였다.

1921년 12월 11일부터 1922년 정월 6일까지 모스크바에 체류하면서 위대한 레닌과 그의 전우인 칼리닌을 접견하였다.

「블라디미르 일리츠 레닌과의 상봉에 대한 기념 : 레닌과 함께 촬영한 사진과 영화 필름」(홍범도 일기장에서)

홍범도는 1927년도에 소련공산당 대열에 입당, 1943년 10월 25일 카자흐스탄 크질오르다 시에서 사망.

소련 사람들은 한반도의 해방과 원동에서의 소비에트 주권을 위하는 투쟁에서 세운 과감한 그의 투쟁적 위훈을 높이 평가한다. 블라디보스토크 시의 한 거리와 한카이 구역 내의 한 마을 소비에트는 홍범도의 이름을 지니고 있다.

홍범도가 이룩한 위훈에 대해서는 모든 고려 사람들에게 잘 알려져 있으며, 그는 모든 고려 사람들의 존경과 사랑을 받고 있다. 카자흐스탄공화국 딸띠꾸르간 주 조선음악극장에서는 전설적인 영웅 홍범도에 대한 연극을 상연하여 일반 주민들의 호평을 받았다. 우리는 홍범도의 이름이 한반도의 독립투쟁사와 원동 지역 한인투쟁사에서 당당한 자리를 차지해야 한다고 인정한다.

조선민주주의인민공화국(북한) 노동당과 정부는 홍범도의 혁명적 활동을 높이 평가하고 있다. 평양시 중앙혁명박물관에는 그의 초상화가 모셔져 있고 그의 혁명투쟁 활동에 관한 많은 서적들이 진열되어 있다.

홍범도의 묘지가 크질오르다에 자리 잡고 있음에도 불구하고 일부 고려인들 이외에는 누구도 그에 대하여 모르고 있다.

우선 그의 묘지를 잘 관리 보존하여야 한다. 지방 당 및 소비에트 단체들마저도 그의 혁명적 활동에 대하여 잘 모르고 있는 것 같다. 나 자신을 비롯하여 홍범도의 옛 친구들 중에서 그 누구도 그의 혁명적 투쟁에 대한 회상기를 러시아 말로 쓴 사람이 없으며 또 크질오르다 주 당 및 소비에트 단체들에 그의 활동에 대하여 알리지 않은 것이 그 한 원인이라고 생각한다.

우리는 홍범도의 묘지가 크질오르다에 모셔져 있는 여타 인사들의 묘지나 마찬가지로 많은 이의 관심을 가질 수 있도록 해야 한다고 믿는 바이다.[12)]

12) 「이인섭의 홍범도 회상기」, 앞의 책, 382~385쪽, 재인용

문창범이 들려준 홍범도 장군 이야기

문창범(1870~1938, 1990년 건국훈장 대통령장에 추서)은 전로한족중앙총회장이며 러시아지역 임시정부인 대한국민의회 의장이었다. 그는 상하이 대한민국임시정부 교통총장에 선임되기도 했다. 러시아령 한인들이 '대통령'이라 부를 정도로, 그는 촉망받던 독립운동가였다. 나의 조부인 일봉 김대지(1891~1942, 1980년 건국훈장 국민장 추서)는 상하이 임정 수립 당시 문창범을 알게 되었다.

문창범은 1920년 봄, 상하이를 떠나 러시아령에 돌아가던 중 베이징에 들러 처음부터 반反임시정부 입장에 있던 박용만, 신채호, 김대지 등을 만나 군사 통일의 필요성을 논했다. 박용만, 신채호, 김대지 등 반反임정파와 대한국민의회의 제휴는 이때부터 시작되었고 후일 군사통일회의 태동도 여기에서 시작되었다.

문창범은 상하이 임시정부에서 소집한 국민대표회의에도 할아버지와 함께 참가했다. 할아버지는 문창범과 베이징에서 몇 번 만난 뒤 아주 가까운 사이가 되었으며, 의열단 해체 후엔 러시아령의 유명한 독립운동가이자 친구인 문창범으로부터 러시아령에 건너와 새로운 독립운동의 길을 개척해 달라는 부탁을 받기도 했다.

나는 베이징에서 문창범이 나의 조부에게 홍범도의 이야기를 들려주었을 것이라 추정한다. 아래 아버지(김명)가 할아버지께 전해들은 진실한 회고의 일부를 인용한다. 이를 통해 말투는 투박하나 언행은 자상한 할아버지 같았고, 수수한 시골 농부 옷차림을 했지만 비범한 장군이었던 그분에 대한 기록을 되살려 본다.

할아버지가 독립군 동지들에게 들려준 홍범도 장군에 대한 일화가 있다. 할아버지도 이 이야기를 러시아령의 독립지도자인 친구 문창범에게서 들었다고 한다. 아버지는 그때 옆에서 들은 이 이야기를 또 우리들에게 전해 주었다.

독립군이 이동하여 소련으로 간 후 1920년대 초에 레닌은 홍범도 장군을 접견했다. 독립군 지도자들 중에 레닌을 만나 본 유일한 사람이 홍범도 장군인 셈이다. 당시 홍 장군은 유명세를 떨치고 있었다. 봉오동, 청산리 전투를 지휘한 이야기나 그가 지휘한 도문 두지봉 전투에서 일본군이 600명이나 사살됐다는 이야기, 절대 권총을 쓰지 않고 장총을 잘 쏘는 포수 출신이라는 이야기 등이 널리 퍼져 있었기 때문이다.

레닌은 홍범도에게 물었다.

"조선의 독립은 무엇에 의거해야 하며 무엇이 필요합니까?"

"총이 5만 자루만 있으면 되지요."

레닌은 다시 물었다.

"그러면 이 5만 자루 총을 누가 메고 또 누구의 지휘를 받아야 합니까?"

홍범도는 더 대답하지 못했다. 홍 장군은 정치가도, 이론가도 아니었고 레닌과 대화를 진행할 만큼 유식하지도 않은 산포수 출신 독립군 장군이었다.

이때 홍 장군의 저고리 호주머니에서 자그마한 공책이 비스듬히 보였다. 레닌이 홍 장군에게 다가가 얼굴에 웃음을 지으면서 그 공책을 꺼내 자세히 살펴보았다. 공책 둘레는 기름때로 얼룩지고 더러워져서 까무잡잡했다. 레닌이 "이 책은 무슨 책인가요?"라고 물으니 홍범도는 아무렇지도 않은 듯 "그냥 치부책이외다."라고 답했다. 그건 그저 간단한 돈 내역을 적어 두던 장부였다.

그때 옆에 있던 조선인 통역관이 그대로 통역하기 딱해서 레닌한테 "이건

전투 일기장입니다."라고 말했다. 그러자 레닌은 아주 감동을 받아 연신 그 책에다 정중히 키스를 했다고 한다. 생사를 무릅쓰고 조국 독립을 위해 싸워 온 조선 독립군 지휘자에 대한 경의와 감사를 표시한 것이었다.[13]

13) 줄리아 리(김주영), 『줄리아의 가족 순례기』(독립운동가 김대지의 손녀가 풀어쓴 한민족 100년사), 147~148, 2014

부록 2

홍범도 항일역전표(1891~1909) [1]

※ 괄호 안은 양력
※『홍범도의 일지』에 의거함

날짜	장소	의병	일군경	전과	손실	비고
1891	금강산 신계사					변성명, 삭발위승(1년) 지담의 상좌
1892~ 1895.8.23	추양 먹패장골					사격 연습(3년)
1895.9.18	단발령					김수협(서홍 거주)과 거사 공모
	철령 길목	2명	2명	2명 생포		
	안변 학포	14명				의병 모집
	안변 석왕사	철원보개산 유인석 의병과 합세				3회 대패, 김수협 전사, 유인석 의진(?)
	연풍 널귀금전판					은둔처
	박말령(?)			일인 3명 처단		총기 3정, 탄약 300발 노획
	지경산					
	덕원 무달사					
	덕원읍			덕원 좌수 전성준 처단		일화 8천480원 모금
	양덕, 성천, 영원					3년간 단신 의병
	북청					단양 이씨와 혼인, 정착 생활(8년)
1907.9.11 (10.17)	북청 차양동			'동학쟁이 회소' 습격, 회원 30명 처단, 회소 소각		
	북청 후치령 허리원			일군 3명 사살		총기 3정, 탄약 300발 노획

1) 박민영,『대한제국기 의병연구』, 226~229쪽, 한울, 1998

날짜	장소	의병	일군경	전과	손실	비고
1907.10.9 (11.14)	후치령	14명	1천400명	일군 700명, 한인 보조원 230명 사살	의병 6명 전사	김춘진, 황봉준, 이문형, 조강눅, 임승조, 임사존 전사
	엄방동					
	배승개덕	70명		일군 30여명 사살		탄약 40발 노획
11.26 (12.30)	응구괭택					원성(석)택, 중대장 임명
12. 14 (1908.1.17)	삼수읍			소총 294정, 탄약 160궤 노획		삼수읍 점령
12.28 (1.30)~ 1908.1.4	삼수읍		2천 명	일군 1천33명, 한인보조원 90명 사살, 총기 18정 노획		
1.19 (2.20)	갑산읍			일군 사살 109명, 부상 38명		중평장(?)에서 온 의병과 합세
1.22 (2.23)	갑산 청지평			일군 1천73명 사살	의병 20명 전사	갑산 용문동(?) 소재
1. 28 (2.29) 2.8 (3.10)	용문동 더덩장거리 (1. 28), 붉은벌(2. 8)	2천800명		일군 1명 사살		갑산군 내
2.18 (3.20)	용문동		일진회원 3, 일군 103, 한인보조원 80명			홍범도 귀순공작
3.2 (4.2)	더덩장거리	700명	일군 190, 한인보조원 190명	209명 생포 인솔자 김원홍 ·임재덕 처단		일군 더덩장거리 김치강의 집에 주둔
3.18 (4.18)	승구패택이			일군 9명 사살		
3. 19 (4. 19)	장진 능골 늘구목			일군 85명 사살		
3. 23 (4. 23)	장진군 동사 달아치 두텁바위골			일군 16명 사살	의병 5명 전사	
	함흥 초리장 유채골 동리					부호 8명으로부터 일화 2만 8천900원 모금

날짜	장소	의병	일군경	전과	손실	비고
3.28 (4. 28)	함흥 동고촌 신성리	588명	일군 300, 한인보조원 50명	일군 1/4 전사		일화 6천 원 모금
	홍원군 영동			호현면		경유지. 흥원군 호현면(?) 영동
	홍원읍					변복 잠입. 일화 3천 원 모금
4. 8 (5.7)	명태골					경유지
〃	장진 여애 (내, 해) 산 병풍바위	1천864명				중대장 11, 소대장 33인 회합, 군사회의 개최
4. 27 (5. 26)	통폐장골 쇠점거리			장교 8명, 병졸 13명 사살		
	하남 안장혈			일군 400명 사살		소재 불명
	갑산 상남					경유지
	갑산 간평					경유지
5. 2 (5. 31)	구름물령 (운수령)			일군 32명 사살, 총기 30정, 군도 2개, 탄약 300발, 단총 4정 노획		갑산군 상남사 소재
	갑산 청지평			일군 90명 사살	의병 11명 전사	
5. 4 (6. 2)	괴통병 어귀			일군 기마병 15명 사살, 말 5필 노획		
	약수동					경유지
	장진 여애 (내, 해) 산 병풍바위					군사회의 개최
	동사 달아치 금점			일군 6명 사살, 금 1천994개 노획		
	수동골수					경유지

날짜	장소	의병	일군경	전과	손실	비고
	행창					경유지
	함흥 천불산					신흥군 서고천면 소재. 노희태 의병 540명과 회합
	정평 한대골 어귀			일군 190명 사살	의병 4명 전사	노희태 의병과 연합전
5. 18 (6. 16)	정평 바맥이		500명	일군 107명 사살	의병 6명 전 사, 8명 중상	
	거사 골수					노희태 의병과 분진分陣
	장진 남사					경유지
	실령 어귀			일군 16명 사살, 총기 16정, 탄약 6궤 노획		
	천불사(?)					노희태 의병에게 탄약 분배
	홍원 전진포					홍원군수 홍모로부터 일화 3만 7천 원 모금
	함흥 덕산관					한영문(좌수,군주사) 으로부터 3만 원 모금
	장진 여애산					조화여, 김충열 2인, 2천 원 소지, 탄약 구입, 연추 파견
10. 9 (11. 2)	삼수 신파 기름구피					일군과 교전 압록강 도강
	간도 탕해					위치 불명
	길림					40명 동행
12. 6 (12. 28)	흥더허재 (횡도하자)					러시아행, 김창옥, 용환(홍범도 아들), 권감찰 등 3인 동행
	소왕령					6일 체류
	블라디 보스토크					
1909.	연추					원문의 1908년은 착기錯記

홍범도 연표

1868년	8월 27일	평양에서 출생(본관 남양 홍씨).
1883년(15세)		대한제국군 평양진위대 나팔수 근무.
1888년(20세)		상관 폭행 뒤 부대 이탈 후 황해도 수안에서 제지공으로 취업.
1890(22세)		제지소 주인 살해하고 금강산 신계사로 피신. 이곳에서 이순신 장군의 직계손 지담대사의 상좌가 되어 민족혼과 단군 역사의 가르침을 받음. 비구니 이옥구 여사를 만남.
1895년(27세)		김수협을 만나 처음으로 의병운동에 투신함.
1897년(29세)		불의의 사고로 헤어졌던 이옥구 여사와 상봉. 장남 양순과 함께 함흥 북청에서 결혼 생활을 영위하는 한편, 출중한 사격술을 인정받아 안산 포연대에 가입, 포연대장으로 선출되어 삼수, 갑산, 풍산, 북청 일대에서 안정된 산포수 생활을 함.
1907년(39세)		안산 포연대 회원들과 함께 일제의 총포화약류 단속법을 거부하고, 갑산에서 무장 항일의병대를 조직하여, 함경도 후치령에서 일본군 섬멸.
1908년(40세)		일제의 고문으로 부인 이옥구 여사 사망. 큰아들 홍양순은 정평 바배기전투에 참전 중 전사.
1909년(41세)		일행 3명과 함께 북간도를 거쳐 블라디보스토크로 이동해 안중근을 만남.
1910년(42세)	6월	국내외 의병을 통합한 13도의군이 연해주에서 창설됨. 홍범도는 안창호, 이진룡 등과 함께 도총소의원의 직책을 맡음.
	8월	블라디보스토크에서 국치 소식을 접하고 성명회聲明會에 참여해 조선 병탄 무효를 주장하며 일본인 거류지 습격.
1911년(43세)		블라디보스토크의 항일 독립운동 단체인 권업회勸業會를 조직하고 부회장에 선임됨. 신채호가 주필로 참여해 『권업신문勸業新聞』 발행.
1913년(45세)		1915년까지 철도공사는 물론 금광 등지를 돌아다니며 노동을 해 군자금을 모았으나 제1차 세계대전 발발로 러시아와 일본이 동맹국이 되면서 블라디보스토크를 떠나게 됨.
1914년(46세)		중국과 러시아 접경 지역인 봉밀산에 들어가 둔전병屯田兵식 독립군 양성에 힘쓰는 한편, 학교를 세우고 조선 이주민들을 교육함.
1917년(49세)		러시아혁명 발발 후 블라디보스토크에 이동휘를 주축으로 한 한인 사회당이 결성됨.

1918년(50세)		블라디보스토크에서 대종교 교우 김좌진, 박은식, 이동녕, 신채호, 윤세복, 이시영 등과 조선 독립은 오로지 무장투쟁으로만 쟁취할 수 있다는 「무오독립선언서」를 채택, 국내 3.1운동의 기폭제가 됨.
1919년(51세)		연해주 우수리스크에서 각 지역 독립운동 단체를 망라하는 대한국민의회가 결성됨. 이동휘와 함께 군무부의 책임을 맡음. 대한국민의회 명의로 「독립선언서」 발표 후 평화적 시위. 대한국민의회 군무부 부대인 대한독립군을 창설하고 총사령관에 취임.
	8월	최초의 국내진입작전 대승.
1920년(52세)	5월	대한독립군 신민단 부대 국내진공작전 감행.
	6월 7일	대한독립군 총사령관으로 신민단 송암 이홍수 장군, 대한도독부 청천 안무 장군을 지휘하여 만주에서 일본군에 대한 최초의 승전인 봉오동전투 달성.
	10월	백야 김좌진 장군의 북로군정서와 함께 청산리대첩에서 승첩.
1921년(53세)	1월	하순 700여 명을 이끌고 러시아령 이만(아무르주)으로 이동.
	6월	러시아 자유시에서 일·러군의 공작으로 대한독립군 내부 분열, 이른바 자유시 참변 발생. 대한독립군은 러시아 적군에 편입되어 이르쿠츠크로 이동. 오랜 의병 활동으로 건강을 해친 둘째 아들 용환 병사.
1922년(54세)		제1차 극동민족대회에 한국 대표로 참가했다가 모스크바 크렘린궁에서 러시아령 항일 지도자 이동휘와 함께 레닌과 회담. 조선 독립 자금을 지원받음. 홍범도는 개인적으로 레닌에게 자신의 이름이 새겨진 권총과 돈을 선물 받음.
1924년(56세)		러시아의 정세 변화에 따라 러시아 이만, 수청 등지로 옮겨 다니며 동포를 위한 협동 농장을 주도하면서 농업에 종사.
1926년(58세)		러시에서 이인복과 재혼.
1937년(69세)		스탈린의 강제 이주 정책으로 중앙아시아 카자흐스탄으로 강제 이주. 그곳 크질오르다 조선인 극장의 수위로 근무.
1942년(74세)		크질오르다에서 연극 연출가 태장춘의 제의로 『홍범도 일지』를 구술함. 그의 일대기를 그린 연극이 조선인 극장에서 상연됨.
1943년(75세)		조국 광복을 2년 앞두고 카자흐스탄 크질오르다에서 10월 25일 사망.
1962년		대한민국 건국훈장 대통령장 추서.
2005년		여천 홍범도장군기념사업회 발족, 광복 후 첫 추모 행사 거행.

| 고려인 강제 이주 경로 |　고려인들은 추위와 굶주림에 시달리며 분뇨 냄새가 진동하는 열차에 몸을 싣고 시베리아 횡단철도를 따라 이역만리로 향했다. ©인천일보

| 고려인 첫 강제 이주터 우슈토베 |　비석에는 "이곳은 원동遠東에서 강제 이주된 고려인들이 1937년 10월 9일부터 1938년 9월 10일까지 토굴을 짓고 살았던 초기 정착지이다."라고 쓰여 있다. ©인천일보 남창섭

| 고려극장 | 1968년 크질오르다 주에서 카자흐공화국 수도 알마티로 이전하면서 주립에서 국립극장으로 승격했다. ©인천일보 남창섭

| 홍범도 장군 거리 | 카자흐스탄 크질오르다 홍범도 장군이 살던 집 근처에 만든 거리다. ©인천일보 남창섭

| 홍범도 장군 묘역 | 대표적 항일 의병장으로 봉오동전투에서 독립군 최초의 전승을 거두었다. 1943년 10월 25일 크질오르다에서 세상을 떠났다. ©인천일보 남창섭

| 홍범도 장군 묘역에 설치된 기념조각 | 1937년 고려인 강제 이주 모습이 생생하게 조각돼 있다.

| 육군사관학교 충무관 앞 독립전쟁 영웅 5명(왼쪽 첫 번째 홍범도 장군)의 흉상 | 흉상은 군 장병들이 실제 훈련에서 사용한 실탄의 탄피 30킬로그램을 녹여 제작한 것이다. 5.56밀리미터 보통탄 5만 발에 달하는 양이다. 취지는 "총과 실탄을 제대로 지급받지 못했음에도 봉오동·청산리대첩 등 만주 벌판에서 일본군을 대파한 선배 전우들의 정신을 기리기 위함"이라고 한다. ©김태빈

| 봉오저수지 | 수남마을 북쪽에 위치. 1975년 저수지를 건설하기 전, 동북쪽으로 길게 뻗은 골짜기 안에 하촌, 중촌, 상촌이 차례로 있었으며 저수지가 생기면서 마을은 황량한 골짜기로 변했다. ©중국의 역사학자 박청산

| 봉오골반일전적지 기념비 | 기념비는 봉오저수지 댐 서쪽 길 바로 아래 세웠으며 현재의 기념비는 2013년에 재건한 것이다. ©김태빈

| 봉오골반일전적지 기념비 | 1993년도에 세웠던 기념비 ©중국의 역사학자 박청산

| 봉오동 전적지 | 봉오저수지 수면 아래는 원래 하촌이었고 전적지는 하촌에서 15리 떨어진 상촌 부근에 있다. 봉오동전투 현장은 상촌으로 들어가는 길 주위와 품品 자형의 세 산봉우리였다. 독립군은 바로 이 세 고지에 매복해 있다가 길을 따라 들어온 일본군을 격파했다. ©중국의 역사학자 박청산

| 청산리대첩 전적지, 동쪽에서 찍은 직소 | 청산리 골짜기는 동에서 서로 뻗었으며 전투는 사진 속 직소 동쪽과 서쪽에서 펼쳐졌다. 이 전투를 백운평전투라고도 부르며 사진속의 해란강이 흐르는 이 지점에 낙차가 8~9미터나 되는 폭포가 있었다고 한다.(1934년경 일제에 의해 폭파됨) 폭포 아래 자그마한 늪(沼)이 있어 직소直沼라 불리었다. 백운평전투는 청산리대첩의 서막이었고 가장 치열했던 전투는 어랑촌전투였다. ©중국의 역사학자 박청산

| 청산리 전적지 소개 푯말 |　이 나무 푯말은 1980년대 문물 조사 당시 세운 것으로 중국의 조선족 작가 고 류연산 선생이 1980년대 말(혹은 90년대 초)에 문화유산 답사 당시 남긴 사진으로 추정된다. 현재는 찾을 수 없지만 푯말의 위치는 청산리 전적지인 직소 동쪽(지금의 청산리 마을 서쪽), 백운평 마을의 옛터이다.

| 청산리항일대첩기념비 |　사단법인 여천 홍범도장군기념사업회에서 봉오동전투 전승 95주년을 맞아, 2015년 6월 청산리대첩 전적지를 답사했다.

| 멀리서 본 청산리항일대첩기념비 |　청산리 마을 뒷산 '혁명렬사기념비'가 있던 자리에 2001년 준공. 청산리대첩 당시 이곳에는 청산리, 증봉리, 백운평 등 마을이 있었다. 백운평은 일본군 토벌대가 주민들을 모조리 학살하고 마을을 잿더미로 만들어 사라졌고 증봉리는 청산리와 백운평 사이에 있었는데 광복 후 주민들이 모두 청산리로 이주하면서 없어졌다. 사진 왼쪽 멀리 보이는 산이 베개봉, 그 아래 골짜기가 대첩 현장 직소이다. ©중국의 역사학자 박청산

| 연극 '날으는 홍범도 장군' | 이 연극은 1942년 태장춘 작가의 작품 '의병들'을 개정·각색한 것으로 독립 투쟁에 몸 바쳐 싸운 홍범도 장군의 생애를 담고 있다. 주인공 홍범도 역에는 고려인 최로만 배우다. © 김태빈

| 연극 '날으는 홍범도 장군'의 엔딩 장면 | 연극 '날으는 홍범도 장군'의 엔딩 장면이다. 카자흐스탄 국립아카데미 고려극장의 배우들이 애써 연습한 한국어로 공연해 진한 감동을 주었다. © 김태빈

봉오동·청산리 대첩 100주년(2020)

대한독립군 총사령관

홍범도 평전

개정증보판 1쇄 발행일 2019년 6월 30일
2판 1쇄 발행일 2020년 3월 1일
2판 7쇄 발행일 2020년 10월 30일

지은이 | 김삼웅
발행인 | 이선애

교 정 | 박지선
디자인 | 채민지

발행처 | 도서출판 레드우드
출판신고 | 2014년 07월 10일(제25100-2019-000033호)
주소 | 서울시 구로구 항동로 72, 하버라인 402동 901호
전화 | 070-8804-1030 팩스 | 0504-493-4078
이메일 | redwoods88@naver.com
블로그 | blog.naver.com/redwoods88

값은 뒤표지에 있습니다.
ISBN 979-11-87705-16-1 03910

+ 당신의 상상이 한 권의 소중한 책이 됩니다.
지혜를 나눌 분은 원고와 아이디어를 redwoods88@naver.com으로 보내 주세요.